教育部 2018 年国家级教学成果一等奖教改项目
上海市高职院校一流专业建设"会计"系列教材

小企业
会计基础（第二版）

总主编／严玉康
主　编／严玉康　秦岚

立信会计出版社
LIXIN ACCOUNTING PUBLISHING HOUSE

图书在版编目(CIP)数据

小企业会计基础/严玉康,秦岚主编.—2 版.—上海:立信会计出版社,2019.1
上海市高职院校一流专业建设"会计"系列教材
ISBN 978-7-5429-6055-9

Ⅰ.①小… Ⅱ.①严… ②秦… Ⅲ.①中小企业—会计制度—中国—高等职业教育—教材 Ⅳ.①F279.243

中国版本图书馆 CIP 数据核字(2019)第 004327 号

策划编辑　赵志梅
责任编辑　赵志梅
封面设计　南房间

小企业会计基础(第二版)

Xiaoqiye Kuaiji Jichu

出版发行	立信会计出版社			
地　　址	上海市中山西路 2230 号	邮政编码	200235	
电　　话	(021)64411389	传　真	(021)64411325	
网　　址	www.lixinaph.com	电子邮箱	lxaph@sh163.net	
网上书店	www.shlx.net	电　话	(021)64411071	
经　　销	各地新华书店			
印　　刷	上海天地海设计印刷有限公司			
开　　本	787 毫米×1092 毫米　1/16			
印　　张	17			
字　　数	373 千字			
版　　次	2019 年 1 月第 2 版			
印　　次	2019 年 1 月第 1 次			
印　　数	1—3100			
书　　号	ISBN 978-7-5429-6055-9/F			
定　　价	38.00 元			

如有印订差错,请与本社联系调换

上海市高职院校一流专业建设"会计"系列教材
编审委员会

主　任　项家祥
副主任　尹雷方　严玉康
总策划　严玉康　戎其玉
编　委　严玉康　李　敏　吕　薇　李晓荣
　　　　刘舒叶　朱丹萍　李　杰　袁雪飞
　　　　励　丹　刘振峰　谢咏梅　秦　岚
　　　　周　曼　沈天欢　张　戈　王　双

总　序

　　为深入贯彻国家以及上海市中长期教育改革和发展规划纲要(2010—2020年),加快落实《国务院关于加快发展现代职业教育的决定》,全面推进上海市教育综合改革,深化职业教育内涵发展,加快培养知识型、发展型技能人才,从2015年起,上海市启动了以"高等职业教育质量提升计划项目"为主的"开展高职院校一流专业建设"工作。其一流建设切入点或力求达成的目标是:在上海市高等教育内涵建设"085"工程已建设一批高职院校重点专业的基础上,对接国际标准、服务产业升级、聚焦民生需求,遴选建设20个左右国内领先、具有国际竞争力的高职一流专业,开发与国际先进标准对接的专业教学标准,促进高职院校专业建设科学化、标准化和规范化。

　　作为上海市特色高职院校及示范性民办高校的建设单位——上海东海职业技术学院(简称上海东海学院),从1993年创办以来,在专业设置与结构布局上,把握不同时期地方经济和社会发展对高素质技能人才多样化的要求,结合自身办学条件与民办高校灵活的办学机制,传承上海东海学院"自尊自强、认真求真"的创业精神,创立与形成了以经管类专业为主体,以机电工程类和艺术设计类专业为两翼的专业定位与发展格局,较好地适应了我国经济新常态下产业升级与创新发展的需要,满足了高职院校学生学习专业技能及成就一生事业的发展需要。

　　尤其是由上海东海学院长年积淀而创建的"会计"品牌专业,其人才培养目标重点锁定在有角度(瞄准有发展潜质小企业,与普通高校错位发展)、有高度(办学质量超前,可与名牌院校同类专业建设媲美)、有深度(课程内涵充实,注重"会算、会管、会写"的能力提升),即重点锁定在"既会算收入、算支出、算成本、算经济效益,又会管资金、管资产、管负债、管效率、管效益,还会把算的结果和管的效果以应用文形式表达出来"的财会复合型人才这个点上。上海东海学院在高职院校中脱颖而出,成为上海市教委第一批立项进行一流专业重点建设的高职院校。

　　围绕高职院校一流专业建设,通过近2年的积淀与近半年的冲刺,由上海东海学院校长项家祥教授、副校长尹雷方教授、经管学院院长严玉康教授等领衔主编的"上海市高职院校一流专业建设'会计'系列教材"面世了。第一期教材出版包括《小企业会计基础》《小企业财务会计》《小企业成本会计》《小企业财务管理》《小企业会计电算化》《小企业会计综合实训》。

　　"上海市高职院校一流专业建设'会计'系列教材"的编写,以财务会计基本理论和《小企业会计准则》为指南,以小企业日常会计核算与管理的内容为重点,在解析《小企业会计准则》的同时,根据高职院校学生的特点和企业的实际需要,突出"新颖""简洁"和"实用"的特点,且语言文字简明易懂。本系列的每本教材均有适量的"知识拓展"与

"温馨提醒",必要的图表解析与解答提示,并配合教学微课,这就使得本系列教材不仅具有可读性,还增强了实用性与操作性。本系列的每本教材各章前安排的"案例导入",具有教学提示作用;每本教材各章后安排的"知识归纳""基本训练(包括单项选择题、多项选择题、判断题)"和"实战演练",既复习和巩固了教学内容,又对教学内容作了必要的提示与补充,便于读者进一步理解与消化所学的知识。

"上海市高职院校一流专业建设'会计'系列教材"的编写,不仅是上海东海学院在创建上海市特色高职院校及示范性民办高校中所取得的突出成果,也是上海东海学院为上海市"开展高职院校一流专业建设"所作出的努力和贡献。衷心希望本系列教材的出版,能加速推动上海高等职业教育质量的不断提升。

前言 Foreword（第二版）

根据教委实施"高等职业教育质量工程"、"开展高职院校一流专业建设"工作的要求。作为上海市高职院校"会计一流专业"建设单位，我们策划编写了"上海市高职院校一流专业建设'会计'系列教材"，以满足高职院校培养"服务于有潜质的小企业，培养'会算、会管、会写'，具有'一人多能、多岗兼顾'"的复合型会计专业人才的需要。

《小企业会计基础》是"上海市高职院校一流专业建设'会计'系列教材"中的一本，属于会计专业启蒙教材，在本系列教材和会计专业人才培养中处于基础地位，主要阐述会计学的基础理论和基本方法，为高职院校相关专业学生后续的专业学习打下基础。

本教材以财政部颁布的《小企业会计准则》为理论依据，在编写时，注重知识更新，力求反映《小企业会计准则》和最新法律、法规改革的基本内容，体系新颖、内容简洁、注重实用，并配备教学微课，以满足高职教学的实际需要。教材共分十章，分别为：小企业会计概述；会计要素、会计科目与账户；会计记账方法；主要经济业务核算；会计凭证；会计账簿；财产清查；财务报表；账务处理程序；会计工作组织。教材各章分别配有"案例导入""知识拓展""温馨提醒"和"知识归纳"，更加符合学生的认知特点。教材各章后大部分安排了"基本训练"和"实战演练"，便于学生进一步理解与掌握。

本教材蕴含了教学团队多年的教学实践和教改成果，教材第一版问世至今已近3年，期间，团队"面向小微企业，聚焦'三会'能力，培养'一人多能、多岗兼顾'复合型会计人才的创新实践"的教改项目获得了"国家教学成果一等奖"。"小企业会计系列教材"也已被全国四十多所院校选为专业教材，得到了同行的认可和青睐。

但是，随着经济的发展，我国的会计和税收法律制度也在不断的改进和完善，特别是《增值税暂行条例》和《增值税会计处理规定》等相关法律制度发生了较大的变化。为此，我们对本教材中会计和税收相关内容进行了调整，特别是对增值税和会计报表等知识点作了较大修订，以期适应行业变化对会计教学的新要求。

本教材可供高职院校经济类各专业作为会计入门教材，也可作为企业会计工作者学习和会计培训教材。在教材编写过程中，行业专家、院校教师和立信会计出版社进行了多次研讨，并提出了宝贵的建议，使本教材臻于完善，在此表示衷心的感谢！

教师如需课后习题答案等教学资料，请扫码下载"立信书院APP"。

编　者

目录 Contents

第1章 小企业会计概述 ················· 1

会计到底是一个怎样的行业呢？本章将带领你对会计行业进行一个初步的认识。

第1节 会计的产生与发展 ················· 2
第2节 小企业与小企业会计 ················· 5
第3节 小企业会计的基础理论 ················· 9
第4节 小企业会计的方法 ················· 12
知识归纳 ················· 15
基本训练 ················· 15

第2章 会计要素、会计科目与账户 ················· 17

会计是一种商业语言，本章将带领你学习各项基础的会计语言。

第1节 会计要素 ················· 18
第2节 会计等式与平衡关系 ················· 24
第3节 小企业会计科目 ················· 28
第4节 小企业会计账户 ················· 31
知识归纳 ················· 34
基本训练 ················· 34
实战演练 ················· 36

第3章 会计记账方法 ················· 41

复式记账是一个巧妙的科学核算系统，本章将系统介绍复式记账的基本原理。

第1节 复式记账法 ················· 42

第 2 节　借贷记账法 …………………………………………………… 43
第 3 节　总分类核算与明细分类核算 ………………………………… 54
知识归纳 ………………………………………………………………… 59
基本训练 ………………………………………………………………… 59
实战演练 ………………………………………………………………… 63

第 4 章　主要经济业务核算 …………………………………………… 67

本章在分析企业经营管理环节的基础上，介绍企业主要经济业务的会计核算内容和会计处理方法。

第 1 节　资金筹集业务的核算 ………………………………………… 68
第 2 节　投资业务的核算 ……………………………………………… 74
第 3 节　材料采购业务的核算 ………………………………………… 79
第 4 节　生产业务的核算 ……………………………………………… 84
第 5 节　销售业务的核算 ……………………………………………… 91
第 6 节　财务成果的核算 ……………………………………………… 97
知识归纳 ………………………………………………………………… 104
基本训练 ………………………………………………………………… 105
实战演练 ………………………………………………………………… 108

第 5 章　会计凭证 ………………………………………………………… 117

会计凭证种类繁多，用途和填制方法各有特点。本章将带你学习和领会各种不同用途的会计凭证。

第 1 节　会计凭证概述 ………………………………………………… 118
第 2 节　原始凭证 ……………………………………………………… 120
第 3 节　记账凭证 ……………………………………………………… 127
第 4 节　会计凭证的传递与保管 ……………………………………… 134
知识归纳 ………………………………………………………………… 135
基本训练 ………………………………………………………………… 136
实战演练 ………………………………………………………………… 139

第 6 章　会计账簿 ………………………………………………………… 141

在日常文稿中，很多人容易混淆"帐簿"与"账簿"，本章将系统地介绍会计账簿以及与登记账簿相关的知识。

第 1 节　会计账簿概述 ………………………………………………… 142
第 2 节　账簿的启用与登记要求 ……………………………………… 149
第 3 节　账簿格式与登记方法 ………………………………………… 150

第 4 节　对账与结账⋯⋯⋯⋯⋯⋯⋯⋯⋯⋯⋯⋯⋯ 154
第 5 节　错账查找与更正方法⋯⋯⋯⋯⋯⋯⋯⋯⋯ 158
第 6 节　账簿的更换与保管⋯⋯⋯⋯⋯⋯⋯⋯⋯⋯ 161
知识归纳⋯⋯⋯⋯⋯⋯⋯⋯⋯⋯⋯⋯⋯⋯⋯⋯⋯⋯ 162
基本训练⋯⋯⋯⋯⋯⋯⋯⋯⋯⋯⋯⋯⋯⋯⋯⋯⋯⋯ 162
实战演练⋯⋯⋯⋯⋯⋯⋯⋯⋯⋯⋯⋯⋯⋯⋯⋯⋯⋯ 165

第 7 章　财产清查⋯⋯⋯⋯⋯⋯⋯⋯⋯⋯⋯⋯⋯⋯ 169

为什么要建立财产清查制度,如何进行财产清查,本章将系统地介绍财产清查的方法和会计处理。

第 1 节　财产清查概述⋯⋯⋯⋯⋯⋯⋯⋯⋯⋯⋯⋯ 170
第 2 节　财产清查的方法⋯⋯⋯⋯⋯⋯⋯⋯⋯⋯⋯ 173
第 3 节　财产清查结果的处理⋯⋯⋯⋯⋯⋯⋯⋯⋯ 178
知识归纳⋯⋯⋯⋯⋯⋯⋯⋯⋯⋯⋯⋯⋯⋯⋯⋯⋯⋯ 183
基本训练⋯⋯⋯⋯⋯⋯⋯⋯⋯⋯⋯⋯⋯⋯⋯⋯⋯⋯ 183
实战演练⋯⋯⋯⋯⋯⋯⋯⋯⋯⋯⋯⋯⋯⋯⋯⋯⋯⋯ 186

第 8 章　财务报表⋯⋯⋯⋯⋯⋯⋯⋯⋯⋯⋯⋯⋯⋯ 189

在当前日益复杂的经济环境中,人人都应该学一点财务报表。本章将带你系统地学习财务报表。

第 1 节　财务报表概述⋯⋯⋯⋯⋯⋯⋯⋯⋯⋯⋯⋯ 190
第 2 节　资产负债表⋯⋯⋯⋯⋯⋯⋯⋯⋯⋯⋯⋯⋯ 193
第 3 节　利润表⋯⋯⋯⋯⋯⋯⋯⋯⋯⋯⋯⋯⋯⋯⋯ 198
第 4 节　现金流量表⋯⋯⋯⋯⋯⋯⋯⋯⋯⋯⋯⋯⋯ 201
知识归纳⋯⋯⋯⋯⋯⋯⋯⋯⋯⋯⋯⋯⋯⋯⋯⋯⋯⋯ 205
基本训练⋯⋯⋯⋯⋯⋯⋯⋯⋯⋯⋯⋯⋯⋯⋯⋯⋯⋯ 205
实战演练⋯⋯⋯⋯⋯⋯⋯⋯⋯⋯⋯⋯⋯⋯⋯⋯⋯⋯ 208

第 9 章　账务处理程序⋯⋯⋯⋯⋯⋯⋯⋯⋯⋯⋯⋯ 213

财务工作需要有作业规范和规定的工作程序,本章将介绍企业财务工作中的账务处理程序。

第 1 节　账务处理程序概述⋯⋯⋯⋯⋯⋯⋯⋯⋯⋯ 214
第 2 节　记账凭证账务处理程序⋯⋯⋯⋯⋯⋯⋯⋯ 215
第 3 节　科目汇总表账务处理程序⋯⋯⋯⋯⋯⋯⋯ 217
第 4 节　汇总记账凭证账务处理程序⋯⋯⋯⋯⋯⋯ 219

知识归纳 …………………………………………………… 222
基本训练 …………………………………………………… 222

第10章 会计工作组织 …………………………………… 225

企业的财务工作应该如何进行呢？本章将系统地介绍会计工作的组织。

第1节 会计法律制度 ……………………………………… 226
第2节 会计机构与会计人员 ……………………………… 229
第3节 会计电算化 ………………………………………… 233
第4节 会计档案 …………………………………………… 237
知识归纳 …………………………………………………… 239
基本训练 …………………………………………………… 240

附录 小企业会计准则 ……………………………………… 242

第1章 小企业会计概述

CHAPTER 1

通过本章你可以学到：

- 会计的产生与发展
- 会计的基本概念和职能
- 小企业和小企业会计的特点
- 小企业会计的基础理论
- 权责发生制与收付实现制
- 小企业会计的基本方法

学习目标 Learning objectives

微课：会计干什么

案例导入

走近会计：应届高中毕业生李小强以优异的成绩考上某大学会计系，一时处于兴奋之中，心里想着，每一个企事业单位都需要会计，会计是一门技术，越老越吃香，一技在手，走遍天下都不怕。他奔走相告……后来，在与众多亲戚和朋友的交流中，他被告知，会计就是整天摆弄算盘，天天记账、算账，会计岗位是女生将来从事的职业，一个男孩子将来从事这样的职业没什么前途。大家都劝小李改学建筑专业，将来也好就业。

那么，会计到底是一个怎样的行业呢？本章将带领你对会计行业进行一个初步的认识。

第1节　会计的产生与发展

一、会计的产生与发展

会计有着悠久的历史，它是社会生产力发展到一定阶段的产物，是基于管理经济活动的客观需要而产生，并随着生产力和管理科学的发展而发展的。

（一）会计的产生

人类社会认知、管理经济活动从会计开始。人类要生存，社会要发展，就需要进行物质资料的生产。人们在生产实践中，需要对取得的劳动成果与发生的劳动耗费进行记录、计算、比较和分析，于是便产生了会计。

中国现代会计之父

最初意义上的会计只是一些简单的记、计算，只是作为生产职能的附带部分。在人类社会没有文字之前，"结绳记事""垒石计数"是最初的会计记录。社会生产力的发展，尤其是原始社会后期剩余产品的出现，为社会分工提供了物质条件。文字、数字和货币的出现，为生产所得和所费进行记录提供了可能。会计逐渐从生产职能中分离出来，形成了特殊的、专门的、独立的职能。随后，出现了专门从事这一工作的专职人员。

（二）会计的发展

会计是随着生产力的发展而发展的。我国早在西周时期就出现了"会计"一词；春秋战国至秦代，出现了"簿书"，用"入"和"出"作为记录符号来反映各种经济收支事项，这种"簿书"就是现代会计账簿的雏形；唐宋时期，人们创建和运用了"四柱结算法"；明末清初，会计工作者又结合"四柱结算法"和当时官厅会计的实际需要，设计出了适用于民间商业会计核算的"龙门账"。

我国繁荣的封建社会孕育了我国古代灿烂的会计文化,为世界会计的发展作出了重大的贡献。

> **知识拓展**
>
> 四柱结算法中的"四柱"是指"旧管""新收""开除""实在",其含义分别相当于现代会计中的"期初余额""本期收入""本期支出""期末余额"。"四柱"之间的关系是:旧管+新收-开除=实在,也即现代会计账户中最基本的关系式:期初余额+本期收入-本期支出=期末余额。运用四柱结算法编制的报告在当时称为"四柱清册"。

西方会计的发展也经历了由简单到复杂、由低级向高级的不断发展过程。西方会计起源于欧洲,在古希腊和古罗马时期已经有了某些会计概念,而对世界会计发展产生划时代影响的是意大利。14世纪中叶,意大利繁荣的商业、金融业为会计方法的创新提供了十分有利的前提条件,促使意大利金融业者将使用多年的人名账户发展成为有组织的复式簿记。1494年,意大利数学家卢卡·巴其阿勒(Luca Paciolo)所著的《算术、几何、比及比例概要》一书的出版,标志着近代会计正式开始并在全球传播;19世纪的工业革命,对固定资产折旧和成本费用控制的要求,促使成本会计迅速发展;20世纪四五十年代,西方国家跨国公司的大量涌现,对企业内部管理提出了更高要求,促使企业做好预测、决策和生产经营控制工作,使管理会计学科体系正式形成;20世纪六七十年代,电子计算机的产生和应用,带动会计电算化的革命性发展,并极大地提高了会计信息的使用效率。

会计发展的历史说明,会计是由于生产力的发展、管理经济的需要而产生的,即"经济越发展,会计越重要"。

二、会计的概念

☞ 会计是经济管理的重要组成部分,它以货币作为主要计量单位,以凭证为依据,运用一定的程序和专门的方法,对特定主体的经济活动进行全面、系统、连续的核算和监督,旨在向有关各方提供有用会计信息的一项管理活动。会计是伴随着人们的生产实践而产生、发展并不断完善的。

会计的基本概念包括如下基本特点。

(一)会计以货币为主要计量单位

会计从数量方面反映经济活动,可以采用实物量度、劳动量度和货币量度。这三者中只有货币量度具有综合的特性,采用货币量度能够对经济活动的各个方面进行全面反映,并且可以进行加总等处理。如果采用实物量度,则不同的物资不能用来加总处理,如1吨大米和1吨钢材加在一起就没意义。采用劳动量度也有一定的局限性,只能用来确定某一工作过程中的劳动耗费。当然,货币量度是以实物量度和劳动量度为基础的,在以货币为主要计量单位的同时,必要时还需辅以劳动量度和实物量度。

(二)会计核算具有全面性、连续性和系统性

全面性是指对所有的会计事项都要进行确认、计量、记录和报告,不能有遗漏;连续性是指对会计事项的确认、计量、记录和报告都应按业务发生的时间先后顺序依次进行相应处理,不能中断;系统性是指会计提供的数据资料应采用一定的方法有序反映,不能杂乱无章。只有全面、连续和系统地反映经济业务,会计才能发挥其应有的作用。

(三)会计核算应以真实、合法的会计凭证为依据

会计主要是对已经发生的经济业务进行反映,因此在每项经济业务发生或完成后,都必须取得或填制会计凭证并进行审核,以保证会计业务的真实性。只有审核无误的会计凭证,才能作为会计核算的依据。因而,会计提供的信息具有可验证性。

(四)会计应以提供真实、有用的会计信息为目标

企业财务报告(又称财务会计报告)的目标就是提供与企业财务状况、经营成果和现金流量等有关的会计信息,反映企业管理层受托责任的履行情况,有助于财务报告使用者作出经济决策。所以,会计核算应当以实际发生的交易或事项为依据进行会计确认、计量和报告,如实反映符合确认和计量要求的各项会计要素及其他相关信息,确保所提供的会计信息真实可靠、内容完整。

三、会计的职能

会计的职能是指会计在经济管理工作中所具有的功能或能够发挥的作用,会计的职能包括会计核算、监督、预测、决策、会计预算和会计分析等。尽管随着经济的发展和管理要求的提高,会计职能不断变化和发展,但会计的基本职能依然是进行会计核算和实行会计监督。

(一)进行会计核算

会计核算职能是会计的首要职能,是指会计以货币为主要计量单位,通过对特定主体的经营活动进行确认、计量、记录和报告等方式,如实反映特定主体的财务状况、经营成果和现金流量等信息的功能。会计核算是会计最基本的职能,是其他经济管理工作的基础。

> **知识拓展**
>
> 会计确认解决的是定性问题,主要包括判断发生的经济活动是否属于会计核算的内容、归属于哪类性质的业务,是作为资产还是负债或其他会计要素入账等。会计计量解决的是定量问题,是在会计确认的基础上确定入账的具体金额。会计报告是确认和计量的结果,即通过报告,将确认、计量和记录的结果进行归纳和整理,以财务报告的形式提供给信息使用者。会计确认、计量和报告是会计核算的重要环节。

我国《会计法》规定,对特定主体经营活动进行核算的主要内容是:款项和有价证券的收付;财物的收发、增减和使用;债权债务的发生和结算;资本、基金的增减;收入、支出、费用成本的计算;财务成果的计算和处理;其他需要办理会计手续、进行会计核算的事项。会计核算的要求是:真实性、准确性、完整性和及时性。

(二) 实行会计监督

☞ 会计监督职能是指会计具有按照一定的目的和要求,利用会计核算职能所提供的经济信息,对企业和行政事业单位的经济活动进行控制,使之达到预期目标的功能。在我国,会计监督通常由单位内部会计监督、国家会计监督和社会会计监督,组成三位一体的会计监督体系。会计监督职能主要具有以下特点:

（1）会计监督主要是通过价值指标进行监督活动的。由于基层单位进行的经济活动,同时伴随着价值运动,表现为价值的增减和价值形态的转化,因此,会计通过价值指标可以全面、及时、有效地控制各个单位的经济活动。

（2）会计监督是对企业经济活动全过程进行的监督。为了使会计监督达到预定的目标,会计监督包括事前、事中和事后的监督。

> **温馨提醒**
> 会计核算主要是对已经发生的经济活动进行事中、事后的核算,同时,也为预测未来提供信息,这与会计监督的事前、事中和事后的全过程监督是有区别的,会计核算没有事前核算。

进行会计核算与实行会计监督两项基本职能之间关系密切、相辅相成、辩证统一。会计核算是会计首要的、基本的职能,是会计监督的基础,没有会计核算,会计监督就无从谈起;而会计监督又是会计核算的质量保证。

第2节 小企业与小企业会计

一、小企业及其特征

企业是以营利为目的,依照法定程序设立,实行独立核算,从事生产、经营或提供服务的经济组织。按照资产规模、职工数量和经营能力的大小,通常将企业划分为大型企业、中型企业、小型企业和微型企业。不同类型的企业在我国经济中发挥着不同的作用,具有各自的地位。

(一) 小企业的界定

按照我国相关法规的界定,小企业是指在中华人民共和国境内依法设立的,符合国家《中小企业划型标准规定》，属于非金融机构性质，不公开发行股票或债券，既非企业集团的母公司，也非企业集团的子公司，生产经营规模相对较小的企业。

知识拓展

2011年6月11日，国家发展和改革委员会、工业和信息化部、国家统计局与财政部联合发布《中小企业划型标准规定》，按照从业人员数量、营业收入或资产规模，分别对工业、建筑业、批发业、零售业、交通运输业、仓储业等16类企业确定了中型、小型、微型企业的划分标准。其中，小型、微型企业通常称为小企业。

小企业的划分标准

作为一个发展中的大国，我国小企业具有规模较小、数量众多的显著特征。据资料统计，在我国企业总量中，小企业数量占97.11%，企业从业人员占52.95%，企业资产总额占41.97%，小企业已经成为我国经济和社会发展的重要力量。促进小企业发展，加强经营管理，对于提高经济增长活力、有效扩大就业、保持社会和谐稳定、建设创新型国家，具有十分重要的意义。

（二）小企业的设立

国家高度重视支持小企业的建立和发展，先后颁布《中华人民共和国中小企业促进法》《国务院关于进一步促进中小企业发展的若干意见》等纲领性文件，扶持和推动小企业的建立和发展。

1. 开业登记

根据相关政策的规定，公司类小企业在办理完成定位、选址等开业前准备工作后，需要办理开业登记手续，小企业开业登记须到所在地工商行政管理局办理，程序如下：

企业设立的流程

（1）核名。为自己的公司取名，将设想的名称报送工商行政管理局名称核准科，由其将该名称与已开业的企业比对，核实无重名后发给名称核准证明。之后，应在30天内办理注册，过期失效。

（2）领取注册登记表。将名称核准证明报送工商局，领取有关设立公司的表格并准备相关资料，包括公司设立登记书、公司章程和业主资格证件。

（3）验证场地。工商行政管理局场地调查人员前往企业经营场地，企业申办人员出示企业经营场地证明（自有房屋出示房产证，承租房屋出示租赁合同），由工商人员验定场地后发给经营场地证明书。

（4）领取回执。将名称核准证明、注册登记表及相关资料、企业经营场地证明书、投资各方的身份证件等一起提交工商行政管理局。审查人员对上述材料进行审查，确认无误后，发给受理回执。

如无其他问题，在15个工作日后凭受理回执，带上申请人身份证、由本人前往领证窗口，交付注册资本金1‰的手续费，即可领取营业执照的正本和副本。

2. 办理法人代码及税务登记

办理完成上述各项程序，公司类企业前往工商行政管理局领取营业执照后再办理如下手续：

（1）在指定的刻字商店办理企业的公章、财务专用章和企业法人印章。

（2）前往当地技术监督局办理企业法人代码证书。携带营业执照副本和企业公章，填妥相关表格后，交窗口办理。3 天后，即可领取企业法人代码证书。

（3）银行开户。在领取企业法人代码证书后，应选择一家银行办理开户手续。需携带营业执照正本、企业公章、财务专用章和企业法人印章办理。

（4）办理税务登记和购买发票。在管辖地税务机关办理税务登记 7 个工作日后，便可领取税务登记证书，并向税务机关申购发票。至此，企业完成经营前的必备手续。

二、小企业会计

按照我国会计改革和会计体系建设的总体框架，为了规范企业会计行为，财政部先后制定和颁布形成了我国的企业会计准则体系。其中，会计基本准则是纲，适用于在我国境内设立的所有企业；企业会计准则和小企业会计准则是基本准则框架下的两个子系统，分别适用于大中型企业和小企业。

（一）小企业会计准则

为了规范小企业会计确认、计量和报告行为，促进小企业可持续发展，发挥小企业在国民经济和社会发展中的重要作用，根据《中华人民共和国会计法》和其他有关法律、法规，财政部于 2011 年 10 月 18 日颁布了《小企业会计准则》，并自 2013 年 1 月 1 日起在全国施行。

《小企业会计准则》颁布的意义如下。

1. 有利于加强小企业内部管理，促进小企业健康发展

我国小企业数量众多，分布面广，管理水平相对较低，生产规模相对较小。小企业是我国国民经济和社会发展的重要力量，因此加强小企业管理，促进小企业发展，既是保持国民经济平稳且较快发展的重要基础，也是关系民生和社会稳定的重大战略任务。

通过实施《小企业会计准则》，有利于规范小企业会计确认、计量和报告行为，保证小企业会计信息质量，加强小企业管理，促进小企业健康发展。

关于《小企业会计准则》

2. 有利于加强小企业税收征管，促进小企业税赋公平

制定和完善小企业会计准则体系，可以促进小企业建章立制，提高会计管理水平，实行查账征收。这不仅有助于依法治税，加强小企业税收征管；同时也有助于税务机关根据小企业实际负担能力征收税款，促进小企业税赋公平。

3. 有利于加强信贷管理，防范小企业贷款风险

制定和完善小企业会计准则体系，可以促进小企业加强内部管理，规范公司治理，提高小企业自身信誉度，使银行愿意贷款，进而从制度上缓解小企业融资难、贷款难的问题。

4. 有利于健全企业会计准则体系，完善小企业会计行为

推行《小企业会计准则》，是我国健全企业会计标准体系，规范小企业会计行为的一项重要制度基础。同时，《企业会计准则》和《小企业会计准则》分工明确，相互衔接，为小企业的发展提供了制度空间。

> **知识拓展**
>
> 我国小企业会计规范经历了三个发展阶段：第一个阶段是实施分行业会计制度阶段，财政部制定了13个分行业会计制度，无论规模大小和所处行业，均执行相应的分行业会计制度。第二个阶段是颁布《小企业会计制度》阶段，要求全国范围内的小企业自2005年1月1日起实施。第三个阶段是出台小企业会计准则体系阶段，并于2013年1月1日起全面实施。

（二）小企业会计的要求

根据小企业的经营特点和加强内部管理的实际需要，各企业应按照《小企业会计准则》的要求组织会计核算。

小企业应当根据会计业务的实际需要设置会计机构，或者在有关机构中设置会计人员并指定会计主管人员。不具备机构设置条件的，应当委托经批准设立从事会计代理记账业务的中介机构代理记账。

小企业填制会计凭证、登记会计账簿、管理会计档案等，应按照《会计基础工作规范》和《会计档案管理办法》的规定执行；小企业的会计核算应当以持续、正常的生产经营活动为前提；小企业的会计核算应当划分会计期间，分期结算账目并编制财务报告；小企业的会计核算以人民币为记账本位币；小企业的会计记账采用借贷记账法；小企业会计记录的文字应当使用中文，在民族自治地方，会计记录可以使用当地通用的一种民族文字，外商投资或中外合作经营的小企业，会计记录可以同时使用一种外国文字。

三、小企业会计的对象

会计的对象是指会计核算和监督的内容，即会计的客体。凡是特定主体能够以货币表现的经济活动，都是会计核算和监督的内容，也就是会计的对象。以货币表现的经济活动通常又称为价值运动或资金运动。因此，会计核算和监督的内容（即会计对象）就是资金运动。

资金运动是指特定对象的资金的投入、资金的循环与周转和资金的退出的过程。各个单位都具有资金运动过程，但具体到企业、行政、事业单位，其运动方式又有一定的差异。企业单位主要从事产品生产经营或商品购销活动，其资金运动包括资金的筹集、资金的循环周转和资金的退出，这是企业会计的对象。行政事业单位的主要经济活动是预算经费的收入和预算经费的支出，是资金运动的主要形式，这构成了行政事业单位会计的对象。

工业企业的经营过程包括供应、生产和销售三个阶段,商品流通企业的经营过程仅包括商品购进和商品销售两个阶段,但是,两者的会计对象(即资金运动过程)均为资金的投入、资金的循环与周转和资金的退出。而行政事业单位的资金运动是预算资金的收入和预算资金的支出。

第3节 小企业会计的基础理论

一、会计基础

在实际经济活动过程中,各单位交易或事项的发生时间与相关货币收付时间并不完全一致。例如,款项已经收到,但销售并未实现;或者款项已经支付,但并不是为本期生产经营活动而发生的。为了更加真实、公允地反映特定会计期间的财务状况和经营成果,会计准则规定了两种会计基础。

(一) 权责发生制

权责发生制又称应计制。根据权责发生制要求,凡是当期已经实现的收入和已经发生或应当负担的费用,无论款项是否收付,都应当作为当期的收入和费用,记入利润表;凡是不属于当期的收入和费用,即使款项已经在当期收付,也不应当作为当期的收入和费用。

(二) 收付实现制

收付实现制又称现金收付制,是与权责发生制相对应的一种会计基础。它是以收到或支付现金作为确认收入和费用的依据。凡是本期实际收到的款项都作为本期收入,凡是本期实际支付的费用都作为本期支出;反之,本期未收到和未支付的款项,都不能作为本期的收入和费用。

温馨提醒

《企业会计准则》规定:我国企业单位采用权责发生制为会计基础;行政单位采用收付实现制为会计基础;事业单位除经营业务可采用权责发生制以外,其他大部分业务采用收付实现制为会计基础。

微课:会计四大假设

二、会计基本假设

会计基本假设是会计确认、计量和报告的前提,是对会计核算所处时间、空间环境等所作的合理假定。会计基本假设包括会计主体、持续经营、会计分期和货币计量。会计核算之所以需要一些基本假设,是因为会计实务中存在着一些不确定的因素,在会计处理上难以作出准确的判断和估计,为了依照现时的情况进行正常的业务处理,就需要进行一些假设。

(一) 会计主体

☞ 会计主体是指会计核算和监督的特定单位或组织,是会计确认、计量和报告的空间范围。会计核算对象只限于会计主体本身的经营活动。会计主体可以是一个企业、行政事业单位、社会团体,也可以是一个分公司;可以是单一的企业,也可以是企业集团。

应当注意的是,会计主体与法律主体是不同的概念。一般来说,法律主体必定是会计主体,但会计主体不一定都是法律主体。

(二) 持续经营

☞ 持续经营是指在可以预见的未来,会计主体将会按照当前的规模和状态持续经营下去,不会停业,也不会大规模削减业务。在持续经营假设下,会计核算应当以企业持续正常的经营活动为前提,即会计主体在可以预见的未来不会面临破产、进行清算。

持续经营假设是建立公认会计原则和会计方法的基础和条件,如历史成本计价原则、固定资产折旧方法等。只有在持续经营的前提下,才可能建立起会计计量和公认的会计原则,解决财产计价、收益费用的确认和费用分配等问题,提供的会计信息才具有连续性。

(三) 会计分期

☞ 会计分期是指将一个会计主体持续经营的经济活动划分为连续的、长度相同的会计期间,以便分期结算账目和编制财务报告。

会计分期假设与持续经营假设相结合,是权责发生制、配比性、一贯性等要求的前提。没有上述两项假设,会计上的递延、应计、摊销等方法都失去了其存在的基础。我国《企业会计准则》规定会计期间为年度、半年度、季度和月度四种,会计分期采用公历制。

会计分期
世界一览

> **知识拓展**
>
> 《企业会计准则》规定,我国的会计期间为公历每年1月1日起至12月31日止为一个会计年度。会计中期是短于一个完整会计年度的报告期间,包括半年度、季度和月度。企业应按年度、半年度、季度和月度结算账目,编制财务报告。有了会计分期假设,才产生了本期与非本期的区别,也产生了权责发生制与收付实现制的会计记账基础。

(四) 货币计量

☞ 货币计量是指会计主体在会计确认、计量和报告时采用货币作为统一的计量单位,反映会计主体的生产经营活动。会计采用货币作为计量单位,便于进行量的汇总和比较,能够全面反映会计主体的生产经营和业务收支等情况。

在货币计量假设下,会计核算应该以人民币为记账本位币。业务收支以人民币以外的货币为主的单位,可以选择一种货币作为记账本位币,但编制的财务报告应当折算为人民币反映。

三、会计信息质量要求

会计信息是会计系统的产品,其载体是会计凭证、会计账簿和会计报表等,只有符合质量要求的会计信息,才能满足信息使用者的要求。我国《企业会计准则》对会计信息质量要求作出了明确的规定。

(一)可靠性

可靠性要求企业以实际发生的交易或事项为依据进行会计确认、计量和报告,如实反映符合确认和计量要求的各项会计要素及其他相关信息,保证会计信息真实可靠、内容完整。

《会计法》中的会计信息质量

可靠性是对会计信息质量的基本要求。会计工作者提供信息的目的是满足会计信息使用者的决策需要,因此,应该做到内容真实、数字准确、资料可靠。不得根据虚构或尚未发生的交易或事项进行确认、计量和报告。

(二)相关性

相关性要求企业提供的会计信息与财务报告使用者的经济决策需要相关,有助于财务报告使用者对企业过去、现在或未来的情况作出评价或预测。

根据相关性原则,企业在收集、记录、处理和提供会计信息过程中要充分考虑各方面会计信息使用者决策的需要,满足各方面具有共性的信息需求。

(三)可理解性

可理解性要求企业提供的会计信息清晰明了,便于财务报告使用者理解和使用。

企业编制会计报表、提供会计信息的目的在于供使用者应用,而会计信息清晰明了、内涵明确、便于理解,才能提高其有用性。因此,在会计核算中,会计记录应当准确、清晰,填制会计凭证、登记账簿必须做到依据合法、账户对应关系清楚、文字摘要完整。

(四)可比性

可比性要求企业提供的会计信息可以互相比较。可比性要求包括两层含义:

(1)纵向可比。即同一企业不同时期发生的相同或者相似的交易或者事项,应当采用一致的会计政策,不得随意变更。也就是说,同一企业在不同时期应当采用相同的会计处理程序与方法。

(2)横向可比。即不同企业在同一会计期间发生的相同或者相似的交易或事项,应当采用规定的会计政策,确保会计信息口径一致、相互可比。

(五)实质重于形式

实质重于形式要求企业按照交易或者事项的经济实质进行会计确认、计量和报告,不应仅以交易或者事项的法律形式为依据。

交易或者事项的经济实质或法律形式在多数情况下是一致的,但也存在不一致的情况。当交易或者事项的法律形式不能完全反映其实质内容时,必须根据交易或事项的经济实质进行确认、计量和报告,这有利于增强会计信息对决策的有用性。

(六) 重要性

重要性要求企业提供的会计信息应当反映与企业财务状况、经营成果和现金流量等有关的所有重要交易或者事项。

重要性要求是从会计信息成本效益角度提出的。在会计核算过程中,对交易或事项应当区别其重要程度,采用不同的核算方式。对资产、负债、损益等有较大影响的,必须按照规定的会计方法和程序进行处理,并在财务报告中予以充分、准确的披露;对于次要的会计事项,在不影响会计信息真实性和不至于误导财务报告使用者作出正确判断的前提下,可适当简化处理。

(七) 谨慎性

谨慎性要求企业对交易或者事项进行会计确认、计量和报告时保持应有的谨慎,不应高估资产或者收益、低估负债或者费用。

在市场经济条件下,企业在经营中会不可避免地遇到各种风险,所以应遵循谨慎性的会计信息质量要求,合理核算可能发生的损失和费用,尽量降低经营风险,使会计信息更加可靠。

(八) 及时性

及时性要求企业对于已经发生的交易或者事项,及时进行会计确认、计量和报告,不得提前或者延后。

会计信息的价值在于帮助使用者作出经济决策,会计信息具有时效性。对于可靠的、相关的会计信息,如果不及时提供,会失去时效性,对于会计信息使用者的效用就大大降低,甚至不再具有实际意义。因此,及时性是会计信息相关性和可靠性的制约因素。在会计确认、计量和报告过程中,应及时收集、处理、传递会计信息,以便保证会计信息的相关性和可靠性。

> **温馨提醒**
>
> 会计信息的使用者主要包括投资者、债权人、企业管理者、政府相关部门和社会公众。有效的会计信息有助于会计信息使用者进行准确的经济决策。

第4节 小企业会计的方法

会计的方法是履行会计职能、完成会计任务、达到会计目标的手段。会计方法是一个体系,包括会计核算方法、会计分析方法和会计检查方法等。

会计核算是会计工作的基础和核心,会计分析是会计核算的继续与深化,会计检查是对会计核算与会计分析的质量保证。由于会计核算方法是整个会计方法体系的基础,因而也是会计教学的基础与重点。

会计核算方法是对会计对象进行全面、连续、系统的确认、计量和报告所应用的具体方法和手段,包括设置账户、复式记账、填制和审核会计凭证、登记账簿、成本计算、财产清查和编制财务报告等。

一、设置账户

账户是对会计对象的具体内容进行分类核算和监督的一种方法。企业的经济业务多种多样,都是会计核算的对象,为了全面、系统地反映复杂的经济业务,就有必要对经济业务进行分类核算。

按分类的项目设置账户,对某一类业务进行集中、系统的核算,可以迅速、准确地提供财务信息。设置账户是填制和审核会计凭证、登记账簿等会计方法的重要基础。

二、复式记账

复式记账是指对每一项经济业务都要以相等的金额在两个或两个以上的账户中同时进行登记,以便相互联系地反映经济业务全过程的一种方法。

复式记账一方面能够全面、系统地反映企业经济业务活动所引起资金运动增减变化的来龙去脉,另一方面也可以通过账户之间的平衡关系,检查会计记录是否正确。

三、填制和审核会计凭证

会计凭证简称凭证,是记录经济业务、明确经济责任的书面证明,是登记账簿的重要依据。

填制凭证是指企业发生任何经济业务,都应由经办人员或会计部门将发生的经济业务情况分别填制在相关的凭证中。审核凭证是由会计部门或有关部门对填制的凭证进行审核,检查经济业务是否合理、合法,凭证记录是否全面、真实、可靠。

四、登记账簿

账簿是用来系统记录各项经济业务的簿籍,是储存会计信息的重要载体。账簿是由一定格式并以一定形式连接在一起的账页组成的。在账簿中要按规定和企业的实际需要来开设账户,以便分类记录经济业务。

登记账簿就是以会计凭证为依据,将会计凭证中记录的经济业务的内容,登记到相关账户中,形成账簿记录。登记账簿有利于全面、连续、系统地反映经济业务。

五、成本计算

成本计算是按照一定的对象归集和分配生产经营过程中发生的各种费

用,以便确定各对象的总成本和单位成本的一种专门方法。

企业为了取得经营成果,必然要发生各项费用。为了考虑经营效果,就要将经营过程中发生的各项费用归集起来,并同产品的产量、销量相比较,计算出单位产品应负担的费用。只有将一定时期的成本、费用与收入相比较,才能确定企业的盈亏状况。

六、财产清查

财产清查就是通过对各项财产物资、货币资金的实地盘点,对往来款项进行核对,以查明账面数与实存数是否相符的一种专门方法。

在财产清查中发现有财产物资、货币资金账面数额与实存数额不符的情况,应该及时调整账簿记录,确保账面数与实存数相符,并查明账实不符的原因,明确责任。通过财产清查,可以查明各项财产物资、债权债务、所有者权益的变化情况,促进企业加强内部管理,保证财产物资的安全与完整,并为编制财务报告提供真实、准确的资料。

七、编制财务报告

财务报告是根据账簿记录的数据资料,采用一定的表格形式,综合地反映单位在一定时期内经济活动过程和结果的一种方法。

编制财务报告是对日常核算工作的总结,是在账簿记录基础上对会计核算资料的进一步加工整理。财务报告提供的资料是进行会计分析和会计检查的重要依据。

> **知识拓展**
>
> 企业日常会计工作程序如下:建立会计账簿;填制和审核原始凭证;根据审核无误的原始凭证编制记账凭证;根据记账凭证登记账簿;月末进行对账和结账;根据账簿记录编制财务报告;对会计档案进行整理和归档保管。

上述会计核算方法是相互联系、密切配合的。对会计期间内发生的各项经济业务,要填制和审核凭证,运用复式记账法,按规定的账户在账簿中进行登记;对经营过程中发生的费用,要通过有关账户汇总计算成本,并在此基础上确定盈亏;对账簿记录,要通过财产清查进行核实,在账实相符的基础上,以账簿记录为依据编制财务报告,对内、对外提供财务信息。至此,完成会计核算工作的一个循环。会计工作循环往复,持续进行。

中国正在走向世界,世界已经走近中国。随着我国经济的崛起,《企业会计准则》和《小企业会计准则》的实施,我国会计国际化的步伐进一步加速,会计工作的重要性日益突出,并被越来越多的人所认识。实践证明,经济越发展,管理越加强,会计越重要。

知识归纳

1. 会计是社会生产力发展的产物。物质资料的生产和实践活动的进行,是会计产生和发展的基础。
2. 会计是以货币作为主要计量单位,对特定主体的经济活动进行全面、系统、连续的核算和监督,旨在向有关各方提供有用会计信息的一项管理活动。会计具有进行会计核算和实施会计监督的固有功能。
3. 小企业是在我国境内依法设立,具有规模较小、数量众多的特征,是我国经济和社会发展的重要力量。小企业必须按照法定程序设立。
4. 《小企业会计准则》是小企业会计核算的主要依据,小企业会计核算以权责发生制为基础。
5. 小企业会计核算以四大假设为前提,以八大要求保证会计信息质量的有效性,采用七种专门方法进行会计核算。

基本训练

一、单项选择题

1. 会计的基本职能是( )。
   A. 记录和计算 B. 核算和监督 C. 预测和决策 D. 考核和分析
2. 我国最早出现"会计"一词是在( )。
   A. 西周时期 B. 唐宋时期 C. 秦代 D. 明末清初
3. 《小企业会计准则》实施的时间是( )。
   A. 2011年10月18日 B. 2012年1月1日
   C. 2013年1月1日 D. 2014年7月1日
4. 会计主体假设是对会计工作范围从( )上进行了界定。
   A. 空间 B. 时间 C. 内容 D. 形式
5. 会计分期是从( )中引申出来的。
   A. 会计主体 B. 权责发生制 C. 会计目标 D. 持续经营
6. 小企业会计核算的依据是( )。
   A.《企业会计准则》 B.《企业会计制度》
   C.《小企业会计准则》 D.《小企业会计制度》
7. 会计的对象是特定主体的( )。
   A. 资金运动 B. 经济活动 C. 财产物资 D. 货币资金
8. 我国企业应以( )作为确认、计量和报告的基础。
   A. 持续经营 B. 收付实现制 C. 实地盘存制 D. 权责发生制

二、多项选择题

1. 会计核算的基本前提包括( )。

  A. 会计主体　　　B. 持续经营　　　C. 货币计量　　　D. 会计分期
2. 下列各项中,属于会计信息质量要求的有(　　)。
  A. 准确性　　　B. 可靠性　　　C. 实质重于形式　　　D. 谨慎性
3. 会计核算的特点包括(　　)。
  A. 连续性　　　B. 系统性　　　C. 主观性　　　D. 全面性
4. 会计中期包括(　　)。
  A. 年度　　　B. 半年度　　　C. 季度　　　D. 月度
5. 会计方法包括(　　)。
  A. 会计核算方法　　　　　　　　B. 会计分析方法
  C. 会计分类方法　　　　　　　　D. 会计检查方法
6. 设立小企业的程序包括(　　)。
  A. 开业登记　　　　　　　　　　B. 办理法人代码
  C. 办理税务登记　　　　　　　　D. 办理注销登记
7. 下列各项中,属于会计核算方法的有(　　)。
  A. 复式记账　　　B. 成本计算　　　C. 财产清查　　　D. 编制财务报告
8. 会计监督是对企业经济活动全过程进行的监督,包括(　　)。
  A. 事前核算　　　B. 事前监督　　　C. 事中监督　　　D. 事后监督

三、判断题

1. 会计是社会生产力发展到一定阶段的产物,是基于管理经济活动的客观需要而产生的。　　　　　　　　　　　　　　　　　　　　　　　　　　　　　　(　　)
2. 早在西周时期,我国就出现了簿书,用来反映各种经济收支事项。　　(　　)
3. 西方会计起源于美国,经历了由简单到复杂、由低级向高级的发展过程。　(　　)
4. 会计监督主要是通过价值指标来进行监督活动的。　　　　　　　　(　　)
5. 企业单位采用权责发生制为会计基础,事业单位的经营业务也可以采用权责发生制。　　　　　　　　　　　　　　　　　　　　　　　　　　　　　　　(　　)
6. 一般来说,会计主体一定是法律主体,法律主体不一定是会计主体。　(　　)
7. 可靠性要求企业提供的会计信息应当反映与企业财务状况、经营成果和现金流量有关的所有重要交易或事项。　　　　　　　　　　　　　　　　　　　(　　)
8. 持续经营假设是建立公认会计原则和会计方法的基础和条件。　　　(　　)

课后习题答案

第 2 章
会计要素、会计科目与账户

CHAPTER 2

通过本章你可以学到：
- 会计六要素及其特征
- 会计等式及其平衡关系
- 会计科目的分类及常用会计科目
- 会计账户的基本结构
- 会计科目与会计账户之间的关系

Learning objectives 学习目标

案例导入

学习会计语言：有志青年王小明在一次交友活动中认识了几位炒股的朋友，通过多次的交流，小王对股市产生了浓厚兴趣，也决定进入股海遨游。为了提升专业知识，做到理性投资，他开始研究投资理论并阅读分析上市公司专业资料。但是，当他面对会计要素、所有者权益、会计等式、财务报表等众多会计专业术语时，他迷惑了……

会计是一种商业语言，本章将带领你学习各项基础的会计语言。

第1节 会计要素

会计要素是对会计对象进行的基本分类，是会计核算对象的具体化。它既是会计确认和计量的依据，也是确定财务报表结构和内容的基础。我国《企业会计准则——基本准则》规定，企业会计核算对象分为资产、负债、所有者权益、收入、费用和利润六大会计要素。其中，资产、负债和所有者权益反映企业在一定日期的财务状况，是对企业资金运动的静态反映，是资产负债表的构成要素；收入、费用和利润反映企业在一定时期内的经营成果，是对企业资金运动的动态反映，是利润表的构成要素。

一、资产

（一）资产的定义与特征

微课：老虎是资产吗

👉 资产是指小企业过去的交易或者事项形成的、由企业拥有或者控制的、预期会给企业带来经济利益的资源。

作为企业的资产，一般具有以下基本特征：

（1）资产是由过去的交易或者事项形成的。一个企业的资产，都是由于已经发生的经济业务引起的。尚未发生的经济业务，或者计划中的经济业务，不能确认为企业的资产。

（2）资产是由企业拥有或者控制的经济资源。资产必须是由企业拥有或控制的，如果企业不能拥有或控制能创造经济利益的某项资源，该项资源就不能视作企业的资产。

（3）资产预期会给企业带来经济利益。所谓"预期会给企业带来经济利益"，是指该项资产具有直接或者间接导致现金或现金等价物流入企业的潜力。

(二) 资产的分类

企业的资产总是占用在经营过程中的不同阶段,并具有不同的具体形态。按照流动性的强弱,资产通常划分为流动资产和非流动资产两大类。

(1) 流动资产。小企业的流动资产是指预计在1年内或者超过1年的一个正常营业周期内变现或者耗用的资产,包括货币资金、短期投资、应收及预付款、存货等。

① 货币资金是指企业库存的现金以及在银行或其他金融机构的各项存款。它是一项流动性最强的资产。

② 短期投资是指能够随时变现并且持有时间不超过1年的有价证券和不超过1年的其他金融投资。

③ 应收及预付款是指小企业日常经营活动中发生的各项债权,包括应收票据、应收账款、预付账款、应收股利、应收利息和其他应收款等。

④ 存货是指小企业在日常经营活动中持有的以备出售的产成品或商品;处在生产过程中的在产品;将在生产过程或提供劳务过程中耗用的材料和物料等。小企业的存货主要包括原材料、商品、产成品、在产品、周转材料、委托加工物资等。

(2) 非流动资产。小企业的非流动资产是指超过1年或超过一个营业周期才能变现或者耗用的资产,包括长期投资、固定资产、无形资产和长期待摊费用等。

① 长期投资是指小企业可供出售的金融性质的资产或长期股权性质的投资,包括长期股权投资和长期债权投资等。

② 固定资产是指小企业为生产产品、提供劳务、出租或经营管理而持有,使用时间超过1年的有形资产,包括房屋及建筑物、机器设备、运输设备、工具器具等。

③ 无形资产是指小企业为生产产品、提供劳务、出租或经营管理而持有的,没有实物形态的可辨认的非货币性资产,包括专利权、非专利技术、商标权、著作权、土地使用权等。

④ 长期待摊费用是指小企业已经发生的但应由本期和以后各期分别承担的摊销期限在1年以上的各种费用,包括固定资产的改建支出、固定资产的大修理支出和其他长期待摊费用等。

温馨提醒

小企业资产的确认必须同时满足两个条件:即与该资源有关的经济利益很可能流入企业;该资源的成本或者价值能够可靠地计量。

二、负债

(一) 负债的定义与特征

☞ 负债是指小企业过去交易或者事项形成的、预期会导致经济利益流出企业的现时义务。

通俗地讲,负债就是企业的债务,如果把资产理解为企业的权利,那么,负债就可以理解为企业所承担的义务。为了履行义务,企业往往需要在未来某个时间产生经济利益的流出。

作为企业的负债,一般具有以下基本特征:

(1) 负债是由过去的交易或事项形成的经济责任。负债是过去已经发生的交易或事项所产生的结果,只有过去发生的交易或事项才能增加或减少企业的负债,未来发生的交易或者事项形成的义务,不属于现时义务,不应当确认为负债。

(2) 负债是企业应承担的现时义务。负债作为企业现时的一种义务,是由企业过去的交易或事项形成的、在现行条件下应该承担的义务。

(3) 负债的清偿预期会导致经济利益流出企业。无论负债对应的现时义务是法定义务还是推定义务,其履行义务预期均会导致经济利益流出企业,具体表现为交付资产、提供劳务、将一部分股权转让给债权人等。

(二) 负债的分类

负债按照偿还时间的长短一般可以分为流动负债和非流动负债两大类。

(1) 流动负债。小企业的流动负债是指预期在1年内或者超过1年的一个正常营业周期内偿还的债务。流动负债主要包括短期借款、应付账款、预收账款、应付职工薪酬、应交税费、应付利息等。

① 短期借款是指企业向银行或其他金融机构借入的,偿还期限预期在1年以内的各种借款。

② 应付账款是指企业因购买材料、商品和接受劳务供应等经营活动应支付的款项。

③ 预收账款是指企业按照相关经济合同规定向购货单位预收的款项。

④ 应付职工薪酬是指企业为获得职工提供的服务而支付的各种形式的报酬以及其他相关支出。

⑤ 应交税费是指企业按照税法规定计算的、应在规定期限内交纳的各种税费。

⑥ 应付利息是指企业按照合同约定应支付的各种利息。

(2) 非流动负债。小企业的非流动负债是指预期在1年以上或者一个营业周期以上偿还的债务。非流动负债主要包括长期借款和长期应付款。

① 长期借款是指企业向银行或其他金融机构借入的偿还期限在1年以上(不含1年)的各种借款。

② 长期应付款是指企业应支付的各种长期应付款项,包括以分期付款方式购入固定资产发生的应付款项和应付融资租赁固定资产的租赁费等。

> **温馨提醒**
>
> 小企业负债的确认必须同时满足两个条件:与企业经营义务有关的经济利益很可能流出企业;未来流出的经济利益的金额能够可靠地计量。

三、所有者权益

(一) 所有者权益的定义与特征

☞ 所有者权益是指小企业资产扣除负债后由所有者享有的剩余权益,公司的所有者权益又称为股东权益。所有者权益是所有者对企业净资产的要求权。

所有者权益一般具有以下基本特征:

(1) 所有者权益是一种剩余权益。从数量上说,所有者权益是企业全部资产减去全部负债后的余额。

(2) 所有者权益的变化主要取决于企业经营的变化。从总体来说,所有者权益的大小,取决于所有者对企业的投资增减和企业经营是否有效。

(3) 所有者权益所代表的资产可供企业长期使用。发生减资、清算或分派现金股利时,企业不需要偿还所有者权益。所有者权益所代表的资产是企业偿还债务的物质保证,也是企业亏损的承担者。

(4) 所有者凭借其占所有者权益的份额参与企业的利润分配。

所有者权益在性质上体现为所有者对企业资产的剩余权益,在数量上也就体现为资产和负债计量结果的差额。

(二) 所有者权益的分类

所有者权益的来源包括所有者投入的资本、直接计入所有者权益的利得和损失、留存收益。

直接计入所有者权益的利得和损失,是指不应计入当期损益、会导致所有者权益发生增减变动的、与所有者投入资本或者向所有者分配利润无关的利得或者损失。利得是指由企业非日常活动所形成的、会导致所有者权益增加的、与所有者投入资本无关的经济利益的流入。损失是指由企业非日常活动所发生的、会导致所有者权益减少的、与向所有者分配利润无关的经济利益的流出。留存收益是指企业实现的净利润留存于企业的部分,包括计提的盈余公积金和未分配利润。

在资产负债表上,所有者权益表现为某一会计主体的资产减去其负债后的净资产,主要包括以下四项内容:

(1) 实收资本。即企业接受投资者投入的实际交纳资本,包括投入的货币资金和非货币财产物资等。

(2) 资本公积。即企业收到的投资者出资额超出其在企业注册资本中所占份额的部分,包括资本溢价和直接计入所有者权益的利得和损失等。

(3) 盈余公积。即企业根据国家规定从净利润中提取的公积金,包括法定盈余公积金和任意盈余公积金。

(4) 未分配利润。即企业留待分配或以后年度分配的利润。

四、收入

(一) 收入的定义与特征

☞ 收入是指小企业在日常生产经营活动中形成的、会导致所有者权益增加、与所有者投入资本无关的经济利益的总流入。

收入一般具有以下基本特征：

（1）收入是从企业的日常活动中产生，而不是从偶发的交易或事项中产生的。日常活动是指企业为完成其经营目标而从事的经济活动。

（2）收入可能表现为企业资产的增加或负债的减少，或两者兼而有之。收入为企业带来经济利益的形式多种多样。

（3）收入会导致企业所有者权益的增加。企业取得收入与其相关的成本费用相配比后会增加所有者权益。

（4）收入只包括本企业经济利益的总流入。企业所有者向企业投入的资本，虽然会导致经济利益流入，一方面增加企业的资产，但另一方面也增加了企业的所有者权益，因此，它不能作为本企业的收入。

（二）收入的分类

按照企业所从事日常活动的性质，企业的收入通常有三种来源：一是销售商品，取得现金或者形成应收款项；二是提供劳务；三是让渡资产使用权，主要表现为对外投资或者对外资产出租等。

按照《小企业会计准则》的规定，收入可分为以下两类：

（1）主营业务收入。它是指企业为完成其经营目标而从日常活动中取得的收入，如销售商品、提供劳务等收入。

（2）其他业务收入。它是指除主营业务以外的其他业务活动取得的收入，如出租固定资产、出租包装物、销售材料等实现的收入。

温馨提醒

收入与利得是两个不同的概念，收入是由日常活动所形成的，如销售商品取得收入等；而利得通常是从偶发的经济事项取得的，它不属于经营业务导致的经济利益流入，如固定资产处置收入、接受捐赠所得等。

五、费用

（一）费用的定义与特征

费用是指小企业在日常经营活动中发生的、会导致所有者权益减少、与向所有者分配利润无关的经济利益的总流出。

小企业的费用一般具有以下特征：

（1）费用是企业在日常活动中发生的经济利益的流出。它并不是从偶发的交易或事项中发生的经济利益的流出。

（2）费用可能表现为资产的减少或负债的增加，或两者兼而有之。费用的发生形式可能多种多样。

（3）费用会导致所有者权益的减少。企业发生费用会导致所有者权益的减少，但是，会导致所有者权益减少的经济利益的流出却不一定属于费用。

(二) 费用的分类

按照费用与收入的关系,费用可以分为营业成本、税金及附加、销售费用、管理费用和财务费用等。

(1) 营业成本是指小企业所销售商品的成本和所提供劳务的成本。

(2) 税金及附加是指小企业开展日常生产经营活动应负担的相关税费,包括消费税、城市维护建设税和教育费附加等。

(3) 销售费用是指小企业在销售商品或提供劳务过程中发生的各种费用,包括销售人员的薪酬、运输费、装卸费、包装费、保险费、广告费和业务宣传费与展览费等。批发业、零售业的小企业在购买商品过程中发生的费用,包括运输费、装卸费、包装费、保险费、运输途中的合理损耗和入库前的挑选整理费用等,也构成企业的销售费用。

(4) 管理费用是指小企业为组织和管理生产所发生的各项管理费用,包括小企业在筹建期间发生的开办费、行政管理部门发生的固定资产折旧费、修理费、办公费、水电费、差旅费、管理人员的职工薪酬、业务招待费、财产保险费、聘请中介机构费和咨询费等。

(5) 财务费用是指小企业为筹集生产经营所需资金而发生的筹资费用,包括利息费用净支出、汇兑净损失、银行相关手续费、小企业给予的现金折扣等。

> **温馨提醒**
>
> 费用的确认必须同时满足两个条件:费用的发生很可能导致企业经济利益的流出,从而引起企业资产减少或者负债增加;经济利益的流出额能够可靠地计量。

六、利润

(一) 利润的定义与特征

☞ 利润是指小企业在一定会计期间的经营成果。利润主要是一定会计期间的收入与同一会计期间相联系的费用配比之后的差额。这一差额就是劳动者为社会劳动所新创造的价值。

利润主要来源于全部收入减去全部费用后的差额,同时,利润也包括直接计入当期损益的利得和损失等。因此,对于利润的确认与计量,既取决于收入和费用的多少,也取决于直接计入当期损益的利得和损失的金额。

(二) 利润的分类

利润是企业在一定期间的经营成果。按照构成内容的不同,利润可以分为营业利润、利润总额和净利润。

(1) 营业利润是指营业收入减去营业成本、税金及附加、销售费用、管理费用和财务费用,加上投资收益(或减去投资损失)后的金额。

（2）利润总额是指企业的营业利润加上营业外收入，减去营业外支出后的金额。

其中：营业外收入是指小企业非日常经营活动形成的经济利益的净流入，主要包括非流动资产处置净收益、政府补助、捐赠收益、确实无法偿还的应付款项、违约金收益等。

营业外支出是指小企业非日常经营活动发生的经济利益的净流出，主要包括存货的盘亏和毁损、非流动资产处置净损失、自然灾害等不可抗力造成的损失、税收滞纳金、捐赠支出和赞助支出等。

（3）净利润是指企业的利润总额减去应交纳的所得税费用后的净额。

辨别会计要素

> **知识拓展**
>
> 会计要素的计量是将符合确认条件的会计要素登记入账并列报于财务报表的过程。会计计量属性主要包括历史成本、重置成本、可变现净值、现值和公允价值等。历史成本又称实际成本，是指为取得或制造某项财产物资而实际支付的现金或其他等价物。企业在对会计要素进行计量时，一般应当采用历史成本。

第2节　会计等式与平衡关系

会计等式是反映各会计要素之间的相互平衡关系，是会计要素之间的内在联系。从本质上看，会计等式揭示了会计主体的产权关系、基本财务状况和经营成果。由于会计六要素分别反映企业的财务状况和经营成果，相应地也存在着两个不同的会计等式。

一、财务状况等式

任何企业进行生产经营活动，都必须拥有一定种类和数量的资产。资产以库存现金、银行存款、原材料、厂房设备等多种形式存在，无论什么形式的资产，都来源于所有者投入资本、向债权人借入资金或者在生产经营中所产生的效益。归属于所有者的资产对应于所有者权益，归属于债权人的资产对应于债权人权益，即企业的负债。所有者权益和债权人权益统称为权益。资产与权益之间存在着相互依存的关系，没有资产就没有权益，同样，企业所拥有的资产也不能脱离权益而单独存在。从数量上看，企业的资产总额与权益总额必定相等，即资产与权益在任何一个时点都必然保持着恒等关系如图表2-1所示。

图表 2-1

会计平衡关系图

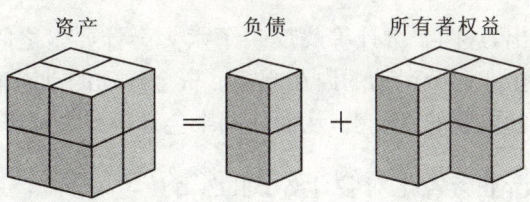

上述恒等关系可用以下公式表示：

资产＝权益
　　＝债权人权益＋所有者权益
　　＝负债＋所有者权益

微课：会计恒等式

由于资产、负债和所有者权益反映企业的财务状况，所以上述等式被称为财务状况等式，是会计的基本等式（又被称为会计恒等式）。它反映资产、负债和所有者权益三个要素之间的基本数量关系，是复式记账法的理论基础，也是企业编制资产负债表的依据。

二、经营成果等式

企业为了生存与发展，必须要进行生产经营活动，获取收入，同时也发生相应的费用。收入与费用相配比，其差额就是企业的经营成果。收入与费用是可以比较的，收入大于费用的差额，为企业的利润；反之，为发生的亏损。收入、费用和利润在一定期间的数量关系可用以下公式表示：

收入－费用＝利润

由于收入、费用和利润反映企业的经营成果，所以上述等式被称为经营成果等式，反映的是三个动态要素之间的内在联系，说明了企业利润的实现过程，是企业编制利润表的基础。

会计等式里的大学问

三、会计扩展等式

会计期初，资金运动处于相对静止状态，企业既没有取得收入，也没有发生费用，会计等式表现为"资产＝负债＋所有者权益"。随着企业经营活动的进行，企业在一定时期取得的经营成果对资产和所有者权益产生影响，收入会导致企业资产增加或负债减少，并使所有者权益增加；费用会导致企业资产减少或负债增加，并使所有者权益减少。因此，在一定会计期间，会计等式可转化为如下形式：

资产＝负债＋所有者权益＋（收入－费用）
　　＝负债＋所有者权益＋利润

会计期末通过一系列结账程序，将利润转入所有者权益后，会计等式又恢

复为期初的形式,即:

$$资产 = 负债 + 所有者权益$$

可以看出,这两个会计等式反映了六大会计要素之间的关系,也全面、综合地反映了企业资金运动的内在规律。资金运动的动态变化最后必然反映到各项静态会计要素的变化上,从而使两个会计等式之间建立起勾稽关系。

四、经济业务发生对会计等式的影响

上述会计等式是会计学的理论基础,是会计核算最基本的平衡关系。借贷记账法也是建立在这一会计等式基础上的。任何一个企业所发生的经济业务,总会引起资产、负债和所有者权益的增减变动,但不论怎样变动,都不会、也不应该破坏上述会计等式的平衡关系。现举例说明如下。

【例2-1】 东海公司某月初资产、负债和所有者权益的有关资料如图表2-2所示。

图表2-2

资产负债表(简式) 单位:元

资　产	金　额	负债和所有者权益	金　额
银行存款	40 000	短期借款	20 000
应收账款	80 000	应付账款	100 000
原材料	160 000	实收资本	200 000
固定资产	120 000	盈余公积	80 000
合　计	400 000	合　计	400 000

东海公司在一定时期内发生以下经济业务:

(1)向中国工商银行借入为期3个月的短期借款60 000元,存入银行存款户。这项经济业务发生后,引起资产项目的银行存款增加了60 000元,同时引起负债项目的短期借款也增加了60 000元,等式两方同时增加,增加数额相等,等式保持平衡。

(2)以银行存款50 000元偿还东竞公司的应付账款。这项经济业务发生后,引起资产项目的银行存款减少了50 000元,同时引起负债项目的应付账款也减少了50 000元。等式两方同时减少,减少数额相等,等式保持平衡。

(3)以银行存款30 000元购买材料一批,已验收入库。这项经济业务发生后,引起资产项目的原材料增加30 000元和银行存款减少30 000元。两个都是资产项目,一增一减,增减数额相等,等式保持平衡。

(4)经董事会批准,同意将盈余公积20 000元转增实收资本。这项经济业务发生后,引起作为所有者权益项目的实收资本增加20 000元和盈余公积减少20 000元。两个都是所有者权益项目,一增一减,增减数额相等,等式保持平衡。

以上四项经济业务发生后引起资产、负债和所有者权益增减数额及增减变动后的结果如图表2-3所示。

图表 2-3

资产、负债和所有者权益增减变动情况　　　　　　　　　　单位：元

资产	增减前金额	增加金额	减少金额	增减后金额	负债和所有者权益	增减前金额	增加金额	减少金额	增减后金额
银行存款	40 000	(1)60 000	(2)50 000 (3)30 000	20 000	短期借款	20 000	(1)60 000		80 000
应收账款	80 000			80 000	应付账款	100 000		(2)50 000	50 000
原材料	160 000	(3)30 000		190 000	实收资本	200 000	(4)20 000		220 000
固定资产	120 000			120 000	盈余公积	80 000		(4)20 000	60 000
合　　计	400 000	90 000	80 000	410 000	合　　计	400 000	80 000	70 000	410 000

上面四种类型的经济业务所引起的资产、负债和所有者权益的增减变化也可用图表2-4加以说明。

图表 2-4

四种类型经济业务之间的增减关系

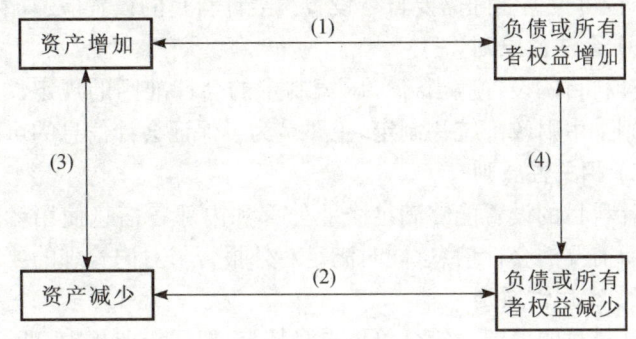

从企业大量发生的经济业务来看，所引起的资产和权益的变化可以归纳为以下四种基本类型：

(1) 资产与负债或所有者权益同时增加。
(2) 资产与负债或所有者权益同时减少。
(3) 资产内部有增有减。
(4) 负债和所有者权益内部有增有减。

综上所述，在一个企事业单位里，不管经济业务多么纷繁复杂，但归纳起来总不外乎以上四种类型。而这四种类型的经济业务，所引起资产和权益（负债或所有者权益）之间的增减变动，都不会破坏"资产＝负债＋所有者权益"之间的平衡关系。正确理解和运用好这一平衡原理，对于掌握会计核算的方法有着十分重要的意义。

第3节　小企业会计科目

一、会计科目的概念

☞ 会计科目是对会计要素按照经济业务的内容和经营管理的需要进行分类的项目,是进行会计记录和提供会计信息的基础,是会计核算的重要条件。

会计科目在整个会计核算和经济管理中具有重要意义,任何企事业单位账户的开设、会计凭证的填制、会计账簿的设置和会计报表的编制等日常账务处理,都要运用会计科目。因此,为了全面、分类、系统地核算和监督各项经济活动的发生情况以及由此引起的各项会计要素的增减变动,各单位都必须合理地设置会计科目。

二、会计科目的设置原则

为了统一财务报告,增强会计信息的可比性,小企业的总分类科目由《小企业会计准则》统一规定,明细分类科目除按《小企业会计准则》规定设置以外,各单位可根据实际需要自行设置。会计科目的设置应遵循以下原则。

（一）合法性原则

会计科目的设置应当符合国家制定的会计准则的规定。在我国,总分类科目原则上由财政部统一制定,主要是为了保证会计信息的可比性。

（二）相关性原则

会计科目的设置能够满足企业外部和内部各信息使用者的需要,提供有关各方所需要的会计信息,同时满足对外报告与对内管理的要求。

（三）实用性原则

会计科目的设置应符合单位自身特点,根据企业规模、业务繁简等实际情况,满足本单位会计核算的实际需要。

另外,会计科目要简明、适用,并进行合理分类、科学编号。在设置会计科目时,对每一个会计科目特定的核算内容必须严格、明确地界定,不能混淆。会计科目的名称应与其核算的内容相一致,力求含义准确、通俗易懂。

微课：会计科目咋分类

三、会计科目的分类

会计科目可按其反映的经济内容、所提供信息的详细程度及其统驭关系分类。

（一）按反映的经济内容分类

会计科目按其反映的经济内容不同,可分为资产类科目、负债类科目、所有者权益类科目、成本类科目和损益类科目。

（1）资产类科目是对资产要素的具体内容进行分类核算的项目,按资的流动性分为反映流动资产的科目和反映非流动资产的科目。

（2）负债类科目是对负债要素的具体内容进行分类核算的项目，按负债的偿还期限分为反映流动负债的科目和反映非流动负债的科目。

（3）所有者权益类科目是对所有者权益要素的具体内容进行分类核算的项目，按所有者权益的形成和性质可分为反映资本的科目和反映留存收益的科目。

（4）成本类科目是对可归属于产品生产成本、工程成本等的具体内容进行分类核算的项目，按成本的内容和性质的不同可分为反映制造成本的科目和反映工程成本的科目等。

（5）损益类科目是对收入、费用的具体内容进行分类核算的项目，按损益内容的不同可以分为反映收入的科目和反映费用的科目。

（二）按提供信息的详细程度及其统驭关系分类

会计科目按其提供信息的详细程度及其统驭关系，分为总分类科目和明细分类科目。

（1）总分类科目又称总账科目或一级科目，是对会计对象的具体内容进行总括分类的科目。它为企业提供总括的会计信息。例如，"原材料""银行存款""应收账款"等。

（2）明细分类科目又称明细科目，是对某一总分类科目核算内容所作的进一步详细分类的科目。例如，甲材料、乙材料、丙材料等。

当某一总分类科目下属的明细分类科目较多时，可以在总分类科目下设置二级科目和三级科目。二级科目也称为子目，三级科目也称为细目。二级科目和三级科目统称为明细分类科目。例如，"原材料"总分类科目所属的明细分类科目较多时，可以按材料类别设置"原料及主要材料""辅助材料""燃料"等二级科目。一级科目（总目）、二级科目（子目）、三级科目（细目）共同对各会计要素提供详细程度不同的核算资料，既可满足企业内部经营管理的需要，也能够满足各方会计信息使用者的需要。

下面以原材料为例，列表说明总分类科目与明细分类科目按其提供指标详略程度的分类（如图表2-5所示）。

图表 2-5

总分类科目与明细分类科目关系表

总分类科目	明细分类科目	
一级科目（总目）	二级科目（子目）	三级科目（细目）
原材料	原料及主要材料	炭钢
		生铁
	辅助材料	润滑油
		防锈漆
	燃料	汽油
		原煤

会计科目之间的较量

> **温馨提醒**
>
> 总分类科目一般由财政部统一制定。明细分类科目除会计准则规定设置的以外,可以根据本单位经营管理的需要和经济业务的具体内容自行设置。并不是所有的总分类科目都需要设置明细分类科目,有些总分类科目(如"本年利润"等)就不需要设置明细科目。

四、会计科目表

会计科目表是按会计要素分类排列的,五大类会计科目的排列顺序为:资产类、负债类、所有者权益类、成本类和损益类。每大类内小类的会计科目排列顺序一般按照流动性的大小排列。例如,资产类科目把流动资产排在首位,其后是长期股权投资、固定资产、无形资产和其他资产。负债类科目按偿还债务的先后顺序把流动负债列在前面,长期负债列在后面。

会计科目的编号是根据会计科目的分类和排序确定的,一般采用四位数字编号:第一位数字表示科目的大类;第二位数字表示科目的小类;第三、第四位数字表示各小类之下科目的序号。会计科目的编号除了表明它们的类别和具体名称外,还有助于填制会计凭证、登记账簿以及实现会计电算化。

现将《小企业会计准则》公布的五大类共66个会计科目详细列示图表2-6如下,企业会计核算应当按照《小企业会计准则》中规范的会计科目及其账户处理办法进行操作。

图表2-6

小企业会计科目一览表

顺序号	编号	会计科目名称	顺序号	编号	会计科目名称
		一、资产类	13	1403	原材料
1	1001	库存现金	14	1404	材料成本差异
2	1002	银行存款	15	1405	库存商品
3	1012	其他货币资金	16	1407	商品进销差价
4	1101	短期投资	17	1408	委托加工物资
5	1121	应收票据	18	1411	周转材料
6	1122	应收账款	19	1421	消耗性生物资产
7	1123	预付账款	20	1501	长期债券投资
8	1131	应收股利	21	1511	长期股权投资
9	1132	应收利息	22	1601	固定资产
10	1221	其他应收款	23	1602	累计折旧
11	1401	材料采购	24	1604	在建工程
12	1402	在途物资	25	1605	工程物资

(续表)

顺序号	编号	会计科目名称	顺序号	编号	会计科目名称
26	1606	固定资产清理	47	3101	盈余公积
27	1621	生产性生物资产	48	3103	本年利润
28	1622	生产性生物资产累计折旧	49	3104	利润分配
29	1701	无形资产			四、成本类
30	1702	累计摊销	50	4001	生产成本
31	1801	长期待摊费用	51	4101	制造费用
32	1901	待处理财产损溢	52	4301	研发支出
		二、负债类	53	4401	工程施工
33	2001	短期借款	54	4403	机械作业
34	2201	应付票据			五、损益类
35	2202	应付账款	55	5001	主营业务收入
36	2203	预收账款	56	5051	其他业务收入
37	2211	应付职工薪酬	57	5111	投资收益
38	2221	应交税费	58	5301	营业外收入
39	2231	应付利息	59	5401	主营业务成本
40	2232	应付利润	60	5402	其他业务成本
41	2241	其他应付款	61	5403	税金及附加
42	2401	递延收益	62	5601	销售费用
43	2501	长期借款	63	5602	管理费用
44	2701	长期应付款	64	5603	财务费用
		三、所有者权益类	65	5711	营业外支出
45	3001	实收资本	66	5801	所得税费用
46	3002	资本公积			

　　小企业应当按照《小企业会计准则》设置会计科目并进行账务处理，在不违反统一规定的前提下，可以根据本企业的实际情况自行增设、分拆、合并会计科目。不存在的交易或者事项，可以不设置相关的会计科目。《小企业会计准则》中的会计科目编号，供企业填制会计凭证、登记会计账簿、查阅会计科目、采用会计软件系统参考，企业也可以根据《小企业会计准则》规定，结合本企业的实际情况自行确定会计科目的编号。

第4节　小企业会计账户

　　会计科目的设置确定了对会计要素具体内容进行分类核算的项目。但这些项目仅反映各会计要素的内容，不能反映交易或事项的发生所引起各项目的增减变动情况和结果。为了连续、分类、系统地记录和反映经济业务发生引起的会计要素的增减变动情况,提供会计信息,就必须根据规定的会计科目来开设会计账户。设置会计账户是会计核算的专门方法之一。

一、账户的概念和分类

(一) 账户的概念

会计账户里的大乾坤

账户是根据会计科目设置的,具有一定格式和结构,是分类反映会计要素增减变动情况及其结果的载体。每一个账户都标有一个简要的名称,用于说明账户所记录的经济内容,会计科目就是账户的名称。

账户又是根据会计科目在账簿中开设的户头,也是储存会计信息的主要场所。

(二) 账户的分类

账户可根据其核算的经济内容和提供信息的详细程度及统驭关系进行分类。

(1) 根据核算的经济内容,将账户分为资产类账户、负债类账户、所有者权益类账户、成本类账户和损益类账户五大类。其中,有些资产类账户、负债类账户和所有者权益账户存在备抵账户。备抵账户又称抵减账户,是指用来抵减被调整账户余额,以确定被调整账户实有数额而设置的独立账户。

(2) 根据提供信息的详细程度及统驭关系,将账户分为总分类账户和明细分类账户。总分类账户和所属明细分类账户核算的内容相同,只是反映内容的详细程度有所不同,两者相互补充,相互制约,相互核对。总分类账户统驭和控制所属明细分类账户,明细分类账户从属于总分类账户。

二、账户的基本结构

账户的结构是指账户用来记录交易或事项时所必须具备的具体格式。交易或事项的发生所引起的会计要素具体内容的变动,从数量上看,不外乎两种情况:增加或减少。因此,账户的基本结构也应该包括增加和减少两个部分,相应地将账户分为左、右两方,一方登记增加,则另一方登记减少。

> **温馨提醒**
>
> 会计账户的左、右两方中哪一方登记增加额,哪一方登记减少额,取决于账户的性质和经济业务的内容,一般情况下账户的余额方向与增加额方向一致。

在实际工作中,账户的基本结构通常用"T"字形账户来表示。"T"字形账户是账户的基本结构形式。现将资产类、负债类、所有者权益类、成本类和损益类账户的基本结构用图表2-7至图表2-10列示。

图表 2-7

资产类账户
账户名称

期初余额	×××		
本期增加额	×××	本期减少额	×××
本期增加额	×××	本期减少额	×××
……		……	
本期发生额	×××	本期发生额	×××
期末余额	×××		

图表 2-8

负债和所有者权益类账户
账户名称

		期初余额	×××
本期减少额	×××	本期增加额	×××
本期减少额	×××	本期增加额	×××
……		……	
本期发生额	×××	本期发生额	×××
		期末余额	×××

图表 2-9

成本类账户
账户名称

本期增加额	×××	本期减少或转销额	×××
本期增加额	×××	本期减少或转销额	×××
……		……	
本期发生额	×××	本期发生额	×××
期末余额	×××		

图表 2-10

损益类账户
账户名称

费用或损失本期增加额	×××	费用或损失本期减少或转销额	×××
收益本期减少或转销额	×××	收益本期增加额	×××
……		……	
本期发生额	×××	本期发生额	×××

上述账户中登记本期增加的金额,称为本期增加发生额;登记本期减少的金额,称为本期减少发生额;结存金额称为余额。余额按表示的时间不同,分

为期初余额和期末余额。期初余额、本期增加发生额、本期减少发生额和期末余额称为账户的四个金额要素,其基本关系如下:

期末余额＝期初余额＋本期增加发生额－本期减少发生额

三、账户与会计科目的关系

账户与会计科目是会计学中两个密切相关的概念,两者既有联系又有区别。

(1)账户与会计科目的联系。账户与会计科目都是对会计对象具体内容的科学分类,两者口径一致,性质相同。账户是根据会计科目设置的,会计科目是账户的名称,所以会计科目的内容、分类的方法决定了账户的内容、分类的方法。没有会计科目,账户便失去了设置的依据;没有账户,就无法发挥会计科目的作用。

(2)账户与会计科目的区别。会计科目只是名称,只能表明某项经济业务的内容,不存在结构与记账的方向等问题;而账户既有名称,又有结构,可以核算和反映某项经济业务的增减变动情况及其结果。

1. 资产、负债、所有者权益、收入、费用和利润是企业的六大会计要素。资产、负债和所有者权益属于静态要素,是构成资产负债表的基础;收入、费用和利润属于动态要素,是构成利润表的基础。
2. 会计等式包括财务状况等式、经营成果等式和会计扩展等式。
3. 企业经济业务发生引起的资金增减变动包括四种基本类型,经济业务的发生不打破"资产＝负债＋所有者权益"的基本平衡关系。
4. 会计科目是对会计要素的基本内容进行的分类,根据管理的需要和提供信息的详细程度,可以分别设置一级科目、二级科目(子目)和三级科目(细目)。
5. 账户是根据会计科目设置的,是分类反映会计要素增减变动情况及其结果的载体。在实际工作中,会计科目与账户名称相同,常被作为同义词理解,不加严格区分。

一、单项选择题

1. 由企业过去的交易或者事项形成的,由企业拥有或控制的,预期会给企业带来经济利益的资源称为(　　)。
   A. 资本　　　　　B. 负债　　　　　C. 利润　　　　　D. 资产
2. 我国企业会计要素中的收入要素是指(　　)。
   A. 应收账款　　　B. 利得　　　　　C. 营业收入　　　D. 营业外收入

3. 企业的预收账款属于( )。
   A. 资产　　　　　B. 负债　　　　　C. 收入　　　　　D. 所有者权益
4. 净利润是指利润总额减去( )后的余额。
   A. 营业成本　　　　　　　　　　　B. 税金及附加
   C. 期间费用　　　　　　　　　　　D. 所得税费用
5. 下列各项中,属于资产类账户的是( )。
   A. "预付账款"　B. "应付股利"　C. "预收账款"　D. "应付账款"
6. 下列各项中,属于成本类账户的是( )。
   A. "销售费用"　　　　　　　　　　B. "期间费用"
   C. "制造费用"　　　　　　　　　　D. "主营业务成本"
7. 下列各项中,不属于会计科目设置时应当遵循的基本原则的是( )。
   A. 相关性　　　B. 重要性　　　C. 合法性　　　D. 实用性
8. 下列各项中,不属于负债类账户的是( )。
   A. "短期借款"　B. "长期借款"　C. "长期待摊费用"　D. "预收账款"
9. 会计科目是对( )的具体内容进行分类核算的项目。
   A. 经济业务　　B. 会计要素　　C. 经营资金　　D. 会计主体
10. 以银行存款购入商品,属于( )的会计事项。
    A. 资产与负债同时减少　　　　　B. 资产与权益同时减少
    C. 资产内部有增有减　　　　　　D. 权益内部有增有减
11. 下列各项中,体现收入的经济利益流入的是( )。
    A. 投资者对企业增加投资　　　　B. 向银行借入款项
    C. 收到客户偿还的欠款　　　　　D. 销售商品收到现金
12. 下列经济业务中,引起权益要素有关项目发生增减变动的是( )。
    A. 从银行提取现金　　　　　　　B. 将资本公积金转增股本
    C. 用银行存款偿还欠款　　　　　D. 出售产品将所得现金存入银行

二、多项选择题

1. 下列各项中,属于反映财务状况的会计要素有( )。
   A. 资产　　　　　B. 负债　　　　　C. 所有者权益　　　D. 利润
2. 企业的期间费用包括( )。
   A. 管理费用　　B. 财务费用　　C. 生产费用　　D. 销售费用
3. 下列各项中,属于资产类账户的有( )。
   A. "原材料"　　B. "预收账款"　C. "预付账款"　D. "实收资本"
4. "制造费用"科目属于的会计要素与会计科目有( )。
   A. 资产要素　　B. 费用要素　　C. 损益类账户　　D. 成本类科目
5. 下列各项中,与"管理费用"属于同一类科目的有( )。
   A. "制造费用"　　　　　　　　　　B. "销售费用"
   C. "财务费用"　　　　　　　　　　D. "长期待摊费用"
6. 下列各项中,属于总分类科目的有( )。

A."机器设备"　　B."在产品"　　C."固定资产"　　D."库存商品"

7. 企业的留存收益包括（　　）。

A. 盈余公积　　B. 资本公积　　C. 未分配利润　　D. 实收资本

8. 下列各项中，属于企业流动负债的有（　　）。

A. 应付账款　　B. 应交税费　　C. 长期借款　　D. 预收账款

9. 期末余额在贷方的账户有（　　）账户。

A. 资产类　　B. 负债类　　C. 所有者权益类　　D. 成本类

10. 以会计等式为理论依据的会计核算方法有（　　）。

A. 编制财务报告　　　　　　　　B. 复式记账法

C. 填制和审核会计凭证　　　　　D. 成本计算

三、判断题

1. 所有者权益是企业投资者对企业资产的所有权。（　　）
2. 负债是指小企业过去的交易或事项形成的、预期会导致经济利益流出企业的现时义务。（　　）
3. 会计科目是进行会计核算和提供会计信息的基础。（　　）
4. 所有者权益与负债都是企业资产的来源。（　　）
5. 账户分为左、右两方，左方登记增加，右方登记减少。（　　）
6. 企业的会计科目必须由国家财政部统一设置，任何单位不得自行设置。（　　）
7. 收入会导致所有者权益增加，费用会导致所有者权益减少。（　　）
8. 会计科目设置的相关性原则是指会计科目的设置应当符合国家制定的会计准则的规定。（　　）

业务题一

一、目的

熟悉会计要素的分类。

二、资料

电力器材公司 2018 年 1 月 31 日资产、负债和所有者权益状况如图表 2-11 所示。

图表 2-11

资产、负债和所有者权益状况表　　　　　　　　　单位：元

序号	项目	金额	资产	负债	所有者权益
1	购入设备 2 台	30 000	30 000		
2	购入以交易为目的的股票	52 000	52 000		
3	库存装配用材料	49 000	49 000		
4	装配中的各类在产品	10 500	10 500		
5	已完工入库的电视机	60 000	60 000		

(续表)

序号	项 目	金 额	资 产	负 债	所有者权益
6	财务部门库存现金	5 000	5 000		
7	本月实现利润	80 000			80 000
8	从银行借入的短期借款	250 000		250 000	
9	尚未交纳的税金	15 000		15 000	
10	应收长江公司的货款	35 000	35 000		
11	生产车间厂房	600 000	600 000		
12	各类库存商品	150 000	150 000		
13	应付新光器材厂材料款	170 000		170 000	
14	存放在银行里的款项	45 000	45 000		
15	提取的盈余公积	40 000			40 000
16	投资者投入的资本金	600 000			600 000
17	办公用房	150 000	150 000		
18	生产用各种机器设备	100 000	100 000		
19	采购材料开出的汇票	120 000		120 000	
20	应付社保部门职工保险金	11 500		11 500	
	合　计		1 286 500	566 500	720 000

三、要求

1. 根据上述项目内容，区分资产、负债和所有者权益要素。
2. 将资产、负债和所有者权益的有关金额填入各栏目，计算合计数并试算是否平衡。

业 务 题 二

一、目的

掌握资产、负债和所有者权益之间的平衡关系。

二、资料

1. ABC公司2018年6月30日的资产、负债和所有者权益状况如图表2-12所示。

图表2-12

资产、负债和所有者权益状况表　　　　　　　　单位：元

项 目	金 额	项 目	金 额
固定资产	360 000	库存商品	25 000
实收资本	400 000	库存现金	5 000
银行存款	69 000	原材料	53 500
盈余公积	40 000	应付账款	8 900
应收账款	20 000	其他应收款	3 400
短期借款	10 000	应交税费	6 000
资本公积	60 000	应付票据	11 000

2. 该公司7月份发生下列经济业务：
(1) 收到某投资者投入全新的机器设备一批，计价260 000元。
(2) 企业取得短期借款100 000元，存入银行。
(3) 以银行存款解交上月欠交的企业所得税2 000元。
(4) 以银行存款50 000元购买生产用原材料。
(5) 从银行提取现金5 000元，以备日常开支。
(6) 经董事会决议，企业将资本公积20 000元转增资本金。
(7) 企业开出为期3个月的商业汇票6 000元抵付应付账款。
(8) 经董事会批准，某投资者对本企业追加投入资本金100 000元。
(9) 月度终了，企业上交增值税4 000元。

三、要求

1. 根据"资料1"，分清资产、负债和所有者权益，编制6月末的资产、负债和所有者权益平衡表（见图表2-13）。

2. 根据"资料2"，分清资产、负债和所有者权益的增减变化及其结果，编制7月末资产、负债和所有者增减变化表（见图表2-14）。

3. 根据上述经济业务，分析资产、负债和所有者权益有关项目的增减变化情况，并填写经济业务类型表（见图表2-15）。

图表2-13

资产、负债和所有者权益平衡表

2018年6月30日

资　产	金　额	负债和所有者权益	金　额
合　计		合　计	

图表2-14

资产、负债和所有者增减变化表

2018年7月31日

资产项目	期初余额	本期增加数	本期减少数	期末余额	负债和所有者权益项目	期初余额	本期增加数	本期减少数	期末余额
合　计					合　计				

图表 2-15

经济业务类型表

业务顺序号	资产项目		负债项目		所有者权益项目	
	增加金额	减少金额	增加金额	减少金额	增加金额	减少金额

业务题三

一、目的

熟悉账户分类及试算平衡。

二、资料

兴华公司 2017 年 10 月 31 日有关资产、负债和所有者权益状况如图表 2-16 所示。

图表 2-16

资产、负债和所有者权益状况表

行次	内　　容	金　额(元)	账户名称	归　类
1	ABC 公司投入的资本金	4 000 000		
2	公司的银行存款	200 200		
3	××外商投入的资本金	660 000		
4	出纳处的库存现金	4 500		
5	从银行借入的短期借款	300 000		
6	预付给采购人员的差旅费	4 200		
7	应收销售给兴隆公司的销货款	95 400		
8	公司车间房屋	2 870 000		
9	生产车间的机器设备	2 080 000		
10	库存各种工具	286 000		
11	成品仓库中的库存商品	208 000		
12	尚未交纳的企业所得税	42 400		
13	从银行借入 3 年期借款	1 400 000		
14	生产中的各种在产品	86 500		
15	库存的各种生产用材料	440 000		
16	运输汽车 2 辆	280 000		
17	购入的电子计算机 5 台	40 000		
18	公司提取的盈余公积金	78 000		
19	从伟业公司购入原材料的应付款	48 000		
20	上年未分配的利润	66 400		

三、要求

1. 根据图表 2-16 的资料,列示每个项目应归属的会计科目并进行归类,填入图表 2-17 内。

2. 编制资产、负债和所有者权益分类表(如图表 2-17 所示),求出资产、负债和所有者权益的合计数,并试算平衡。

图表 2-17

资产、负债和所有者权益分类表

资产类	金额	负债和所有者权益类	金额
合计		合计	

业务题四

一、目的

熟悉资金变化类型。

二、资料

某企业2017年11月发生的有关经济业务如下(暂不考虑增值税):

(1) 用银行存款购买原材料。

(2) 用银行存款偿还欠其他企业材料款。

(3) 向银行借入长期借款,存入开户银行。

(4) 收到投资者投入的货币资金,存入银行。

(5) 收到投资者投入的机器设备。

(6) 购买一批机器设备,货款未付。

(7) 企业用固定资产向外单位投资。

(8) 用现金偿还前欠B单位的运输费用。

(9) 将盈余公积转作资本。

(10) 向银行借入流动资金借款,直接偿还应付账款。

(11) 以银行存款支付广告费用。

(12) 期末确定利润分配方案,决定向投资者分配现金股利,尚未实际支付。

三、要求

判断上述经济业务所引起的会计要素变化,并写出变化的具体项目名称(如图表2-18所示)。

图表 2-18

相关情况表

经济业务序号	业务类型	变化项目
例:用银行存款购买原材料	一项资产增加,另一项资产减少	原材料+ 银行存款-

课后习题答案

第 3 章 会计记账方法

通过本章你可以学到：

- 会计记账方法
- 复式记账的原理及其特点
- 借贷记账方法与会计分录编制
- 总分类核算与明细分类核算

案例导入

复式簿记：会计起源悠久，但现代意义上的会计却是从人们学会复式簿记开始的。复式簿记是文艺复兴时期的产物，是一个巧妙的科学核算系统。自从它被推广应用以后，受到各界人士的称赞。德国大文学家、哲学家歌德形容复式簿记是人类智慧的绝妙创造之一，每一个精明的商人从事经营活动都必须利用它。

本章将系统介绍复式记账的基本原理。

第1节 复式记账法

为了在账户中记录经济业务，提供核算指标，就必须使用一定的记账方法。记账方法就是根据一定的原理、记账符号，采用一定的计量单位，通过文字和数字，将经济业务发生所引起的各会计要素的增减变动情况在有关账户中进行记录的方法。在会计发展过程中，记账方法经历了从单式记账法到复式记账法的演变。

一、单式记账法

☞ 单式记账法是指对发生的每一项经济业务，只在一个账户中进行登记的记账方法。在单式记账法下，通常只登记库存现金、银行存款的收付金额或者债权债务的结算金额，一般不登记实物的收付金额。

采用单式记账法，手续简便，但账户设置不完整，各账户之间没有直接的联系，因而无法反映经济业务的来龙去脉；账户之间缺乏平衡关系；不能全面、系统地反映会计要素的增减变动情况；不便于检查账户记录的正确性和完整性。伴随着社会经济的发展，人们逐渐对记账方法进行改进，并形成了复式记账法。如今，复式记账法已成为世界各国广泛采用的一种记账方法。

二、复式记账法

（一）复式记账法的含义

☞ 复式记账法是指对每一项经济业务所引起的会计要素增减变动，都以相等的金额同时在两个或两个以上的账户中相互联系地进行记录，以便系统地反映资金运动变化和结果的一种记账方法。

(二)复式记账法的基本特征

复式记账法是从单式记账法发展起来的一种比较完善的记账方法。与单式记账法相比较,它具有以下显著特征:

(1) 以会计基本等式为依据。复式记账法是以会计基本等式"资产=负债+所有者权益"为依据建立起来的一种科学的记账方法。每一项交易或事项的发生,都会引起资产、负债和所有者权益有关项目的增减变动。通过复式记账法,可以用会计等式反映上述增减变动。

(2) 记录完整。采用复式记账法,对于每一项经济业务,都要在两个或两个以上相互联系的账户中进行完整记录,根据账户的记录,既可以了解每一项交易或事项的来龙去脉,又可以通过会计要素具体内容的增减变动,全面、系统地了解经济活动的过程和结果。

(3) 便于查账。复式记账法对每一项经济业务都以相等的金额在有关账户中进行登记,相关账户之间形成了清晰的对应关系,既有利于检查交易或事项是否合理、合法,也有利于利用各账户发生额及余额之间的相互联系进行试算平衡,检查账户记录的正确性,及时发现和纠正错账,保障账户记录正确无误。

(三)复式记账法的种类

复式记账法由于记账符号、账户分类、记账规则和试算平衡方法等不同,各国在具体应用过程中做法不尽相同,从而形成了不同的复式记账方法。在我国使用过的复式记账法包括借贷记账法、增减记账法和收付记账法三种。

目前,世界各国普遍采用的复式记账法是借贷记账法,我国《企业会计准则——基本准则》规定企业应当采用借贷记账法记账。

> **知识拓展**
>
> 复式簿记最初称为意大利式借贷簿记法,是在意大利北部城市为了适应商人的需要而自然发展起来的。目前保存下来的意大利最古老的会计账簿,是由德国史学家西夫金(Sieveking)发现的1211年佛罗伦萨银行家的簿记,现收藏于佛罗伦萨的梅底棋·拉乌莱芝纳图书馆。在账簿中,按每个客户的姓名开立账户,用借贷上下连续的方式登记与顾客的各笔交易,各账户之间相互联系,可以进行转账。

盘点我国的复式记账法

第2节 借贷记账法

一、借贷记账法的原理

借贷记账法是以"借"和"贷"作为记账符号,对每一项经济业务以相等的金额在两个或两个以上账户中相互联系地进行登记，以反映每一项经济业务所引起的资金运动增减变化及其结果的一种复式记账方法。借贷记账法是一种科学的记账方法，已被众多国家广泛采用。它在记账符号、账户结构和记账规则等方面具有自身的特点。

知识拓展

1494年，意大利数学家、近代会计之父卢卡·巴其阿勒出版了《算术、几何、比及比例概要》一书，从理论上阐明了借贷记账法。"借""贷"两字最初的含义是从借贷资本家的角度来解释的。随着商品经济的发展，经济活动内容日渐丰富，"借""贷"两字已完全失去其原始的字面意义，而变成一种纯粹的记账符号或会计专门术语。

微课：十分钟学会借贷记账法

（一）记账符号

借贷记账法以"借"和"贷"作为记账符号，以"借方"和"贷方"来设定账户的左方和右方。"借""贷"两字作为记账符号，它所表示的增加、减少取决于各账户的经济性质。如果某账户的借方表示增加，则贷方一定表示减少；反之，贷方表示增加，则借方表示减少。"借""贷"作为记账符号对于不同性质账户的增减情况如图表3-1所示。

图表3-1

记账符号内涵示意

账户性质类别	借方	贷方
资产类	＋	－
负债类	－	＋
所有者权益类	－	＋
成本类	＋	－
收入类	－	＋
费用类	＋	－

（二）账户结构

在借贷记账法下，任何账户都分为借方和贷方两个部分，左方为借方，右方为贷方。账户一般格式可用"T"字形账户表示（如图表3-2所示）。

图表3-2

"T"字形账户结构

借方	账户名称（会计科目）	贷方

在借贷记账法下，所有账户的借方和贷方都用相反的方向记录其增减变动，即一方登记增加额，另一方登记减少额。账户的期初余额、期末余额一般与增加额记入同一方向。各类账户的具体结构如下：

第一,资产类账户、成本类账户的结构。这两类属于性质相同的账户,增加额都记入账户的借方,减少额都记入账户的贷方,期末如有余额,一般为借方余额。每一会计期间,借方记录的金额合计称为本期借方发生额,贷方记录的金额合计称为本期贷方发生额。资产类账户、成本类账户的期末余额可用下列公式计算:

$$期末借方余额 = 期初借方余额 + 本期借方发生额 - 本期贷方发生额$$

资产类账户、成本类账户的结构如图表3-3所示。

图表3-3

借方	资产类账户、成本类账户名称	贷方
期初余额		
本期增加额	本期减少额	
本期发生额	本期发生额	
期末余额		

需要指出的是,有些成本类账户,如"制造费用"等,在期末结账后,该账户没有余额,即借方、贷方发生额相同。

第二,费用类账户结构。费用类账户结构与资产类账户、成本类账户结构相同,即借方登记增加额,贷方登记减少额,期末结账后该类账户一般无余额。费用类账户的结构如图表3-4所示。

图表3-4

借方	费用类账户名称	贷方
本期增加额	本期减少或转出额	
本期发生额	本期发生额	

第三,负债类账户、所有者权益类账户结构。这两类也属于性质相同的账户,增加额都记入账户的贷方,减少额记入账户的借方,期末如有余额,一般为贷方余额。负债类账户、所有者权益类账户的期末余额可用下列公式计算:

$$期末贷方余额 = 期初贷方余额 + 本期贷方发生额 - 本期借方发生额$$

负债类账户、所有者权益类账户的结构,如图表3-5所示。

图表3-5

借方	负债类账户、所有者权益类账户名称	贷方
	期初余额	
本期减少额	本期增加额	
本期发生额	本期发生额	
	期末余额	

第四,收入类账户结构。收入类账户结构与负债类账户和所有者权益类账户的结构相同,即贷方登记增加,借方登记减少或转出,但期末一般无余额。

其结构如图表 3-6 所示。

图表 3-6

借方	收入类账户名称	贷方
本期减少或者转出额		本期增加额
本期发生额		本期发生额

根据以上各类账户结构的说明，可以将账户借方和贷方所记录的经济内容加以归集(如图表 3-7 所示)。

图表 3-7

借方	账 户 名 称	贷方
资产的增加		资产的减少
成本的增加		成本的减少
费用的增加		费用的减少
负债的减少		负债的增加
所有者权益的减少		所有者权益的增加
收入的减少		收入的增加

(三)记账规则

借贷记账法的记账规则概括为"有借必有贷，借贷必相等"。即每一项经济业务发生后，都要以相等的金额同时记入有关账户，一个记入借方，另一个记入贷方。下面以东海公司 2018 年 3 月发生的部分经济业务为例说明借贷记账法的记账规则(不考虑增值税)。

【例 3-1】 购入原材料一批，价值为 8 000 元，材料已验收入库，货款以银行存款支付。

这项经济业务的发生，涉及"原材料"和"银行存款"两个项目的增减变动。"原材料"和"银行存款"都属于资产类账户。"原材料"账户增加 8 000 元，应记入账户的借方；"银行存款"账户减少 8 000 元，应记入账户的贷方。这项经济业务登账结果如图表 3-8 所示。

图表 3-8　　　　　　　　　　记账规则示意图

借方	银行存款	贷方		借方	原材料	贷方
		(1) 8 000	⟷	(1) 8 000		

【例 3-2】 向银行借入 3 个月期限的短期借款 12 000 元，直接偿还前欠外单位的购料款。

这项经济业务的发生，涉及"短期借款"和"应付账款"两个项目的增减变动。"短期借款"和"应付账款"都属于负债类账户，"短期借款"账户增加 12 000 元，应记入账户的贷方；"应付账款"账户减少 12 000 元，应记入账户的借方。这项经济业务登账结果如图表 3-9 所示。

图表3-9

登 账 结 果

借方	短期借款	贷方	借方	应付账款	贷方
	(2) 12 000 ←		→ (2) 12 000		

【例3-3】 以盈余公积50 000元转增资本金。

这项业务的发生,涉及"盈余公积"和"实收资本"两个项目的增减变动。"盈余公积"和"实收资本"都属于所有者权益类账户,"盈余公积"账户减少50 000元,应记入账户的借方;"实收资本"账户增加50 000元,应记入账户的贷方。这项经济业务登账结果如图表3-10所示。

图表3-10

登 账 结 果

借方	实收资本	贷方	借方	盈余公积	贷方
		(3) 50 000 ←	→ (3) 50 000		

【例3-4】 收到投资者投入的新设备一台,价值为74 000元。

这项业务的发生,涉及"实收资本"和"固定资产"两个项目的增减变动。"实收资本"属于所有者权益类账户,"实收资本"账户增加74 000元,应记入账户的贷方;"固定资产"属于资产类账户,"固定资产"账户增加74 000元,应记入账户的借方。这项经济业务登账结果如图表3-11所示。

图表3-11

登 账 结 果

借方	实收资本	贷方	借方	固定资产	贷方
		(4) 74 000 ←	→ (4) 74 000		

【例3-5】 以银行存款偿还一项到期的短期借款21 000元。

这项业务的发生,涉及"银行存款"和"短期借款"两个项目的增减变动。"银行存款"属于资产类账户,"银行存款"账户减少21 000元,应记入账户的贷方;"短期借款"属于负债类账户,"短期借款"账户减少21 000元,应记入账户的借方。这项业务登账结果如图表3-12所示。

图表3-12

登 账 结 果

借方	银行存款	贷方	借方	短期借款	贷方
		(5) 21 000 ←	→ (5) 21 000		

温馨提醒

在会计处理的经济业务中,有些业务比较复杂,可能会涉及一个账户的借方和两个以上账户的贷方,或是一个账户的贷方和两个以上账户的借方,即"一借多贷"或"一贷多借",但仍然适用"有借必有贷,借贷必相等"的记账规则。

【例 3-6】 购入原材料一批,价值为 95 000 元,材料已验收入库,货款 50 000 元以银行存款支付,其余 45 000 元尚未支付。

这项经济业务的发生,涉及资产和负债两个会计要素中的"原材料""银行存款"和"应付账款"三个项目同时发生增减变动。"原材料"属于资产类账户,"原材料"账户增加 95 000 元,应记入账户的借方;"银行存款"也属于资产类账户,"银行存款"账户减少 50 000 元,应记入账户的贷方;"应付账款"属于负债类账户,"应付账款"账户增加 45 000 元,应记入账户的贷方。这项经济业务登账结果如图表 3-13 所示。

图表 3-13

登 账 结 果

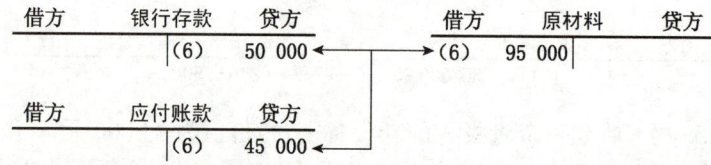

【例 3-7】 收到某单位投入资本 300 000 元,其中,银行存款投资 230 000 元,机器设备投资 70 000 元。

这项经济业务的发生,涉及所有者权益和资产两个会计要素中的"实收资本""银行存款"和"固定资产"三个项目同时发生增减变动。"实收资本"属于所有者权益类账户,"实收资本"账户增加 300 000 元,应记入账户的贷方;"银行存款"和"固定资产"同属于资产类账户,"银行存款"账户增加 230 000 元,"固定资产"账户增加 70 000 元,均应记入账户的借方。这项经济业务登账结果如图表 3-14 所示。

图表 3-14

登 账 结 果

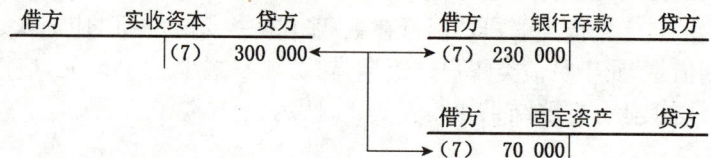

二、账户的对应关系与会计分录

(一)账户的对应关系

☞ 账户的对应关系是指采用借贷记账法对每项交易或事项进行记录时,相关账户之间形成的应借、应贷的相互关系。存在对应关系的账户称为对应账户。例如[例 3-1]中的"银行存款"和"原材料"就是对应账户。

温馨提醒

账户的对应关系是针对具体经济业务而言的,账户与账户之间的对应关系是变化的,并非某一账户与另一账户存在固定的对应关系。

（二）会计分录

☞ 会计分录简称分录，是对每一项经济业务，按照复式记账的要求，确定应登记的账户名称、记账方向和金额的一种记录。会计分录由应借应贷方向、相互对应的会计科目及其金额三个要素构成。

会计分录的书写，应遵循"先借后贷，上下排列，左右错开，金额错开"的规则，金额后不写计量单位，在多借或多贷的情况下，要求借方或贷方的文字和金额分别对齐，若有明细分类账户，应在总分类账户后依次划杠书写。

按照所涉及账户的多少，会计分录分为简单会计分录和复合会计分录。简单会计分录是指只涉及一个借方账户和一个贷方账户的会计分录，即一借一贷的会计分录。复合会计分录是指由两个以上（不含两个）对应账户组成的会计分录，即一借多贷、多借一贷或多借多贷的会计分录。

（三）会计分录的编制

为了保证会计分录编制的正确性，在编制会计分录时，一般遵循以下步骤：

（1）分析经济业务的内容涉及哪些对应账户，确定该项经济业务应记入的对应账户的名称及账户的性质。

（2）根据该项经济业务引起的会计要素的增减变化和借贷记账法的账户结构，确定对应账户的借贷记账方向。

（3）根据会计要素增减变化的数量确定对应账户应登记的金额。

（4）根据借贷记账法"有借必有贷，借贷必相等"的记账规则，检查会计分录是否平衡，有无差错。

【例3-8】 根据上述步骤以及[例3-1]至[例3-7]的经济业务，编写会计分录如下：

（1）购入原材料一批，价值为8 000元，材料已验收入库，货款以银行存款支付。

  借：原材料   8 000
   贷：银行存款   8 000

（2）向银行借入3个月期限的短期借款12 000元，直接偿还前欠外单位的购料款。

  借：应付账款   12 000
   贷：短期借款   12 000

（3）以盈余公积50 000元转增资本金。

  借：盈余公积   50 000
   贷：实收资本   50 000

（4）企业收到投资者投入的新设备一台，价值为74 000元。

  借：固定资产   74 000
   贷：实收资本   74 000

（5）以银行存款偿还一项到期的短期借款21 000元。

借：短期借款　　　　　　　　　　　　　　　　　　　　　21 000
　　贷：银行存款　　　　　　　　　　　　　　　　　　　　　21 000

（6）购入原材料一批，价值为95 000元，材料已验收入库，货款50 000元以银行存款支付，其余45 000元尚未支付。

借：原材料　　　　　　　　　　　　　　　　　　　　　　　95 000
　　贷：银行存款　　　　　　　　　　　　　　　　　　　　　50 000
　　　　应付账款　　　　　　　　　　　　　　　　　　　　　45 000

（7）收到某单位投入资本300 000元，其中，银行存款投资230 000元，机器设备投资70 000元。

借：银行存款　　　　　　　　　　　　　　　　　　　　　　230 000
　　固定资产　　　　　　　　　　　　　　　　　　　　　　　70 000
　　贷：实收资本　　　　　　　　　　　　　　　　　　　　　300 000

三、试算平衡原理

所谓试算平衡，就是以会计恒等式和借贷记账规则为理论基础，根据资产与权益之间的平衡关系，按照记账规则的要求，通过对所有账户记录的汇总和计算，来检验各类账户的记录是否正确、完整的一种方法。

在借贷记账法下，所有账户通常包括期初余额、本期发生额和期末余额三个方面，所以，会计上也设计了发生额试算平衡和余额试算平衡两种方法。

（1）发生额试算平衡。发生额试算平衡是用来检查全部账户的借贷发生额是否相等的方法。对于会计期间发生的全部经济业务，按照"有借必有贷，借贷必相等"的记账规则登记入账后，其结果必然是各账户的借方发生额合计等于各账户的贷方发生额合计，即：

试算平衡表的起源

全部账户借方发生额合计＝全部账户贷方发生额合计

（2）余额试算平衡。余额试算平衡是用来检查全部账户的借方期末余额合计和贷方期末余额合计是否相等的方法。由于资产类账户余额在借方，负债类账户、所有者权益类账户余额在贷方，由会计恒等式可得到以下的余额试算平衡公式：

全部账户借方期末余额合计＝全部账户贷方期末余额合计

发生额试算平衡和余额试算平衡的验证通常是在月末结出各个账户的本月发生额和月末余额后，依据上述两个公式分别编制总分类账户本期发生额试算平衡表和总分类账户期末余额试算平衡表，或合并编制总分类账户的期初余额、本期发生额和期末余额试算平衡表进行试算平衡。

四、试算平衡表的编制

下面以东海公司的账户金额为例演示试算平衡表的编制方法。

【例 3-9】 东海公司有关账户的期初余额如图表 3-15 所示,本期发生的经济业务参见[例 3-8],要求据以编制试算平衡表。

图表 3-15

账户期初余额表　　　　　　　　　　　　　　　　　　单位:元

账户名称	借方余额	账户名称	贷方余额
库存现金	700	短期借款	20 000
银行存款	96 000	应付账款	35 800
应收账款	22 000	长期借款	240 000
原材料	160 000	实收资本	525 000
库存商品	34 000	盈余公积	291 900
固定资产	800 000		
合　计	1 112 700	合　计	1 112 700

试算平衡表的编制方法如下:首先,根据期初余额开设有关账户的"T"字形账户,并登记期初余额;其次,将本期发生的 7 项经济业务逐笔记入有关"T"字形账户;再次,月末结出各账户的本期发生额及期末余额;最后,将各账户的期初余额、本期发生额及期末余额填入试算平衡表,并试算平衡。其试算平衡过程和资料如图表 3-16 至图表 3-26 所示。

图表 3-16

借方	库 存 现 金		贷方
期初余额	700		
期末余额	700		

图表 3-17

借方	银 行 存 款		贷方
期初余额	96 000		
(7)	230 000	(1)	8 000
		(5)	21 000
		(6)	50 000
本期发生额	230 000	本期发生额	79 000
期末余额	247 000		

图表 3-18

借方	应 收 账 款		贷方
期初余额	22 000		
期末余额	22 000		

图表 3-19

借方		原 材 料		贷方
期初余额	160 000			
(1)	8 000			
(6)	95 000			
本期发生额	103 000			
期末余额	263 000			

图表 3-20

借方		库 存 商 品		贷方
期初余额	34 000			
期末余额	34 000			

图表 3-21

借方		固 定 资 产		贷方
期初余额	800 000			
(4)	74 000			
(7)	70 000			
本期发生额	144 000			
期末余额	944 000			

图表 3-22

借方		短 期 借 款		贷方
		期初余额	20 000	
(5)	21 000	(2)	12 000	
本期发生额	21 000	本期发生额	12 000	
		期末余额	11 000	

图表 3-23

借方		应 付 账 款		贷方
		期初余额	35 800	
(2)	12 000	(6)	45 000	
本期发生额	12 000	本期发生额	45 000	
		期末余额	68 800	

图表 3-24

借方		长 期 借 款		贷方
		期初余额	240 000	
		期末余额	240 000	

图表 3-25

借方	实收资本	贷方
	期初余额	525 000
	(3)	50 000
	(4)	74 000
	(7)	300 000
	本期发生额	424 000
	期末余额	949 000

图表 3-26

借方	盈余公积	贷方
	期初余额	291 900
(3) 50 000		
本期发生额 50 000		
	期末余额	241 900

根据上述资料编制的试算平衡表如图表 3-27 所示。

图表 3-27

总分类账户试算平衡表

单位名称:东海公司　　　　2018 年 3 月 31 日　　　　单位:元

账户名称	期初余额		本期发生额		期末余额	
	借方	贷方	借方	贷方	借方	贷方
资产:						
库存现金	700				700	
银行存款	96 000		230 000	79 000	247 000	
应收账款	22 000				22 000	
原材料	160 000		103 000		263 000	
库存商品	34 000				34 000	
固定资产	800 000		144 000		944 000	
负债:						
短期借款		20 000	21 000	12 000		11 000
应付账款		35 800	12 000	45 000		68 800
长期借款		240 000				240 000
所有者权益:						
实收资本		525 000		424 000		949 000
盈余公积		291 900	50 000			241 900
合　　计	1 112 700	1 112 700	560 000	560 000	1 510 700	1 510 700

> **温馨提醒**
>
> 试算平衡表只是通过借贷金额是否平衡来检查账户记录的正确性。如果借贷不平衡,可以肯定账户记录或计算存在错误,应进一步查找原因并予以更正。但是,试算平衡却不能绝对肯定记账没有错误,因为有些记账错误并不影响它的试算平衡。

第3节 总分类核算与明细分类核算

各单位同时进行总分类核算和明细分类核算,其目的是为了适应会计的分工记账和满足不同管理部门对会计信息的要求。

一、账户的层次

在各单位中,不同的信息使用者对会计信息有着不同的需求。企业管理当局要求了解总括性的会计信息,如资产的构成、资金的来源和使用、收入和费用的发生情况等;而其属下各个职能部门,则需要了解与本部门管理内容密切相关的、详细的会计信息。比如,材料供应部门需要了解和掌握各种材料的收、发、存情况;设备管理部门需要了解各项固定资产的购入、使用、折旧、修理、报废等情况;财务部门需要了解往来款项的发生和结算情况等。

(一)总分类账户与明细分类账户

为了适应不同信息使用者的需要,会计上设置不同层次的账户,主要有总分类账户和明细分类账户,以反映详简程度不同的经济信息,进行会计核算。

盘点明细账的账户格式

(1)总分类账户简称总账账户,是按照一级会计科目设置的账户。由总分类账户集合而成的账簿称为总分类账簿。在总分类账户中进行的记账、算账工作称为总分类核算。总分类账户反映经济活动的总括信息。各总分类账户余额是编制资产负债表和利润表的主要依据。

(2)明细分类账户简称明细账户,是按照明细分类科目设置的账户。由明细分类账户集合而成的账簿称为明细分类账簿。在明细分类账户中进行的记账、算账工作称为明细分类核算。明细分类账户反映详细的会计信息,包括价值量、实物量信息及其他详细信息等。各明细分类账户余额是编制各种明细报表和附表的主要依据。

(二)总分类账户与明细分类账户的关系

总分类账户和明细分类账户的关系是统驭与从属、控制与被控制的关系。总分类账户是所属明细分类账户的总括账户,对所属明细分类账户起着统驭、控制作用；明细分类账户是总分类账户的从属账户，对总分类账户起着补充、说明作用。两者核算的内容相同，提供的资料互为补充。

> **知识拓展**
>
> 在会计实务中，有时也设置二级账户。二级账户是介于总分类账户和三级账户之间的账户。其提供的核算资料比总分类账户要详细，比三级账户要简单。设置二级账户的目的是对三级账户进行分层控制。各单位可根据企业管理的具体需要设置账户的层次。对某些核算内容比较单一的总分类账户可不设二级账户；对某些核算内容比较繁杂的总分类账户可设置多层次的二级账户。

二、平行登记

在企业日常会计工作中应采用平行登记的方法，同时进行总分类核算和明细分类核算。所谓平行登记，是指对每一项经济业务，一方面要在总分类账户中进行总括登记；另一方面又要在所属的明细分类账户中进行详细登记的登记方法。总分类账户和明细分类账户平行登记的要点如下：

(1) 依据相同。对发生的经济业务，都要以相关的会计凭证为依据，既登记有关的总分类账户，又登记其所属的明细分类账户。

(2) 方向相同。对每一项经济业务记入总分类账户和明细分类账户时，必须记在相同的方向。采用借贷记账法，总分类账户登记借方(或贷方)时，明细分类账户一般也应登记在借方(或贷方)。

(3) 金额相等。对每一项经济业务，其记入总分类账户的金额，必须与记入所属明细分类账户中的金额之和相等。

(4) 期间相同。对每一项经济业务，登记总分类账户和所属明细分类账户的过程中，登记的时间可以有先后，但必须登记在同一会计期间内。

平行登记的具体方法举例如下：

【例 3-10】 现以东海公司的"原材料"和"应付账款"两个账户为例，说明总分类账户和明细分类账户平行登记的原理及其应用。

2018 年 2 月，东海公司"原材料"和"应付账款"两个总分类账户及其明细分类账户的期初余额如下：

(1) "原材料"账户期初余额：

品名	单位	数量	单价	金额
甲材料	千克	4 000	2	8 000
乙材料	吨	240	400	96 000
合　计				104 000

(2)"应付账款"账户期初余额：

户名	金额
明光公司	3 200
宏业公司	<u>16 000</u>
合　计	19 200

本期发生下列经济业务：

(1) 从明光公司购进甲材料3 000千克，货款为6 000元，材料已验收入库，货款未付。作会计分录如下（为举例方便，暂不通过"在途物资"账户）：

借：原材料——甲材料　　　　　　　　　　　　　　　6 000
　　贷：应付账款——明光公司　　　　　　　　　　　　6 000

(2) 从宏业公司购进乙材料20吨，货款为8 000元，材料已验收入库，货款未付。作会计分录如下：

借：原材料——乙材料　　　　　　　　　　　　　　　8 000
　　贷：应付账款——宏业公司　　　　　　　　　　　　8 000

(3) 用银行存款归还明光公司材料款3 000元，归还宏业公司材料款20 000元。作会计分录如下：

借：应付账款——明光公司　　　　　　　　　　　　　3 000
　　　　　　——宏业公司　　　　　　　　　　　　　20 000
　　贷：银行存款　　　　　　　　　　　　　　　　　23 000

(4) 生产车间为生产产品领用下列材料：

名称	数量	单价	金额
甲材料	5 000千克	2	10 000元
乙材料	100吨	400	<u>40 000元</u>
合　计			50 000元

作会计分录如下：

借：生产成本　　　　　　　　　　　　　　　　　　　50 000
　　贷：原材料——甲材料　　　　　　　　　　　　　　10 000
　　　　　　　——乙材料　　　　　　　　　　　　　　40 000

根据期初余额和上述会计分录，在"原材料"总分类账户及其两个明细分类账户以及"应付账款"总分类账户及其两个明细分类账户中进行平行登记如图表3-28至图表3-33所示。

图表 3-28

总 分 类 账 户(简表)

会计科目:原材料

凭证号数	摘要	借方	贷方	借或贷	余额
(略)	期初余额			借	104 000
	购入	6 000		借	110 000
	购入	8 000		借	118 000
	发出		50 000	借	68 000
	本期发生额及余额	14 000	50 000	借	68 000

图表 3-29

原材料明细分类账

名称及规格:甲材料

存储地点×× 最高存量××× 最低存量××× 计量单位:千克 第 页

2016年		凭证号数	摘要	收入			发出			结存		
月	日			数量	单价	金额	数量	单价	金额	数量	单价	金额
2	1	(略)	期初余额							4 000	2	8 000 00
			明光公司 NO.××	3 000	2	6 000 00				7 000	2	14 000 00
			生产领用				5 000	2	10 000 00	2 000	2	4 000 00
2	29		本期发生额及余额	3 000	2	6 000 00	5 000	2	10 000 00	2 000	2	4 000 00

图表 3-30

原材料明细分类账

名称及规格:乙材料

存储地点×× 最高存量××× 最低存量××× 计量单位:千克 第 页

2016年		凭证号数	摘要	收入			发出			结存		
月	日			数量	单价	金额	数量	单价	金额	数量	单价	金额
2	1	(略)	期初余额							240	400	96 000 00
			宏业公司 NO.××	20	400	8 000 00				260	400	104 000 00
			生产领用				100	400	40 000 00	160	400	64 000 00
2	29		本期发生额及余额	20	400	8 000 00	100	400	40 000 00	160	400	64 000 00

图表 3-31

应付账款总分类账户(简表)

凭证号数	摘要	借方	贷方	借或贷	余额
（略）	期初余额			贷	19 200
	汇总		14 000	贷	33 200
	汇总	23 000		贷	10 200
	本期发生额及余额	23 000	14 000	贷	10 200

图表 3-32

应付账款明细分类账户(简表)

户名：明光公司

凭证号数	摘要	借方	贷方	借或贷	余额
（略）	期初余额			贷	3 200
	欠甲材料款		6 000	贷	9 200
	归还材料款	3 000		贷	6 200
	本期发生额及余额	3 000	6 000	贷	6 200

图表 3-33

应付账款明细分类账户(简表)

户名：宏业公司

凭证号数	摘要	借方	贷方	借或贷	余额
（略）	期初余额			贷	16 000
	欠乙材料款		8 000	贷	24 000
	归还材料款	20 000		贷	4 000
	本期发生额及余额	20 000	8 000	贷	4 000

通过平行登记,可以看出,"原材料"和"应付账款"两个总分类账户的期初余额、本期发生额和期末余额,分别与其所属明细分类账户的期初余额合计数、本期发生额合计数和期末余额合计数相等,说明总分类账户及其所属明细分类账户中其平行登记是正确的。

根据总分类账户和它所属明细分类账户有关数额必然相等的关系,可采用核对的方法来检查总分类账户及其所属明细分类账户记录的正确性。在实际工作中,总分类账户与其所属明细分类账户的核对,一般可以通过定期编制明细分类账户本期发生额及余额表进行,也就是根据某一总分类账户所属明细分类账户的记录,编制明细分类账户本期发生额及其余额表,据以与总分类账户相核对。编制前,要先在各个明细分类账户中结算出本期发生额和期末余额。现以上列"原材料"和"应付账款"两个总分类账户所属的明细分类账户为例,编制明细分类账户本期发生额及余额表如图表 3-34 和图表 3-35 所示。

图表 3-34

原材料明细分类账户本期发生额及余额表

明细账户	计量单位	单价	期初余额		本期发生额				期末余额	
					收入（借方）		发出（贷方）			
			数量	金额	数量	金额	数量	金额	数量	金额
甲材料	千克	2	4 000	8 000	3 000	6 000	5 000	10 000	2 000	4 000
乙材料	吨	400	240	96 000	20	8 000	100	40 000	160	64 000
合　计				104 000		14 000		50 000		68 000

图表 3-35

应付账款明细分类账户本期发生额及余额表

明细账户	期初余额（贷方）	本期发生额		期末贷方余额
		借方	贷方	
明光公司	3 200	3 000	6 000	6 200
宏业公司	16 000	20 000	8 000	4 000
合　计	19 200	23 000	14 000	10 200

1. 会计记账方法包括单式记账法和复式记账法。复式记账法具有以会计基本等式为依据、记录完整、便于查账的显著特征。
2. 借贷记账法是指以"借"和"贷"作为记账符号，对每一项经济业务，都以相等的金额在两个或两个以上的账户中相互联系地进行记录的一种复式记账方法。借贷记账法以会计要素数量平衡，即"资产＝负债＋所有者权益"会计等式为理论依据。
3. 会计分录是对每项经济业务按照复式记账的要求，确定应登记的账户名称、记账方向和金额的一种记录。会计分录应具备三项基本内容：记账符号、账户名称和应记金额。
4. 总分类账户是按照一级会计科目分别设置的账户，由总分类账户集合而成的账簿称为总分类账簿；明细分类账户是按照明细分类科目设置的账户，由明细分类账户集合而成的账簿称为明细分类账簿。
5. 平行登记是指对每一项经济业务，一方面要在总分类账户中进行总括登记；另一方面又要在该总分类账户所属的明细分类账户中进行详细登记的一种方法。

一、单项选择题

1. 复式记账法要求对发生的每一项经济业务，都以相等的金额在（　　）相互联系地进行登记。
    A. 一个账户中 B. 两个账户中
    C. 一个或两个账户中 D. 两个或两个以上账户中
2. 借贷记账法的理论依据是( )。
    A. 资产＝负债＋所有者权益
    B. 本期借方发生额＝本期贷方发生额
    C. 利润＝收入－费用
    D. 期初余额＋本期增加额－本期减少额＝期末余额
3. 采用"有借必有贷,借贷必相等"记账规则处理每项经济业务,其结果必然是( )。
    A. 记账方向相同,金额相等 B. 记账方向相反,金额不等
    C. 记账方向相反,金额相等 D. 记账方向相同,金额不等
4. 在借贷记账法下,账户的借方和贷方,哪一方登记增加数,哪一方登记减少数,取决于账户的( )。
    A. 用途 B. 性质 C. 结构 D. 名称
5. 简单会计分录涉及账户的方向是( )。
    A. 一借一贷 B. 一借多贷 C. 多借一贷 D. 多借多贷
6. 下列各项中,作为账户发生额试算平衡理论依据的是( )。
    A. 经济业务的内容
    B. 借贷记账法的记账规则
    C. 经济业务的类型
    D. "资产＝负债＋所有者权益"的会计等式
7. 对每一项经济业务,按照复式记账的要求,确定应借应贷的会计科目、记账方向和金额的一种记录称作( )。
    A. 登账 B. 记账凭证 C. 会计分录 D. 会计科目
8. 一般来说,负债类账户的期末余额应( )。
    A. 在账户的借方 B. 在账户的贷方
    C. 在账户的借方或贷方 D. 没有余额
9. 下列账户中,期末一般有借方余额的是( )。
    A. "应付账款" B. "预付账款" C. "应付职工薪酬" D. "应收账款"
10. 资产类账户的贷方登记( )。
    A. 资产的增加 B. 资产的减少 C. 费用的增加 D. 收入的减少
11. 下列算式中,正确表达了借贷记账法下资产类账户内部关系的是( )。
    A. 期末余额＝本期借方发生额－本期贷方发生额
    B. 期末余额＝期初余额＋本期贷方发生额－本期借方发生额
    C. 期末余额＝期初余额＋本期借方发生额－本期贷方发生额
    D. 期末余额＋本期借方发生额＝期初余额＋本期贷方发生额
12. 某企业月初有短期借款 40 万元,本月向银行借入短期借款 45 万元,以银行存款偿

还短期借款20万元,则月末"短期借款"账户的余额为( )。

　　A. 借方65万元　　B. 贷方65万元　　C. 借方15万元　　D. 贷方15万元

13. 某企业资产总额为100万元,发生了下列3笔经济业务:①向银行借款20万元存入银行;②用银行存款偿还借款5万元;③收回应收账款4万元,存入银行。这时,其资产总额为( )万元。

　　A. 115　　　　　B. 119　　　　　C. 111　　　　　D. 71

14. 企业"原材料"账户期初余额为5 600元,期末余额为5 700元,本期贷方发生额为800元,则本期借方发生额为( )元。

　　A. 10 500　　　B. 700　　　　　C. 900　　　　　D. 12 100

15. 企业"盈余公积"账户本期贷方发生额为1 200万元,本期借方发生额为1 500万元,期末余额为1 300万元,则期初余额为( )万元。

　　A. 4 000　　　　B. 1 600　　　　C. 1 200　　　　D. 1 000

16. 某企业"应付账款"账户下有"应付红星公司账款"和"应付东海公司账款"两个明细账户。某月末,"应付账款"账户为贷方余额126 000元,"应付红星公司账款"明细账户为贷方余额73 000元,则"应付东海公司账款"明细账户为( )。

　　A. 贷方余额53 000元　　　　　B. 借方余额53 000元
　　C. 贷方余额199 000元　　　　D. 借方余额199 000元

17. 某会计分录为借记"银行存款"账户,贷记"应收账款"账户,则反映的经济业务内容是( )。

　　A. 以银行存款偿还借款　　　　B. 收到银行投入的货币资金
　　C. 取得短期借款存入银行　　　D. 收到某企业前欠货款

18. 某人拥有资产总额105 000元。在12月15日,①用5 000元现金购买了一台家用电器;②向银行提取10 000元现金借给好友;③用银行存款购买债券4 000元;④卖出股票获利3 000元,存入银行。试问,12月15日晚上24点,其资产为( )元。

　　A. 93 500　　　B. 94 000　　　C. 108 000　　　D. 89 000

19. 某企业某天发生下列经济业务:①收到客户欠款100 000元;②向银行借入短期借款50 000元;③向银行提取现金100 000元,用于购买一批机器设备;④以银行存款支付广告费用10 000元。试问,这天企业资产( )。

　　A. 净增加90 000元　　　　　B. 净增加260 000元
　　C. 净增加40 000元　　　　　D. 净减少60 000元

20. 企业按规定通过银行预收账款50 000元,此项经济业务引起的变化是( )。

　　A. 营业收入实现50 000元
　　B. 资产与负债同时增加50 000元
　　C. 资产与负债同时减少50 000元
　　D. 资产与所有者权益同时增加50 000元

二、多项选择题

　　1. 下列各项中,应在账户借方登记的有( )。

A. 资产增加　　　　B. 负债增加　　　　C. 所有者权益减少　　D. 收入减少
2. 总分类账户与明细分类账户平行登记的要点包括(　　)。
A. 依据相同　　　　B. 方向相同　　　　C. 期间相同　　　　D. 金额相等
3. 借贷记账法的试算平衡包括(　　)。
A. 借贷平衡法　　　B. 发生额平衡法　　C. 余额平衡法　　　D. 差额平衡法
4. 构成会计分录的基本内容有(　　)。
A. 应记账户的名称　　　　　　　　　B. 应记账户的方向
C. 应记金额　　　　　　　　　　　　D. 记账时间
5. 下列有关借贷记账法的说法中,正确的有(　　)。
A. 采用"借""贷"作为记账符号
B. 记账规则是"有借必有贷,借贷必相等"
C. 以"资产=负债+所有者权益"等式为理论依据
D. 它是我国会计核算的法定记账符号
6. 下列账户中,期末余额在贷方的有(　　)。
A. "固定资产"　　　B. "财务费用"　　　C. "实收资本"　　　D. "短期借款"
7. 总分类核算和明细分类核算的主要区别在于(　　)。
A. 记账的依据　　　　　　　　　　　B. 采用的计量单位
C. 提供信息详细程度　　　　　　　　D. 核算的经济内容
8. 在试算平衡表中,难以发现的记账错误有(　　)。
A. 全部重记同一经济业务　　　　　　B. 会计分录中账户名称错误
C. 会计分录借贷金额不平　　　　　　D. 全部漏记同一经济业务
9. 下列各项中,期末余额在借方的有(　　)账户。
A. "应收账款"　　　B. "应交税费"　　　C. "资本公积"　　　D. "库存商品"
10. 若一项经济业务发生后引起银行存款减少10 000元,则相应地有可能引起(　　)。
A. 固定资产增加10 000元　　　　　　B. 应付账款增加10 000元
C. 长期应付款减少10 000元　　　　　D. 长期待摊费用减少10 000元
11. 借贷记账法允许采用的会计分录有(　　)。
A. 一借一贷　　　　B. 一借多贷　　　　C. 多借一贷　　　　D. 多借多贷
12. 在借贷记账法下,年末可能有余额的账户有(　　)。
A. "所得税费用"　　B. "生产成本"　　　C. "营业外支出"　　D. "固定资产"

三、判断题

1. 在借贷记账法下,账户的借方是增加方,贷方是减少方。　　　　　　　　　(　　)
2. 根据借贷记账法的记账规则,每个账户的借方发生额与贷方发生额必定相等。
　　　　　　　　　　　　　　　　　　　　　　　　　　　　　　　　　　(　　)
3. 根据借贷记账法下账户结构的特点,只要是资产类账户,期末余额一定在借方。
　　　　　　　　　　　　　　　　　　　　　　　　　　　　　　　　　　(　　)
4. 负债和所有者权益类账户余额一般在贷方。　　　　　　　　　　　　　　(　　)
5. 检查账户记录的正确性可通过编制试算平衡表进行,若试算平衡则表示账户记录

没有错误,若不平衡则表示账户记录有错误。　　　　　　　　　　　　(　　)
6. 会计要素是构成财务报表的基本因素,同时也是设置账户的依据。　(　　)
7. 总分类账户与其所属明细分类账户的记账日期不一定相同,但都要在同一会计期间内进行登记。　　　　　　　　　　　　　　　　　　　　　　　(　　)
8. 企业所有者权益增加,必然表现为企业资产的增加。　　　　　　　(　　)
9. 资产与权益的恒等关系是复式记账法的理论基础和企业编制资产负债表的依据。
　　　　　　　　　　　　　　　　　　　　　　　　　　　　　　　(　　)
10. 总分类账户是所属明细分类账户的总括,对明细分类账户起着统驭和控制的作用。
　　　　　　　　　　　　　　　　　　　　　　　　　　　　　　　(　　)

实战演练

业务题一

一、目的
熟悉账户的基本结构。
二、要求
完成图表 3-36 的填制。

图表 3-36

账 户 结 构

项　　目	记录在账户的借方	记录在账户的贷方
例:"库存现金"账户增加	√	
(1)"实收资本"账户金额增加		
(2)"应收账款"账户金额增加		
(3)"应付账款"账户金额减少		
(4)"主营业务收入"账户金额增加		
(5)"销售费用"账户金额增加		
(6)"应交税费"账户金额增加		
(7)"预付账款"账户金额增加		
(8)"库存商品"账户金额减少		
(9)"长期借款"账户金额减少		
(10)"资本公积"账户金额减少		
(11)"短期投资"账户金额增加		
(12)"本年利润"账户金额增加		

业务题二

一、目的
掌握会计分录的编制。
二、资料
某小企业 3 月份发生如下经济业务(不考虑增值税,日期略):

(1) 收到货币投资 100 000 元,存入银行。
(2) 收到甲方作为投资的机器设备,价值 53 000 元。
(3) 用银行存款购买一批生产急需的原材料,价值 5 000 元。
(4) 销售商品一批,价值 90 000 元,款项存入银行。
(5) 赊销商品一批,价值 6 500 元。
(6) 用银行存款偿还上月所欠客户货款 18 000 元。
(7) 用银行存款支付本月水电费 1 900 元。
(8) 结算并提取本月应付销售部门职工工资 20 000 元。
(9) 从银行提取现金 75 000 元准备发放工资。
(10) 以现金 75 000 元,发放本月工资。
(11) 收到客户欠款 20 000 元,存入银行。
(12) 向中国工商银行借入 6 个月期限的贷款 50 000 元,存入企业银行账户。
(13) 结转本月已销商品成本 75 000 元。

三、要求

根据上述经济业务,编制会计分录。

业 务 题 三

一、目的

练习借贷记账法。

二、资料

1. 欣海公司 2018 年 7 月 1 日有关账户的期初余额如图表 3-37 所示。

图表 3-37

有关账户期初余额　　　　　　　　　　　　　　　　　　　单位:元

资产类账户	金 额	负债和所有者权益类账户	金 额
库存现金	11 000	短期借款	100 000
银行存款	205 000	应付账款	28 000
应收账款	30 000	应交税费	2 000
生产成本	40 000	实收资本	800 000
原材料	120 000		
库存商品	24 000		
固定资产	500 000		
总　计	930 000	总　计	930 000

2. 该公司 7 月份发生下列各项经济业务(不考虑增值税,日期略):

(1) 购进原材料 11 700 元,材料已验收入库,货款以银行存款支付。
(2) 生产车间向仓库领用材料 40 000 元,投入产品生产。
(3) 从银行提取备用金 10 000 元。
(4) 以银行存款购入新汽车一辆,价款 100 000 元。

(2) 8日,向华中公司购进商品一批,计12 000元,货款尚未支付。

(3) 10日,以银行存款偿还欠华中公司账款14 000元和欠永丰公司的账款9 300元。

(4) 12日,5月8日向华中公司购进的商品中有一部分质量不合格,经与对方协商,决定退货。退货部分价值为1 400元,从应付账款中扣除。余款10 600元以银行存款支付。

(5) 18日,向华中公司购进商品6 300元,向永丰公司购进商品7 500元,货款尚未支付。

(6) 25日,以银行存款偿还应付永丰公司的欠款4 000元。

三、要求

1. 根据红星公司5月份发生的经济业务,编制会计分录。

2. 为红星公司开设并登记有关总分类账户和应付账款明细分类账户,计算各总分类账户和明细分类账户的本期发生额和期末余额并核对相符。

课后习题答案

(5) 用银行存款偿还应付供货单位材料款 3 000 元。

(6) 生产车间向仓库领用材料 25 000 元，投入产品生产。

(7) 收到购货单位前欠货款 3 000 元存入银行。

(8) 以银行存款归还银行的短期借款 20 000 元及欠客户的账款 4 000 元。

(9) 接受投资者货币投入资本 50 000 元，存入银行。

(10) 收到购货单位前欠货款 5 000 元，其中支票 4 000 元已存入银行，另有现金 1 000 元。

三、要求

1. 根据上述资料(2)，为欣海公司 2018 年 7 月份发生的各项经济业务编制会计分录。格式如图表 3-38 所示。

图表 3-38

编制会计分录

日 期	业务号	摘 要	账户名称	过 账	借方金额	贷方金额

2. 开设并登记各账户（"T"字形），结出各账户的本期发生额和期末余额。

3. 根据各账户余额，编制试算平衡表。格式如图表 3-39 所示。

图表 3-39

试算平衡表

账户名称	借方金额	贷方金额

业 务 题 四

一、目的

练习总分类账户和明细分类账户的平行登记。

二、资料

1. 红星公司 2018 年 4 月 30 日"银行存款""库存商品""应付账款"总分类账户余额及"应付账款"明细分类账户余额如图表 3-40 所示。

图表 3-40

相关账户余额表

总分类账户		"应付账款"明细分类账户	
银行存款	50 000（借方）	华中公司	18 000
库存商品	150 000（借方）	永丰公司	9 300
应付账款	27 300（贷方）		

2. 该公司 5 月份发生下列经济业务（不考虑增值税）：

(1) 3 日，向永丰公司购进商品一批，计 4 000 元，货款尚未支付。

第 4 章
主要经济业务核算

◎ **通过本章你可以学到：**

- 小企业经营资金的循环过程和环节
- 小企业主要经济业务的核算内容
- 小企业会计核算的基本理论
- 小企业主要经营环节的会计核算
- 小企业财务成果计算和利润分配的方法

> **案例导入**

现如今,最受大众喜欢的手机品牌非"苹果"莫属了,美国苹果公司成功的经营管理案例值得我们研究。苹果公司在采购管理、库存管理、生产管理、营销管理、供应链管理等经营管理过程中成功的经验,造就了今天苹果的神话。

本章就在分析企业经营管理环节的基础上,将企业常见的经济业务划分为资金筹集业务、投资业务、材料采购业务、生产业务、销售业务、财务成果业务六个部分,从会计核算的角度,分析并介绍企业主要经济业务的会计核算内容和会计处理方法。

第1节 资金筹集业务的核算

企业要组织和进行生产经营活动,必须拥有与生产经营规模相适应的经营资金,因此,企业应该按照相关规定从多种渠道筹集经营资金。目前,我国企业资金筹集主要包括两个方面:一是投资者投入的资本金,在会计上表现为企业的实收资本,构成所有者权益;二是从外部借入的资金,在会计上表现为企业的各种借款,构成企业的负债。

一、投入资本的核算

(一) 投入资本概述

一元注册公司

投入资本是指投资者投入企业的资本金。投入资本构成企业的实收资本,是创办企业的资金来源,在一定程度上代表着企业的实力,反映企业的不同所有者通过投资而投入企业的外部资金来源。实收资本的构成比例或股东的股份比例,是确定所有者在企业所有者权益中享有份额的基础,也是企业进行利润分配的主要依据。

我国《公司法》规定,投资者可以用货币出资,也可以用实物、知识产权、土地使用权等非货币资产出资。若以非货币资产出资的,必须对资产进行评估作价,不得高估或者低估资产。

> **知识拓展**
>
> 根据规定,企业接受非货币资产出资时,应当以投资合同或协议约定的价值入账,但合同或协议约定价值不公允的除外;对于企业实际收到的投资属于按照合同或协议约定的占有份额的部分计入实收资本,超过其在注册资本或股本中所占份额的部分,计入资本公积(资本溢价)。

(二) 账户设置

为了核算和监督企业在接受投资过程中所发生的各项经济业务，了解和掌握投资业务引起的资金增减变动情况，企业应设置"实收资本"和"资本公积"等账户。

1. "实收资本"账户

"实收资本"账户属于所有者权益类账户，用来核算企业接受投资者投入的资本。该账户结构如图表4-1所示。

微课：虚虚实实的实收资本

图表 4-1

实收资本	
投资者按照法定程序减少资本	实际收到投资者投入的资本金 以资本公积或盈余公积转增资本额
	期末余额：投资者投入企业的资本总额

"实收资本"账户应按投资主体设置明细账户，进行明细分类核算。投资主体包括国家、法人、个人和外商。

2. "资本公积"账户

"资本公积"账户属于所有者权益类账户，用来核算企业收到投资者出资额超过其在注册资本中所占份额的部分，以及直接计入所有者权益的利得和损失等。该账户结构如图表4-2所示。

图表 4-2

资本公积	
按法定程序转增资本的数额 直接计入所有者权益的损失	资本溢价 直接计入所有者权益的利得
	期末余额：资本公积结余数

该账户应按资本公积的来源不同，分别设置"资本溢价""其他资本公积"明细账户，进行明细分类核算。

(三) 账务处理

1. 接受现金资产投资的账务处理

企业收到投资者以货币性资金投入的资本时，按实际收到的金额，借记"银行存款"账户，按投资合同或协议约定的投资者在企业注册资本或股本中所占份额的部分，贷记"实收资本"账户进行核算。对于实际收到的金额超过投资者在企业注册资本中所占份额的部分，贷记"资本公积——资本溢价"账户。

【例4-1】 根据东海公司董事会增加注册资本的决议，ABC公司以货币资金增加投入东海公司资本金250 000元，东海公司已将此项货币资金存入银行，并经会计师事务所报告确认。

应编制会计分录如下：

借：银行存款　　　　　　　　　　　　　　　　　　　　　　　　250 000
　　贷：实收资本——ABC公司　　　　　　　　　　　　　　　　　　250 000

【例4-2】　为扩大经营规模，经有关部门批准，东海公司董事会决定接受华盛公司的投资，将公司注册资本增加到400 000元。按照投资协议约定，华盛公司需缴入资金180 000元，同时享有该公司35％的股份。东海公司已收到投资款并存入银行，不考虑其他因素。

应编制会计分录如下：

借：银行存款　　　　　　　　　　　　　　　　　　　　　　　　180 000
　　贷：实收资本——华盛公司(400 000×35％)　　　　　　　　　　140 000
　　　　资本公积——资本溢价　　　　　　　　　　　　　　　　　 40 000

2. 接受非现金资产投资的账务处理

企业接受以固定资产、原材料、无形资产等方式投入的资本，应按照投资合同或协议约定价值确认接受的非现金资产的价值，并确定在注册资本或股本中应该享有的份额，借记"固定资产""无形资产"等账户，按照应享有的份额，贷记"实收资本"账户，两者之间的差额记入"资本公积——资本溢价"账户。

【例4-3】　伟业公司按投资协议与董事会决议，投入东海公司全新设备一台，经确认价值为120 000元，已交付生产车间使用，并经会计师事务所出具报告确认。

应编制会计分录如下：

借：固定资产——生产经营用固定资产　　　　　　　　　　　　　120 000
　　贷：实收资本——伟业公司　　　　　　　　　　　　　　　　　120 000

【例4-4】　某外商投资者以一项专利技术投资于东海公司，按确认的价值100 000元入账，并经会计师事务所出具报告确认。

应编制会计分录如下：

借：无形资产——专利技术　　　　　　　　　　　　　　　　　　100 000
　　贷：实收资本——某外商　　　　　　　　　　　　　　　　　　100 000

温馨提醒

实收资本的减少应按法定程序报经批准，有限责任公司和一般企业实收资本减少的处理比较简单，企业在返还投资者投入的资本时，按实际返还金额，借记"实收资本"账户，贷记"库存现金""银行存款"等账户。股份有限公司减少实收资本则应通过回购本公司股票的方式进行。

二、借入资金的核算

(一) 借入资金概述

借入资金是指企业向金融机构或其他单位借入的各种款项，形成企业的负债。负债也是企业筹措资金的重要来源之一。负债不能归企业永久使用，必须按期归还或偿付，它反映出企业与债权人之间债权债务的一种经济利益关系。

企业向金融机构取得的借款期在1年以内(含1年)的各种借款称为短期借款，主要用于弥补经营资金的临时需要；而对于借款期在1年以上的各种借款称为长期借款，一般用于固定资产构建、改扩建工程、大修理工程等企业扩大再生产的资金需要。

(二) 账户设置

为了核算和监督企业借入资金的各项经济业务，了解和掌握借入资金所引起的资金增减变动情况，企业应设置如下账户进行核算。

1. "短期借款"账户

"短期借款"账户属于负债类账户，用来核算企业短期借款的借入和归还情况。该账户结构如图表4-3所示。

图表 4-3

短 期 借 款

归还短期借款本金	借入各种短期借款本金
	期末余额：尚未偿还的短期借款本金

"短期借款"账户一般按借款种类或贷款人设置明细账户，进行明细分类核算。

2. "长期借款"账户

"长期借款"账户属于负债类账户，用来核算企业长期借款的借入和归还情况。该账户结构如图表4-4所示。

图表 4-4

长 期 借 款

归还长期借款本息	借入各种长期借款本金及应计利息
	期末余额：尚未偿还的长期借款本息

"长期借款"账户一般按贷款单位和贷款种类设置明细账户，分别按"本金""应计利息"等进行明细分类核算。

3. "应付利息"账户

"应付利息"账户属于负债类账户，用来核算企业按合同利率计算确定的应支付的利息。该账户结构如图表4-5所示。

图表 4-5

应 付 利 息

归还的利息	按合同利率计算确定的应付未付利息
	期末余额：应付未付的利息

"应付利息"账户一般按应付利息的债权人名称设置明细账，进行明细分类核算。

4. "财务费用"账户

"财务费用"账户属于损益类账户，用来核算企业为筹集生产经营所需资金等而发生的筹资费用，包括利息支出（减利息收入）、汇兑损益以及相关的手续费、企业发生或收到的现金折扣等。该账户结构如图表 4-6 所示。

图表 4-6

财 务 费 用

利息支出、汇兑损失及手续费等增加额	利息收入冲减财务费用 期末转入"本年利润"账户的数额
期末无余额	

"财务费用"账户一般按费用项目设置明细账户，进行明细分类核算。

（三）账务处理

1. 短期借款的账务处理

1）借入短期借款的账务处理

企业从银行或其他金融机构取得短期借款时，借记"银行存款"账户，贷记"短期借款"账户。

【例 4-5】 东海公司为了扩大生产，向工商银行借入为期 3 个月的临时借款 240 000 元，存入银行，年利率为 5%，利息按季度支付，分月计提。

应编制会计分录如下：

借：银行存款　　　　　　　　　　　　　　　　　　　　240 000
　　贷：短期借款——工商银行　　　　　　　　　　　　　　240 000

2）短期借款利息的账务处理

短期借款利息一般有两种处理方法：一种是借款利息费用数额不大，企业可以直接将发生的利息费用计入当期损益（财务费用）；另一种是利息费用数额较大，并且按季度或收回本金时一并计收利息，为合理计算各期损益，企业通常按照权责发生制核算基础的要求，采取预提的方法按月计提借款利息计入各期损益。

【例 4-6】 承[例 4-5]，东海公司对该笔借款逐月计提利息，并按规定支付利息。

应编制会计分录如下：

第 1 个月月末计提利息时：

应计提利息＝240 000×5‰÷12＝1 000(元)

借：财务费用　　　　　　　　　　　　　　　　　1 000
　　贷：应付利息　　　　　　　　　　　　　　　　1 000

第 2 个月月末账务处理同上。

第 3 个月月末支付利息时：

借：财务费用　　　　　　　　　　　　　　　　　1 000
　　应付利息　　　　　　　　　　　　　　　　　 2 000
　　贷：银行存款　　　　　　　　　　　　　　　　3 000

3）归还短期借款的账务处理

短期借款到期归还本金时，借记"短期借款"账户，贷记"银行存款"账户。

【例 4-7】 承[例 4-5]和[例 4-6]，上述工商银行短期借款到期，东海公司向银行归还借款本金。

应编制会计分录如下：

借：短期借款　　　　　　　　　　　　　　　　 240 000
　　贷：银行存款　　　　　　　　　　　　　　　 240 000

2. 长期借款的账务处理

1）借入长期借款的账务处理

企业借入长期借款，应按实际收到的金额，借记"银行存款"账户，贷记"长期借款——本金"账户。

【例 4-8】 东海公司需引进先进设备一套，向建设银行借入 3 年期长期设备贷款 200 万元，存入银行，年利率为 6％，每年年末支付，本金到期一次归还。

应编制会计分录如下：

借：银行存款　　　　　　　　　　　　　　　 2 000 000
　　贷：长期借款——建设银行　　　　　　　　 2 000 000

2）长期借款利息的账务处理

长期借款利息费用应当按以下原则计入有关成本、费用：属于筹建期间的，计入管理费用；属于生产经营期间的，计入财务费用；如果长期借款用于构建固定资产等符合资本化条件的资产，在资产尚未达到预定可使用状态前，所发生的利息支出应当资本化，计入在建工程等相关资产成本；资产达到预定可使用状态以后发生的利息，以及按规定不能资本化的利息支出，计入财务费用。

长期借款计算确定的应付未付的利息，分两种情况处理：一种是分期付息、到期还本的长期借款，应付未付的利息记入"应付利息"账户；另一种是到期一次性还本付息的长期借款，应付未付的利息记入"长期借款——应计利息"账户。

【例 4-9】 承[例 4-8]，东海公司向银行借入的长期借款用于构建固定资产,并符合资本化条件,对长期借款逐年计提利息,并按规定每年支付利息。

应编制会计分录如下：

每年应计提的利息 = 2 000 000 × 6% = 120 000(元)

第1年年末：
(1) 计提利息费用时：

借：在建工程　　　　　　　　　　　　　　　　　　　　120 000
　　贷：应付利息　　　　　　　　　　　　　　　　　　　　120 000

(2) 支付应付利息时：

借：应付利息　　　　　　　　　　　　　　　　　　　　120 000
　　贷：银行存款　　　　　　　　　　　　　　　　　　　　120 000

第2年和第3年年末账务处理同上。

3) 归还长期借款的账务处理

企业归还长期借款的本金时,按应归还的金额,借记"长期借款——本金"账户,贷记"银行存款"账户。

【例4-10】　承[例4-8]和[例4-9],长期借款到期,东海公司归还全部借款本金。

应编制会计分录如下：

借：长期借款——建设银行　　　　　　　　　　　　　2 000 000
　　贷：银行存款　　　　　　　　　　　　　　　　　　　2 000 000

第2节　投资业务的核算

企业通过一定渠道筹集资金后用于项目投资业务,投资业务分为对内投资和对外投资,本节主要阐述对内投资业务的核算。对内投资业务是指将资金投向企业内部,形成各种固定资产、无形资产和其他资产的投资。

一、固定资产的核算

(一) 固定资产概述

固定资产是指企业为生产商品、提供劳务、出租或者经营管理而持有,使用寿命超过一个会计年度的有形资产,包括房屋、建筑物、机器设备等。

企业可以通过外购、自行建造等多种方式取得固定资产。不同取得方式下,固定资产成本的具体构成内容及其确定方法也不尽相同。固定资产的成本是指企业构建某项固定资产达到预定可使用状态前所发生的一切合理、必要的支出。

根据我国《增值税暂行条例》的规定,自2009年1月1日起,对企业外购生产经营用固定资产所发生的增值税进项税额允许在购置当期一次性从销项税额中扣除。

(二) 账户设置

为了核算和监督固定资产的取得和价值变动等情况,企业应设置如下账户对固定资产业务进行会计核算。

1. "在建工程"账户

"在建工程"账户属于资产类账户,用来核算企业基建、更新改造等在建工程发生的支出。该账户结构如图表 4-7 所示。

图表 4-7

在 建 工 程

各项在建工程的实际支出	工程达到预定可使用状态时转出的成本
期末余额:尚未达到预定可使用状态的在建工程的成本	

"在建工程"账户可按"建筑工程""安装工程"等设置明细账户,进行明细分类核算。

2. "固定资产"账户

"固定资产"账户属于资产类账户,用来核算企业持有的固定资产原价。该账户结构如图表 4-8 所示。

图表 4-8

固 定 资 产

固定资产原始价值的增加	固定资产原始价值的减少
期末余额:企业期末固定资产的原价	

"固定资产"账户可按固定资产的类别和项目设置明细账,进行明细分类核算。

3. "应交税费——应交增值税"账户

"应交税费——应交增值税"账户属于负债类账户,用来核算企业增值税的应交数、抵扣数和实际交纳数。该账户结构如图表 4-9 所示。

图表 4-9

应交税费——应交增值税

准予抵扣的进项税额 实际交纳的增值税	当期销项税额 进项税额转出
	期末余额:应交未交的增值税

"应交税费——应交增值税"账户可按增值税业务项目不同分别设置专栏,进行明细分类核算。

> **知识拓展**
>
> 增值税是对我国境内销售货物或提供加工、修理修配劳务,以及进口货物的单位和个人,其增值额作为征税对象的一种流转税。增值税的纳税人分为一般纳税人和小规模纳税人,一般纳税人采用扣税制,根据税法规定允许按取得的增值税专用发票上注明的税额抵扣进项税额。小规模纳税人采用简易征税办法,不允许抵扣进项税额。

4. "累计折旧"账户

"累计折旧"账户属于资产类备抵账户,用来核算企业固定资产计提的累计折旧。该账户结构如图表4-10所示。

图表4-10

累 计 折 旧	
因减少固定资产而转出的累计折旧	按月计提的折旧额
	期末余额:固定资产累计折旧额

"累计折旧"账户可按固定资产的类别和项目设置明细账户,进行明细分类核算。

(三)账务处理

1. 购入不需要安装的固定资产的账务处理

企业购入不需要安装的固定资产,应按实际支付的买价、运杂费、进口关税等相关税费,以及该固定资产达到预定可使用状态前所发生的其他支出,作为购入的固定资产原价,借记"固定资产"账户,按取得的增值税专用发票上注明的允许抵扣的增值税额,借记"应交税费——应交增值税(进项税额)"账户,按实际支付的价款,贷记"银行存款"等账户。

【例4-11】 东海公司购入一台不需要安装的设备,已验收投入使用。取得的增值税专用发票注明的价款为50 000元,增值税额为8 000元,支付运输费① 700元,全部款项以银行存款支付。

应编制会计分录如下:

借:固定资产	50 700
应交税费——应交增值税(进项税额)	8 000
贷:银行存款	58 700

2. 购入需要安装的固定资产的账务处理

企业购入需要安装的固定资产,其买价及发生的安装费等各项支出,应通过"在建工程"账户核算,借记"在建工程"账户,贷记"银行存款"等账户。待安装完毕达到预定可使用状态时,按其实际成本,由"在建工程"账户转入"固定

---

① 本书暂不考虑运输费的增值税因素。

资产"账户。

【例 4-12】 东海公司购入需要安装的机器一台,取得的增值税专用发票上注明的价款为 50 000 元,增值税额为 8 000 元,支付运杂费 700 元。设备运到公司后,安装人员对其进行安装,发生安装费 1 000 元,安装完毕达到预定可使用状态。款项全部以银行存款支付。

应编制会计分录如下:

(1) 支付机器价款、运输费和增值税时:

借:在建工程　　　　　　　　　　　　　　　　　　　　50 700
　　应交税费——应交增值税(进项税额)　　　　　　　　 8 000
　　贷:银行存款　　　　　　　　　　　　　　　　　　　58 700

(2) 支付安装费时:

借:在建工程　　　　　　　　　　　　　　　　　　　　 1 000
　　贷:银行存款　　　　　　　　　　　　　　　　　　　 1 000

(3) 安装完毕达到预定可使用状态时:

借:固定资产　　　　　　　　　　　　　　　　　　　　51 700
　　贷:在建工程　　　　　　　　　　　　　　　　　　　51 700

3. 固定资产折旧的账务处理

固定资产在使用过程中,由于磨损而转移到成本中去的价值称为固定资产折旧。企业应当按月计提折旧,计提的折旧应当记入"累计折旧"账户,通常企业根据"固定资产折旧计算表"按月计算出固定资产折旧额后,根据固定资产的用途分别计入相关资产的成本或者当期损益。

知识拓展

在实际工作中,折旧的计算是通过编制折旧计算表进行的。在上月应计折旧额的基础上考虑上月固定资产变动情况进行调整,其计算公式如下:

$$\text{当月应计折旧额} = \text{上月固定资产计提的折旧额} + \text{上月增加固定资产应计提的折旧额} - \text{上月减少固定资产应计提的折旧额}$$

【例 4-13】 东海公司月末根据"固定资产折旧计算表"计算并计提固定资产折旧共 100 000 元,其中生产车间计提 70 000 元,管理部门计提 10 000 元,销售部门计提 20 000 元。

应编制会计分录如下:

借:制造费用　　　　　　　　　　　　　　　　　　　　70 000
　　管理费用　　　　　　　　　　　　　　　　　　　　10 000
　　销售费用　　　　　　　　　　　　　　　　　　　　20 000
　　贷:累计折旧　　　　　　　　　　　　　　　　　　100 000

二、无形资产的核算

(一) 无形资产概述

无形资产是指企业拥有或者控制的没有实物形态的非货币性资产,主要包括专利权、非专利技术、商标权、著作权、土地使用权和特许权等。无形资产具有三个主要特征:一是不具有实物形态;二是具有可辨认性;三是属于非货币性长期资产。

(二) 账户设置

为了核算和监督无形资产的取得和增减变化情况,企业应设置"无形资产""累计摊销"账户进行核算。

1. "无形资产"账户

"无形资产"账户属于资产类账户,用来核算企业持有的无形资产成本。该账户结构如图表4-11所示。

图表4-11

无 形 资 产

无形资产成本的增加	因出售无形资产而减少
期末余额:企业期末无形资产的成本	

"无形资产"账户可按无形资产的项目设置明细账户,进行明细分类核算。

2. "累计摊销"账户

"累计摊销"账户属于资产类备抵账户,用来核算企业对使用寿命有限的无形资产计提的累计摊销。该账户结构如图表4-12所示。

图表4-12

累 计 摊 销

处置无形资产转出的累计摊销	企业计提的无形资产摊销
	期末余额:企业无形资产的累计摊销额

"累计摊销"账户可按无形资产的项目设置明细账户,进行明细分类核算。

(三) 账务处理

1. 外购无形资产的账务处理

企业外购无形资产的成本包括购买价款、相关税费以及直接归属于使该项资产达到预定用途所发生的其他支出。

【例4-14】 东海公司购入一项非专利技术,支付的价款和有关费用合计为900 000元,以银行存款支付。

应编制会计分录如下:

借:无形资产——非专利技术　　　　　　　　　　　　900 000
　　贷:银行存款　　　　　　　　　　　　　　　　　　　900 000

2. 无形资产摊销的账务处理

企业应当在取得无形资产时分析判断其使用寿命,使用寿命有限的无形资产应进行摊销。企业应当按月对无形资产进行摊销,对于自用的无形资产,其摊销金额计入管理费用。

【例 4-15】 东海公司购买了一项自用特许权,成本为 480 000 元,合同规定受益年限为 10 年,每月应摊销 4 000 元(480 000÷10÷12),月末摊销。

应编制会计分录如下:

借:管理费用　　　　　　　　　　　　　　　　　　　　　　4 000
　　贷:累计摊销　　　　　　　　　　　　　　　　　　　　　　4 000

第 3 节　材料采购业务的核算

企业通过一定渠道筹集生产经营资金,购置了生产设备以后,就要进入供应阶段,采购材料物资,为企业生产做准备。因此,材料采购业务构成了供应过程核算的主要内容,采购业务所指的材料一般称为原材料。原材料是指企业在生产过程中经过加工改变其形态或性质并构成产品主要实体的各种原料和外购半成品,以及不构成产品实体但有助于产品形成的辅助材料,包括原材料及主要材料、辅助材料、外购半成品、修理用备件、包装材料、燃料等。

一、材料的采购成本

材料的采购成本是指企业从材料采购到验收入库前所发生的按照规定应计入材料采购成本的全部支出,企业的材料采购成本具体包括:

(1)买价,指销货单位开具的材料物资的发票价格。

(2)相关税费,指按税法规定计入采购成本的税金,如进口关税、资源税和消费税等,但不包括允许抵扣的增值税进项税额。

(3)采购费用,指采购过程中发生的运输费、装卸费、保险费、运输途中的合理损耗以及入库前的挑选整理费等。一般情况下,企业可以按照所购材料的重量或价值等比例对采购费用进行分摊。但是采购人员的差旅费、零星市内运杂费和入库后的仓储费,一般作为管理费用处理,不计入原材料采购成本。

采购小故事

> **知识拓展**
>
> 增值税是价外税,一般纳税人购入货物实行价税分离,分别核算应计入材料采购成本的金额和进项税额。而小规模纳税人购入的货物,由于其进项税额不能抵扣,核算时,其支付的增值税额应直接计入有关材料的成本。

二、账户设置

为核算和监督材料采购业务过程中所引起的资金增减变化情况,企业应设置"在途物资""原材料""应付账款""应付票据""预付账款""应交税费"等账户,对材料采购环节进行核算。

1. "在途物资"账户

"在途物资"账户属于资产类账户,用来核算企业已经付款,但尚未验收入库材料的实际采购成本。该账户结构如图表 4-13 所示。

图表 4-13

在 途 物 资	
购入尚未验收入库材料的买价和采购费用等	验收入库的材料物资实际成本
期末余额:尚未验收入库的在途物资实际成本	

"在途物资"账户应按材料物资的品种、规格设置明细账户,进行明细分类核算。

2. "原材料"账户

"原材料"账户属于资产类账户,用来核算企业各种库存材料的收入、发出和结存变动情况。该账户结构如图表 4-14 所示。

图表 4-14

原 材 料	
已验收入库材料的实际成本	发出材料的实际成本
期末余额:库存材料的实际成本	

"原材料"账户应按材料类别、品种、规格等设置明细账户,进行明细分类核算。

3. "应付账款"账户

"应付账款"账户属于负债类账户,用来核算企业因购买材料、商品或接受劳务等而应付给供应单位的款项。该账户结构如图表 4-15 所示。

图表 4-15

应 付 账 款	
偿还的应付账款	企业购入材料、物资等已验收入库,但尚未支付的账款
	期末余额:尚未偿还的应付账款余额

"应付账款"账户用于核算企业与债权人之间的货款结算情况,通常应按照债权人设置明细账户,进行明细分类核算。

4. "应付票据"账户

"应付票据"账户属于负债类账户,用来核算企业因购买材料、商品或接受劳务等而开出、承兑的商业汇票,包括银行承兑汇票和商业承兑汇票。该账户结构如图表 4-16 所示。

图表 4-16

应 付 票 据

已经支付或者到期无力支付的商业汇票	开出、承兑的商业汇票
	期末余额:尚未到期的商业汇票余额

"应付票据"账户用于核算在商业汇票结算方式下,企业与债权人之间的货款结算情况。通常应按照债权人设置明细账户,进行明细分类核算。

5. "预付账款"账户

"预付账款"账户属于资产类账户,用来核算企业按照合同规定预付的款项。预付款项情况不多的,也可以不设置该账户,将预付的款项直接记入"应付账款"账户。该账户结构如图表 4-17 所示。

图表 4-17

预 付 账 款

因购货等业务预付的款项	收到货物后应支付的款项
期末余额:预付的款项	期末余额:尚需补付的款项

"预付账款"账户用于核算在商品紧俏或合同购货方式下,企业与债权人之间的货款结算情况。一般应按照供应单位名称设置明细账,进行明细分类核算。

6. "应交税费"账户

"应交税费"账户属于负债类账户,用来核算企业应交、抵扣和已交税金情况的账户。该账户贷方登记企业应交纳的相关税金;借方登记实际交纳的税金;期末贷方余额,表示尚未交纳的税金。该账户结构如图表 4-18 所示。

图表 4-18

应 交 税 费

已交纳的税费	应交纳的税费
	尚未交纳的税费

"应交税费"账户应按照税种设置"应交增值税""应交所得税""应交营业税"等明细账户,进行明细分类核算。

知识拓展

企业供应过程主要涉及增值税的核算,增值税是就货物或应税劳务的增值部分进行征收的一种流转税。增值税的纳税人分为一般纳税人和小规模纳税人。一般纳税人应在"应交税费"账户下设置"应交增值税"二级账户,进行明细分类核算,并分别设置"进项税额""销项税额""已交税金""出口退税""进项税额转出"等专栏。小规模纳税人不需要设置上述细目和专栏。

三、账务处理

企业从外部购入的材料,由于采用的结算方式不同,材料入库与付款的时间可能一致,也可能存在先后,因此,在会计处理上也有所差异。

对于购进材料支付货款,同时验收入库的经济业务,按应计入材料采购成本的金额,借记"原材料"账户,根据增值税专用发票准予抵扣的税额,借记"应交税费——应交增值税(进项税额)"账户,按照实际支付或开出并承兑商业汇票的金额,贷记"银行存款""应付票据"等账户。

【例 4-16】 东海公司从 A 公司购入原材料一批,增值税专用发票上注明的货款为 200 000 元,增值税额为 32 000 元。材料已验收入库,货款通过转账支票付讫。

应编制会计分录如下:

借:原材料　　　　　　　　　　　　　　　　　　　　　　200 000
　　应交税费——应交增值税(进项税额)　　　　　　　　 32 000
　　贷:银行存款　　　　　　　　　　　　　　　　　　　232 000

【例 4-17】 东海公司从 B 公司购入甲材料 1 000 千克,每千克 100 元,乙材料 2 000 千克,每千克 60 元,增值税税率均为 16%,取得增值税专用发票。同时支付两种材料运杂费共计 1 800 元。货款、增值税及运杂费均以银行存款支付,材料当日到达并验收入库。

首先应计算确定材料的采购成本,对甲、乙两种材料共同承担的运杂费,可按重量等比例进行分配:

运杂费分配率=1 800÷(1 000+2 000)=0.6(元/千克)

甲材料应负担的运杂费=1 000×0.6=600(元)

乙材料应负担的运杂费=2 000×0.6=1 200(元)

甲材料的采购成本=1 000×100+600=100 600(元)

乙材料的采购成本=2 000×60+1 200=121 200(元)

增值税进项税额=(1 000×100+2 000×60)×16%=35 200(元)

应编制会计分录如下:

借:原材料——甲材料　　　　　　　　　　　　　　　　100 600
　　　　　　——乙材料　　　　　　　　　　　　　　　121 200
　　应交税费——应交增值税(进项税额)　　　　　　　　 35 200
　　贷:银行存款　　　　　　　　　　　　　　　　　　　257 000

【例 4-18】 东海公司从 C 公司购入甲材料 3 000 千克,每千克 100 元,增值税税率为 16%。公司签发为期 3 个月的商业汇票一张交付 C 公司,材料已验收入库。

应编制会计分录如下:

借：原材料——甲材料　　　　　　　　　　　　　　300 000
　　应交税费——应交增值税（进项税额）　　　　　 48 000
　　贷：应付票据　　　　　　　　　　　　　　　　 348 000

对于材料物资已经收到并验收入库，但货款尚未支付的经济业务，应按应计入材料采购成本的金额，借记"原材料"账户，根据增值税专用发票准予抵扣的税额，借记"应交税费——应交增值税（进项税额）"账户，按应支付的价税款合计数额，贷记"应付账款"账户。

【例 4-19】 东海公司从外地 D 公司购入乙材料 1 200 千克，每千克 50 元，增值税税率为 16%。材料已经验收入库，货款尚未支付。

应编制会计分录如下：

借：原材料——乙材料　　　　　　　　　　　　　　 60 000
　　应交税费——应交增值税（进项税额）　　　　　 9 600
　　贷：应付账款——D公司　　　　　　　　　　　　 69 600

某些情况下，由于异地购货等原因，企业外购材料物资，货款已经支付，但材料物资仍在途中或虽已到达，但尚未验收入库等。企业应先根据结算凭证、发票账单等，借记"在途物资"账户，按税法规定可抵扣的增值税进项税额，借记"应交税费——应交增值税（进项税额）"账户，按实际支付的货款，贷记"银行存款"等账户；待材料到达并且验收入库后再根据收料单，按材料实际成本，借记"原材料"账户，贷记"在途物资"账户。

【例 4-20】 东海公司根据生产需要，向一般纳税人购入下列乙材料，增值税税率为 16%。已收到供货单位开来的增值税专用发票，货款通过银行存款支付，但材料尚未运达。相关资料如图表 4-19 所示。

图表 4-19

相关资料表　　　　　　　　　　　　金额单位：元

供应单位	数量（千克）	单价（元/千克）	买价	进项税额	价税合计
大华公司	1 000	50	50 000	8 500	58 500
申达公司	2 500	60	150 000	25 500	175 500
合计	3 500		200 000	34 000	234 000

应编制会计分录如下：

借：在途物资——乙材料　　　　　　　　　　　　　200 000
　　应交税费——应交增值税（进项税额）　　　　　 32 000
　　贷：银行存款　　　　　　　　　　　　　　　　232 000

【例 4-21】 承[例 4-20]，东海公司以银行存款支付上述乙材料的运输装卸费 5 000 元。

应编制会计分录如下：

借：在途物资——乙材料　　　　　　　　　　　　　　5 000
　　贷：银行存款　　　　　　　　　　　　　　　　　5 000

【例 4-22】 承[例 4-21],收到上述乙材料并已验收入库。

应编制会计分录如下:

乙材料实际成本＝200 000＋5 000＝205 000 元

借:原材料——乙材料	205 000
贷:在途物资——乙材料	205 000

某些情况下,当材料物资比较紧俏时,企业通常与购货单位签订经济合同,并按照购货合同预先支付给供应单位一笔货款,等收到货物之后再进行结算,多退少补。

【例 4-23】 东海公司与 B 企业签订合同,订购材料 400 000 元,按照合同规定,东海公司先预付货款的 60%,并通过汇兑方式预付货款 240 000 元。10 天后,东海公司收到 B 企业发来的材料,已验收入库,取得增值税专用发票注明的货款为 400 000 元,增值税额为 64 000 元。东海公司已将所欠款项以银行存款付讫。

应编制会计分录如下:

(1) 预付货款时:

借:预付账款——B 企业	240 000
贷:银行存款	240 000

(2) 材料验收入库时:

借:原材料	400 000
应交税费——应交增值税(进项税额)	64 000
贷:预付账款——B 企业	464 000

(3) 补付货款时:

借:预付账款——B 企业	224 000
贷:银行存款	224 000

第 4 节　生产业务的核算

生产过程即产品的制造过程,是企业从投入原材料开始,经过工人的生产加工,发生相关的生产耗费,实现价值的转移,到产品完工验收入库的全过程。在这一阶段,企业会发生各种费用,费用包括生产费用和期间费用。

一、生产费用概述

生产费用是指一定时期内企业生产过程发生的各项耗费,包括耗用的各种原材料和辅助材料;支付给职工的工资和福利费;房屋建筑物、机器设备等固定资产的折旧费和其他费用。为制造产品而发生的生产费用最终归集到各种产品之中,由生产的各种产品来负担。为生产产品而发生的生产费用,称为产品的制造成本。因此,生产过程中费用的归集和分配以及产品成本的核算就构成了生产过程的主要核算内容。

> **知识拓展**
>
> 费用包括生产费用和期间费用两大类,生产费用与产品制造相关,最终构成产品的生产成本,是对象化的费用;而期间费用则与发生的会计期间相关,难以界定承担对象,故作为当期损益记入利润表,不计入产品成本。

微课:十分精通生产核算

生产费用进一步可以分为直接费用和间接费用,直接费用包括直接材料和直接人工,可以直接计入某种产品的生产成本;间接费用又称制造费用,必须先归集当期发生的各项制造费用,期末再按照一定分配标准分配到不同产品的生产成本中。

二、账户设置

生产过程是企业经营过程的主要环节之一,为了准确核算和归集分配生产过程中的各项耗费,企业通常设置以下账户,对生产过程进行会计核算。

1."生产成本"账户

"生产成本"账户属于成本类账户,用来归集生产过程中发生的全部生产费用,并据以计算完工产品的生产成本。该账户结构如图表4-20所示。

图表 4-20

生 产 成 本	
为产品生产而发生的各项费用(包括直接材料、直接人工和制造费用)	生产完成并已验收入库的成本
期末余额:尚未完工的在产品成本	

该账户应按成本核算对象设置明细账户,并按规定的成本项目设置专栏,进行明细分类核算。

2."制造费用"账户

"制造费用"账户属于成本类账户,用来核算企业生产车间、部门为生产产品和提供劳务而发生的各项间接费用,包括生产车间、部门发生的机物料消耗、生产车间或部门管理人员工资、折旧费、办公费、水电费、季节性停工损失等。

凡能直接计入成本核算对象的直接费用,可直接记入"生产成本"账户,不通过本账户核算;凡不能直接确认成本核算对象的间接费用,应记入"制造费用"账户,但不包括企业行政管理部门为组织和管理生产而发生的各项费用。

该账户结构如图表 4-21 所示。

图表 4-21

制 造 费 用	
生产过程发生的各项间接费用	月末分配结转的应由各种产品承担的制造费用
月末一般无余额	

该账户应按不同的生产车间、部门和费用项目设置明细账户,进行明细分类核算。

3."管理费用"账户

管理费用是指企业为组织和管理生产经营而发生的各种费用,包括企业在筹建期间内发生的开办费、董事会和行政管理部门在企业的经营管理中发生的并由企业统一负担的公司经费(包括行政管理部门职工工资及福利费、办公费和差旅费等)、行政管理部门负担的工会经费、董事会费、聘请中介机构费、咨询费、诉讼费、业务招待费、房产税、车船税、城镇土地使用税、印花税、技术转让费、矿产资源补偿费、研究费用和排污费等。企业行政管理部门发生的固定资产修理费用等后续支出,也作为管理费用核算。

"管理费用"账户属于损益类账户,用来核算企业管理费用的发生和结转情况。该账户结构如图表 4-22 所示。

图表 4-22

管 理 费 用	
企业发生的各项管理费用	期末转入"本年利润"账户的数额
结转后一般无余额	

该账户应按管理费用的费用项目设置明细账户,进行明细分类核算。

4."库存商品"账户

"库存商品"账户属于资产类账户,用来核算企业库存的各种商品的实际成本,包括库存的外购商品、自制商品等。该账户结构如图表 4-23 所示。

图表 4-23

库 存 商 品	
验收入库的商品成本	出库的商品成本
期末余额:企业期末库存的商品成本	

该账户应按库存商品的种类、品种和规格等设置明细账户,进行明细分类核算。

5."应付职工薪酬"账户

"应付职工薪酬"账户属于负债类账户,用来核算企业根据有关规定应付给职工的工资和奖金、津贴和补贴、职工福利费、社会保险费等薪酬费用。该账户结构如图表 4-24 所示。

图表 4-24

应付职工薪酬

实际发放的职工薪酬	计提的应发放职工薪酬
	期末余额：应付未付职工薪酬

该账户应按照各项职工薪酬项目等设置明细账户，进行明细核算。

三、账务处理

（一）材料费用归集与分配的账务处理

材料费用应按受益对象进行归集和分配，仓库发出材料使库存原材料减少，应记入"原材料"账户的贷方，凡是为生产产品直接耗用的材料，应记入"生产成本"账户的借方，车间消耗的材料属于间接费用，应记入"制造费用"账户的借方，管理部门消耗的材料属于期间费用，应记入"管理费用"账户的借方。

【例 4-24】 本月份，东海公司材料仓库发出各种材料，根据发料单记录，经汇总各部门耗用情况如图表 4-25 所示。

图表 4-25

各部门耗用情况表　　　　　　　　　　金额单位：元

项目	甲材料		乙材料		金额合计
	数量（千克）	金额	数量（千克）	金额	
生产 A 产品耗用	600	60 000	160	8 000	68 000
生产 B 产品耗用	800	80 000	320	16 000	96 000
生产车间耗用	200	20 000	80	4 000	24 000
管理部门耗用	100	10 000	40	2 000	12 000
总　　计	1 700	170 000	600	30 000	200 000

应编制会计分录如下：

借：生产成本——A 产品　　　　　　　　　　　　　　68 000
　　　　　　——B 产品　　　　　　　　　　　　　　96 000
　　制造费用　　　　　　　　　　　　　　　　　　　24 000
　　管理费用　　　　　　　　　　　　　　　　　　　12 000
　　贷：原材料——甲材料　　　　　　　　　　　　　170 000
　　　　　　——乙材料　　　　　　　　　　　　　　30 000

（二）职工薪酬归集和分配的账务处理

在生产经营活动中，企业发生的职工薪酬费用应按照各项薪酬的用途进行分配。其中，生产工人的工资属于直接费用，应记入"生产成本"账户的借方；车间管理人员的工资属于间接费用，应记入"制造费用"账户的借方，公司总部管理人员的工资属于期间费用,应记入"管理费用"账户的借方。通常企业计算工资费用与实际发放的时间是不一致的,一般是先计算本期应负担的工资费用,实际发放工资的时间则滞后。所以,计算出工资费用时,就形成企业对职工的负债。

【例 4-25】 本月份东海公司结算各项职工工资费用 119 000 元,其分配结转情况如下:

A 产品生产工人工资	80 000 元
B 产品生产工人工资	20 000 元
车间管理人员工资	9 000 元
企业管理人员工资	10 000 元
合计	119 000 元

应编制会计分录如下:

借:生产成本——A 产品	80 000
——B 产品	20 000
制造费用	9 000
管理费用	10 000
贷:应付职工薪酬——工资	119 000

【例 4-26】 承[例 4-25],东海公司开出现金支票 119 000 元,向银行提取现金,以备发工资。

应编制会计分录如下:

借:库存现金	119 000
贷:银行存款	119 000

【例 4-27】 承[例 4-26],东海公司以现金支付本月份职工工资 119 000 元。

应编制会计分录如下:

借:应付职工薪酬——工资	119 000
贷:库存现金	119 000

【例 4-28】 东海公司根据职工福利计划,本月份应支付的职工福利费用为 16 660 元,根据职工提供服务的受益对象,对各项福利费用分配如下:

A 产品生产工人应负担费用	11 200 元
B 产品生产工人应负担费用	2 800 元
车间管理人员应负担费用	1 260 元
企业管理人员应负担费用	1 400 元
合计	16 660 元

应编制会计分录如下:

借：生产成本——A产品	11 200
——B产品	2 800
制造费用	1 260
管理费用	1 400
贷：应付职工薪酬——职工福利	16 660

（三）固定资产折旧的账务处理

固定资产在使用过程中，由于磨损、自然力的侵蚀和技术进步等原因所引起的固定资产价值损耗称为固定资产折旧。这部分损耗价值要逐渐地转移到所生产的产品成本和相关的费用中去，构成费用、成本的一个组成部分，随着产品的销售而获得补偿。

固定资产折旧反映了固定资产价值的减少，本来可以将减少的固定资产价值，直接记入"固定资产"账户的贷方，但为了保持固定资产的原始价值，同时又能随时查明固定资产的净值和已损耗的价值，因此，需要设置和运用"累计折旧"账户。

【例4-29】 东海公司计提本月份固定资产折旧17 590元，其中车间负担12 490元，公司管理部门负担5 100元。

应编制会计分录如下：

借：制造费用	12 490
管理费用	5 100
贷：累计折旧	17 590

（四）其他费用的账务处理

在生产过程中，除材料费、人工费、固定资产折旧费外，还会发生一些其他耗费，如水电费、修理费、财产保险费等，这些费用通常按受益对象进行分摊。

【例4-30】 东海公司接电力公司通知，本月电费26 500元，按照电表上的耗电量分别计算耗用金额如下：

应由A产品负担的动力用电	12 500元
应由B产品负担的动力用电	7 500元
车间照明及机修部门用电	5 000元
公司本部用电	1 500元
合　　计	26 500元

应编制会计分录如下：

借：生产成本——A产品	12 500
——B产品	7 500
制造费用	5 000
管理费用	1 500
贷：应付账款——电力公司	26 500

【例4-31】 东海公司接银行通知，从银行存款中已代付电费26 500元。

应编制会计分录如下：

借：应付账款——电力公司　　　　　　　　　　　　　　26 500
　　贷：银行存款　　　　　　　　　　　　　　　　　　　　26 500

【例 4-32】　本月月末，以银行存款支付生产车间设备维修费用 2 250 元。

应编制会计分录如下：

借：制造费用　　　　　　　　　　　　　　　　　　　　　2 250
　　贷：银行存款　　　　　　　　　　　　　　　　　　　　　2 250

（五）制造费用归集与分配的账务处理

企业发生的制造费用，应当按照合理的分配标准按月分配，计入各成本核算对象的生产成本，记入"生产成本"账户。企业可以采用的分配标准包括生产工人工资、生产工时、机器工时等。

制造费用分配的计算公式如下：

$$制造费用分配率 = \frac{制造费用总额}{各产品生产工时（或直接人工）之和}$$

$$某产品应分配的制造费用 = 该产品生产工时（或直接人工） \times 分配率$$

【例 4-33】　承[例 4-32]，根据以上经济业务归集发生的制造费用共计 54 000 元，按生产工人工资比例分配。分配方法如下：

$$制造费用分配率 = \frac{54\ 000}{80\ 000 + 20\ 000} = 0.54$$

A 产品应分配的制造费用 = 80 000 × 0.54 = 43 200（元）

B 产品应分配的制造费用 = 20 000 × 0.54 = 10 800（元）

应编制会计分录如下：

借：生产成本——A 产品　　　　　　　　　　　　　　　43 200
　　　　　　——B 产品　　　　　　　　　　　　　　　10 800
　　贷：制造费用　　　　　　　　　　　　　　　　　　　54 000

（六）完工产品生产成本计算与结转的账务处理

产品生产成本计算是指将企业生产过程中为制造产品所发生的各种费用按照成本计算对象进行归集和分配，并计算出各种产品的总成本和单位成本的过程。

企业应设置产品生产成本明细账，用来归集应计入各种产品的生产费用。通过对材料费用、职工薪酬和制造费用的归集和分配，企业各月生产产品所发生的生产费用均记入"生产成本"账户中。

【例 4-34】　本月份，东海公司生产的 A 产品 500 件已全部完工，结转完工产品成本；B 产品全部未完工。

列出东海公司生产成本明细账，如图表 4-26 和图表 4-27 所示。

图表 4-26

生产成本明细账

产品名称：A产品　　　　　　2015年12月　　　　　　完工数量：500件

2015年		凭证编号	摘要	借方（成本项目）				贷方	余额
月	日			直接材料	直接人工	制造费用	合计		
12	31	记26	领用原材料	68 000			68 000		68 000
	31	记27	分配生产工人工资		80 000		80 000		148 000
	31	记30	职工福利费		11 200		11 200		159 200
	31	记32	耗用动力电	12 500			12 500		171 700
	31	记35	分配制造费用			43 200	43 200		214 900
	31	记36	结转完工产品					214 900	0
			本期发生额与余额	80 500	91 200	43 200	214 900	214 900	0

图表 4-27

生产成本明细账

产品名称：B产品　　　　　　2015年12月　　　　　　完工数量：0

2015年		凭证编号	摘要	借方（成本项目）				贷方	余额
月	日			直接材料	直接人工	制造费用	合计		
12	1		期初余额				12 900		12 900
	31	记26	领用原材料	96 000			96 000		108 900
	31	记27	分配生产工人工资		20 000		20 000		128 900
	31	记30	职工福利费		2 800		2 800		131 700
	31	记32	耗用动力电	7 500			7 500		139 200
	31	记35	分配制造费用			10 800	10 800		150 000
			本期发生额与余额	103 500	22 800	10 800	15 000		150 000

应编制会计分录如下：

借：库存商品——A产品　　　　　　　　　　　　　214 900
　　贷：生产成本——A产品　　　　　　　　　　　　214 900

第5节　销售业务的核算

销售过程是企业生产经营活动的最后阶段，也是产品价值的实现过程。企业通过产品销售取得收入，使企业的生产耗费得到补偿，从而保证企业再生产活动的正常进行。因而，销售业务是企业会计核算的重要环节。

一、销售业务的核算内容

企业在销售过程中，一方面销售产品取得收入，办理货款结算；另一方面要支付各项销售费用,结转产品的销售成本。同时,还要根据税法规定计算交纳企业销售活动应负担的税金及附加。除了企业主要销售业务活动以外,企业还会发生一些其他销售业务,如材料销售、固定资产和无形资产出租等,在这些业务活动中会取得其他业务收入并发生其他业务成本。加强销售过程的核算,可以促使企业增加收入、节约费用,为更多地实现营业利润打好基础。

企业销售过程核算的主要内容包括:销售产品并办理货款结算,确认销售收入;结转已销产品的生产成本;支付各项销售费用;计算并交纳销售环节应负担的税金及附加。

知识拓展

企业销售收入的确认,必须同时符合以下条件:企业已将商品所有权上的主要风险和报酬转移给购货方;企业既没有保留通常与商品所有权相联系的继续管理权,也没有对已售出的商品实施控制;相关的经济利益很可能流入企业;收入的金额能够可靠地计量。

二、账户设置

为了正确核算和监督企业销售收入、销售成本、销售费用和销售税金的发生和完成情况,企业通常设置以下账户对销售业务进行会计核算。

1."主营业务收入"账户

"主营业务收入"账户属于损益类账户,用来核算企业销售商品、提供劳务等日常活动中的主要业务交易所取得的收入。该账户结构如图表4-28所示。

图表4-28

借方	主营业务收入	贷方
主营业务收入的减少和转销	本期实现的主营业务收入	
	结转后期末无余额	

销售收入的确认

该账户应按销售商品和提供劳务的类别设置明细账户,进行明细分类核算。

2."主营业务成本"账户

"主营业务成本"账户属于损益类账户,用来核算企业销售商品、提供劳务等日常经营活动中主要业务交易所发生的成本。该账户结构如图表4-29所示。

图表4-29

借方	主营业务成本	贷方
已销商品和提供劳务的实际成本	冲减的成本和期末结转的主营业务成本	
结转后期末无余额		

该账户应按商品或劳务类别设置明细账户,进行明细分类核算。

3. "税金及附加"账户

"税金及附加"账户属于损益类账户,用来核算企业因销售商品、提供劳务等活动应负担的税金及附加,包括消费税、城市维护建设税、教育费附加等。该账户结构如图表4-30所示。

图表4-30

借方	税金及附加	贷方
计算出的应交而未交的税金及附加	期末转入"本年利润"账户的数额	
结转后期末无余额		

该账户可以按销售商品的类别设置明细账户,进行明细分类核算。

4. "应收账款"账户

"应收账款"账户属于资产类账户,用来核算企业因销售商品、提供劳务等应向购货单位或接受劳务单位收取的款项。该账户结构如图表4-31所示。

图表4-31

借方	应收账款	贷方
本期增加的应收账款	本期收回或注销的应收账款	
期末余额:企业尚未收回的应收账款总额		

该账户应按购货单位设置明细账户,进行明细分类核算。

5. "应收票据"账户

"应收票据"账户属于资产类账户,用来核算企业在销售商品、提供劳务等经济活动过程中,因收到对方单位交来的商业汇票而未收到的款项。该账户结构如图表4-32所示。

图表4-32

借方	应收票据	贷方
应收票据的增加	应收票据的减少	
期末余额:期末尚未收到的票据金额		

该账户可按开出、承兑商业汇票的单位设置明细账户,进行明细分类核算。

> **知识拓展**
>
> 商业汇票是一种由出票人签发的,委托付款人在指定日期无条件支付确定金额给收款人或者持票人的票据。按照承兑人的不同,商业汇票一般分为商业承兑汇票和银行承兑汇票。

6. "预收账款"账户

"预收账款"账户属于负债类账户,用来核算企业按照合同规定预收的款项。预收账款不多的,可不单独设置"预收账款"账户,将预收的款项直接记入"应收账款"账户。该账户结构如图表4-33所示。

图表4-33

借方	预收账款	贷方
销售实现时,按实现的收入转销的预收款项	企业向购货单位预收的款项	
期末余额:企业已转销但尚未收取的款项	期末余额:企业预收的款项	

该账户可按购货单位名称设置明细账户,进行明细分类核算。

7. "销售费用"账户

"销售费用"账户属于损益类账户,用来核算企业在销售过程中所发生的各项费用,包括运输费、包装物、广告费、保险费等。该账户结构如图表4-34所示。

图表4-34

借方	销售费用	贷方
本期发生的销售费用	本期结转的销售费用	
结转后期末无余额		

该账户应按照产品费用项目设置明细账户,进行明细分类核算。

8. "其他业务收入"账户

"其他业务收入"账户属于损益类账户,用来核算企业除主营业务活动以外的其他经营活动实现的收入。该账户结构如图表4-35所示。

图表4-35

借方	其他业务收入	贷方
其他业务收入的减少和转销	本期实现的其他业务收入	
	结转后期末无余额	

9. "其他业务成本"账户

"其他业务成本"账户属于损益类账户,用来核算企业确认的除主营业务活动以外的其他经营活动所发生的支出。该账户结构如图表4-36所示。

图表4-36

借方	其他业务成本	贷方
其他业务成本的增加	期末结转的其他业务成本	
结转后期末无余额		

三、账务处理

(一)主营业务的账务处理

企业销售商品或提供劳务实现的收入,应按实际收到或应收的金额,借记

"银行存款""应收账款""应收票据"等账户，按确认的收入金额，贷记"主营业务收入"账户，按开具的增值税专用发票注明的增值税额，贷记"应交税费——应交增值税（销项税额）"账户。

企业在销售商品或提供劳务确认收入时，应根据已销售商品、已提供劳务等实际成本，计算并结转主营业务成本，借记"主营业务成本"账户，贷记"库存商品"等账户。

知识拓展

关于销售业务中增值税销项税额的计算方法。销项税额计算公式如下：

销项税额＝不含税销售额×适用税率或征收率

其中： 不含税销售额＝含税销售额÷(1＋税率或征收率)

销项税额的会计处理：一般纳税人应贷记"应交税费——应交增值税（销项税额）"账户，小规模纳税人应贷记"应交税费——应交增值税"账户。

【例 4-35】 东海公司本月份向明光公司出售 A 产品 400 件，每件 650 元，计 260 000 元，增值税税率 16％。货款已收到并存入银行。

应编制会计分录如下：

借：银行存款　　　　　　　　　　　　　　　　　　　301 600
　　贷：主营业务收入——A 产品　　　　　　　　　　　260 000
　　　　应交税费——应交增值税（销项税额）　　　　　41 600

【例 4-36】 东海公司向中原公司出售 A 产品 100 件，每件 680 元，计 68 000 元，应收取增值税税率为 16％，款项尚未收到。

应编制会计分录如下：

借：应收账款——中原公司　　　　　　　　　　　　　78 880
　　贷：主营业务收入——A 产品　　　　　　　　　　　68 000
　　　　应交税费——应交增值税（销项税额）　　　　　10 880

【例 4-37】 东海公司本月份向红星工厂出售 B 产品 240 件，每件 450 元，计 108 000 元，应收取的增值税税率为 16％，价税合计 126 360 元，收到红星工厂开出并承兑的商业汇票。

应编制会计分录如下：

借：应收票据　　　　　　　　　　　　　　　　　　　125 280
　　贷：主营业务收入——B 产品　　　　　　　　　　　108 000
　　　　应交税费——应交增值税（销项税额）　　　　　17 280

【例 4-38】 东海公司收到中原公司前欠货款 40 950 元，存入银行。

这笔业务说明应收账款减少,银行存款增加。其会计分录如下:

借:银行存款 40 950
　　贷:应收账款——中原公司 40 950

【例 4-39】 承[例 4-35]至[例 4-37],结转本期已销产品的生产成本(A产品单位生产成本为 430 元,B 产品单位生产成本为 300 元)。

东海公司已销产品的生产成本计算如下:

售出的 A 产品生产成本=500×430=215 000(元)
售出的 B 产品生产成本=240×300=72 000(元)

根据上述计算,作结转销售产品成本的会计分录如下:

借:主营业务成本——A 产品 215 000
　　　　　　　　——B 产品 72 000
　　贷:库存商品——A 产品 215 000
　　　　　　　　——B 产品 72 000

(二)其他业务的账务处理

除了主营业务收入以外,企业有时还会发生多余的材料、包装物等出售收入,或者经营出租固定资产、无形资产取得租金收入等。当企业发生其他业务收入时,应按实际收到或应收的金额,记入"其他业务收入"账户。

【例 4-40】 东海公司将一批不需用的原材料出售,售价为 20 000 元,增值税额为 3 200 元。货款已收到并存入银行。该批出售原材料的成本为 16 000 元。

应编制会计分录如下:

借:银行存款 23 200
　　贷:其他业务收入 20 000
　　　　应交税费——应交增值税(销项税额) 3 200
借:其他业务成本 16 000
　　贷:原材料 16 000

(三)预收款销售业务的账务处理

预收款销售方式下,购销双方通常签订经济合同,销售方应在发出商品时确认收入,当购货方预付货款时,企业应作为预收账款进行会计处理。

【例 4-41】 东海公司与星美公司签订销售协议,采用预收款方式向星美公司销售一批商品。协议约定,该批商品的销售价格为 300 000 元,增值税额为 48 000 元。星美公司在协议签订时预付货款的 60%,剩余款项于 2 个月后支付。该批商品的实际成本为 200 000 元。

应编制会计分录如下:

(1)收到 60%货款时:

预收账款=300 000×60%=180 000(元)

借：银行存款	180 000	
贷：预收账款——星美公司		180 000

（2）发出货物时：

借：预收账款	348 000	
贷：主营业务收入		300 000
应交税费——应交增值税（销项税额）		48 000
借：主营业务成本	200 000	
贷：库存商品		200 000

（3）补收余款时：

借：银行存款	168 000	
贷：预收账款——星美公司		168 000

（四）销售费用与税金的账务处理

销售费用是指企业在销售商品过程中发生的包装费、保险费、展览费、广告费、运输费和装卸费等支出，企业在发生销售费用时，借记"销售费用"账户，贷记"银行存款"等账户。

销售过程中发生的税费主要包括消费税、资源税、城市维护建设税、教育费附加等。企业在计提应交销售环节的各项税费时，借记"税金及附加"账户，贷记"应交税费"等账户。

【例4-42】 以银行存款支付销售产品运输和装卸费用支出5 200元。

应编制会计分录如下：

借：销售费用	5 200	
贷：银行存款		5 200

【例4-43】 以银行存款12 000元支付本月份销售产品的广告费。

应编制会计分录如下：

借：销售费用	12 000	
贷：银行存款		12 000

【例4-44】 月末，经计算应负担的城市维护建设税为3 250元，教育费附加为750元，税款尚未支付。

应编制会计分录如下：

借：税金及附加	4 000	
贷：应交税费——应交城市维护建设税		3 250
——应交教育费附加		750

第6节 财务成果的核算

企业在取得经营资金以后，进入供、产、销过程，生产出社会所需要的商品,在销售过程中实现商品价值,使生产耗费得到补偿,同时实现价值增值。企业新增的价值,在会计上体现为企业的财务成果。

一、财务成果的构成

微课:利润的滋味

财务成果又称为利润,是指企业在一定会计期间的经营成果,是企业在一定会计期间内实现的收入减去费用后的净额。企业的利润,就其构成来看,既有通过生产经营活动而获得的,也有通过投资活动而获得的,还包括与生产经营活动无直接关系的事项所引起的盈亏。利润由营业利润、利润总额和净利润三个层次构成。

(1) 营业利润是指企业在销售商品、提供劳务等日常活动中所产生的利润。

$$营业利润=营业收入-营业成本-税金及附加-销售费用-管理费用-财务费用+投资收益(-投资损失)$$

其中:　　营业收入=主营业务收入+其他业务收入
　　　　　营业成本=主营业务成本+其他业务成本

(2) 利润总额又称税前利润,是营业利润加上营业外收入减去营业外支出后的金额。

$$利润总额=营业利润+营业外收入-营业外支出$$

(3) 净利润又称税后利润,是利润总额扣除所得税费用后的净额。

$$净利润=利润总额-所得税费用$$

知识拓展

所得税费用是指企业经营利润应交纳的所得税,是企业依据税法规定按照实现利润向国家交纳的税金。所得税费用的计算公式如下:

$$所得税费用=应纳税所得额×所得税税率$$

在不存在纳税调整事项的情况下,应纳税所得额即为企业的利润总额。

二、利润分配

利润分配是对企业实现的净利润,按照财务制度规定的形式和顺序,在企业和投资者之间进行分配的过程。利润分配的过程与结果,关系到所有者的合法权益能否得到保护,关系到企业能否长期、稳定发展。为此,企业必须加强利润分配的管理和核算。

根据我国《公司法》的规定,企业实现的净利润首先应弥补以前年度发生的亏损,然后按照下列程序进行分配。

1. 提取法定盈余公积

企业必须按照当年税后利润的 10% 提取法定盈余公积,当法定盈余公积达到企业注册资本 50% 时可不再提取。

2. 提取任意盈余公积

任意盈余公积是根据公司章程及股东会的决议,从公司盈余中提取的公积金。任意盈余公积的提取与否及提取比例由股东大会根据公司发展的需要和盈余情况决定,法律不作强制规定。

3. 向投资者分配利润

在提取法定盈余公积和任意盈余公积后,企业经股东大会或类似机构决议,可采用现金股利、股票股利和财产股利等形式向投资者分配利润或股利。

三、账户设置

为了核算和监督企业利润的形成与分配,企业通常需要设置下列账户对利润形成与分配业务进行会计核算。

1. "营业外收入"账户

营业外收入是指企业确定的与其日常活动无直接关系的各项利得。营业外收入主要包括非流动资产处置利得、政府补助、盘盈利得、捐赠利得、非货币性资产交换利得、债务重组利得等。

"营业外收入"账户属于损益类账户,用来核算企业营业外收入的取得及结转情况。该账户结构如图表 4-37 所示。

图表 4-37

营业外收入

期末转入"本年利润"账户的数额	取得的各项营业外收入
	结转后一般无余额

"营业外收入"账户可按营业外收入的项目设置明细账户,进行明细分类核算。

2. "营业外支出"账户

营业外支出是指企业确定的与其日常活动无直接关系的各项损失。营业外支出主要包括非流动资产处置损失、公益性捐赠支出、盘亏损失、罚款支出、非货币性资产交换损失、债务重组损失等。

"营业外支出"账户属于损益类账户,用来核算企业营业外支出的发生及结转情况。该账户结构如图表 4-38 所示。

图表 4-38

营业外支出

发生的各项营业外支出	期末转入"本年利润"账户的数额
结转后一般无余额	

"营业外支出"账户可按营业外支出项目设置明细账户,进行明细分类核算。

3. "本年利润"账户

"本年利润"账户属于所有者权益类账户,用来核算企业当期实现的净利润或发生的净亏损。该账户贷方登记企业期末转入的主营业务收入、其他业务收入、营业外收入和投资收益等;借方登记企业期末转入的主营业务成本、其他业务成本、税金及附加、销售费用、管理费用、财务费用、营业外支出、投资损失和所得税费用等。上述结转完成后,余额如在贷方,即为当期实现的净利润;余额如在借方,即为当期发生的净损失。

年度终了,应将本年收入和支出相抵后结出的本年实现的净利润(或发生的净损失),转入"利润分配——未分配利润"账户的贷方(或借方),结转后该账户无余额。

该账户结构如图表4-39所示。

图表 4-39

本 年 利 润	
期末由费用账户转入的数额 转出本期实现的净利润	期末由收入账户转入的数额 转出本期发生的净亏损
	年末结转后一般无余额

4. "所得税费用"账户

"所得税费用"账户属于损益类账户,用来核算企业确认的应从当期利润总额中扣除的所得税费用。该账户结构如图表4-40所示。

图表 4-40

所 得 税 费 用	
本期确认的所得税费用	期末转入"本年利润"账户的数额
结转后一般无余额	

5. "利润分配"账户

"利润分配"账户属于所有者权益类账户,用来核算企业利润分配(或亏损弥补)和历年分配(或弥补)后的积存余额。该账户结构如图表4-41所示。

图表 4-41

利 润 分 配	
由"本年利润"账户转入的净亏损 利润的分配情况	由"本年利润"账户转入的净利润 亏损的弥补情况
期末余额:历年累计未弥补的亏损	期末余额:历年累计未分配的利润

该账户按利润分配的去向,分别设置"提取法定盈余公积""提取任意盈余公积""应付现金股利或利润""盈余公积补亏"和"未分配利润"等明细账户,进行明细分类核算。期末结转后,除"未分配利润"明细账户外,其他明细账户均

无余额。

6. "盈余公积"账户

"盈余公积"账户属于所有者权益类账户,用来核算企业从净利润中提取的盈余公积。该账户结构如图表 4-42 所示。

图表 4-42

盈 余 公 积

盈余公积弥补亏损或转赠资本	企业提取的盈余公积
	期末余额:盈余公积的结存数

该账户按盈余公积的种类,分别设置"法定盈余公积""任意盈余公积"等明细账户,进行明细分类核算。

7. "应付利润"账户

"应付利润"账户属于负债类账户,用来核算企业经股东大会决议确定分配的利润。该账户结构如图表 4-43 所示。

图表 4-43

应 付 利 润

实际支付的应付利润	应付给投资者的利润
	期末余额:尚未支付的应付利润

该账户按投资者设置明细账户,进行明细分类核算。

四、账务处理

(一) 利润形成的账务处理

1. 营业外收支的账务处理

【例 4-45】东海公司收到当地政府的政策性补贴 100 000 元,款项已存入银行。

应编制会计分录如下:

借:银行存款　　　　　　　　　　　　　　　　100 000
　　贷:营业外收入　　　　　　　　　　　　　　　　100 000

【例 4-46】东海公司通过汇款向地震灾区捐赠款项 200 000 元。

应编制会计分录如下:

借:营业外支出　　　　　　　　　　　　　　　　200 000
　　贷:银行存款　　　　　　　　　　　　　　　　　200 000

2. 期末各项收入和支出结转的账务处理

【例 4-47】东海公司 2015 年 12 月有关损益类账户的年末余额如图表 4-44 所示。

图表 4-44

东海公司 2015 年 12 月损益类账户年末余额表　　　　　　单位:元

账户名称	结账前余额	余额方向
主营业务收入	736 000	贷
其他业务收入	20 000	贷
投资收益	650 000	贷
营业外收入	100 000	贷
主营业务成本	487 000	借
其他业务成本	16 000	借
税金及附加	4 000	借
销售费用	37 200	借
管理费用	44 000	借
财务费用	3 000	借
营业外支出	200 000	借

应编制会计分录如下:

(1) 结转各项收入、利得类账户:

借:主营业务收入　　　　　　　　　　　　　　　　　　　　736 000
　　其他业务收入　　　　　　　　　　　　　　　　　　　　 20 000
　　投资收益　　　　　　　　　　　　　　　　　　　　　　650 000
　　营业外收入　　　　　　　　　　　　　　　　　　　　　100 000
　　贷:本年利润　　　　　　　　　　　　　　　　　　　　1 506 000

(2) 结转各项费用、损失类账户:

借:本年利润　　　　　　　　　　　　　　　　　　　　　　791 200
　　贷:主营业务成本　　　　　　　　　　　　　　　　　　487 000
　　　　其他业务成本　　　　　　　　　　　　　　　　　　 16 000
　　　　税金及附加　　　　　　　　　　　　　　　　　　　 4 000
　　　　销售费用　　　　　　　　　　　　　　　　　　　　 37 200
　　　　管理费用　　　　　　　　　　　　　　　　　　　　 44 000
　　　　财务费用　　　　　　　　　　　　　　　　　　　　 3 000
　　　　营业外支出　　　　　　　　　　　　　　　　　　　200 000

经过上述结转后,"本年利润"账户贷方发生额合计 1 506 000 元减去借方发生额合计 791 200 元,计算得到利润总额即税前会计利润为 714 800 元。

3. 所得税费用的账务处理

【例 4-48】 承[例 4-47],假定东海公司适用的所得税税率为 25%,无其他纳税调整事项。

应编制会计分录如下:

(1) 计算并确认所得税费用:

当期应交所得税＝714 800×25％＝178 700(元)

借：所得税费用　　　　　　　　　　　　　　　　178 700
　　贷：应交税费——应交所得税　　　　　　　　　　　　178 700

（2）结转所得税费用：

借：本年利润　　　　　　　　　　　　　　　　　　178 700
　　贷：所得税费用　　　　　　　　　　　　　　　　　　178 700

4. 结转净利润的账务处理

年度终了，企业应将"本年利润"账户的本年累计余额转入"利润分配——未分配利润"账户。如"本年利润"账户为贷方余额，则借记"本年利润"账户，贷记"利润分配——未分配利润"账户；如"本年利润"账户为借方余额，作相反的会计分录。结转后"本年利润"账户应无余额。

【例 4-49】 承[例 4-48]，东海公司结转本年净利润。

应编制会计分录如下：

本年净利润＝714 800－178 700＝536 100(元)

借：本年利润　　　　　　　　　　　　　　　　　　536 100
　　贷：利润分配——未分配利润　　　　　　　　　　　　536 100

（二）利润分配的账务处理

1. 提取盈余公积的账务处理

企业提取法定盈余公积，借记"利润分配——提取法定盈余公积"账户，贷记"盈余公积——法定盈余公积"账户；提取任意盈余公积，借记"利润分配——提取任意盈余公积"账户，贷记"盈余公积——任意盈余公积"账户。

【例 4-50】 承[例 4-49]，东海公司按当年净利润的 10％计提法定盈余公积。

应编制会计分录如下：

计提的法定盈余公积＝536 100×10％＝53 610(元)

借：利润分配——提取法定盈余公积　　　　　　　　53 610
　　贷：盈余公积——法定盈余公积　　　　　　　　　　　53 610

【例 4-51】 承[例 4-50]，东海公司按当年净利润的 5％计提任意盈余公积。

应编制会计分录如下：

计提的任意盈余公积＝536 100×5％＝26 805(元)

借：利润分配——提取任意盈余公积　　　　　　　　26 805
　　贷：盈余公积——任意盈余公积　　　　　　　　　　　26 805

2. 向投资者分配利润的账务处理

企业根据股东大会或类似机构审议批准的利润分配方案，按应支付的利润，借记"利润分配——应付利润"账户，贷记"应付利润"账户。

【例 4-52】 年末，东海公司宣布向股东分配利润 180 000 元。

应编制会计分录如下：

借：利润分配——应付利润　　　　　　　　　　　　　　180 000
　　贷：应付利润　　　　　　　　　　　　　　　　　　　　　180 000

实际支付时：

借：应付利润　　　　　　　　　　　　　　　　　　　　180 000
　　贷：银行存款　　　　　　　　　　　　　　　　　　　　　180 000

3. 未分配利润结转的账务处理

【例 4-53】 承[例 4-50]至[例 4-52]，年度终了，东海公司应将"利润分配"账户内的其他明细账户余额转入"未分配利润"明细账户。

应编制会计分录如下：

借：利润分配——未分配利润　　　　　　　　　　　　　260 415
　　贷：利润分配——提取法定盈余公积　　　　　　　　　　　53 610
　　　　　　　　——提取任意盈余公积　　　　　　　　　　　26 805
　　　　　　　　——应付利润　　　　　　　　　　　　　　180 000

经过上述结转后，"利润分配"账户除了"未分配利润"明细账户外，其他各明细账户的余额都已结平。"未分配利润"明细账户若为贷方余额，则为未分配的利润；若为借方余额，则为未弥补的亏损。

知识归纳

1. 企业常见的经济业务划分为筹资业务、投资业务、采购业务、生产业务、销售业务、利润形成和分配业务六个部分。

2. 企业资金筹集主要包括两个方面：一是投资者投入的资本金，在会计上表现为企业的实收资本，构成所有者权益；二是从外部借入的资金，在会计上表现为企业的各种借款，构成企业的负债。

3. 投资业务和材料采购业务是企业生产准备的两个基本环节，投资业务主要为企业购置各项生产设备，采购业务主要为企业采购生产所需要的各种原材料。在完成两个基本环节后即进行产品的生产。

4. 生产过程即产品的制造过程，是企业从投入原材料开始，经过工人的生产加工，发生相关的生产耗费，实现价值的转移，到产品完工验收入库的全过程。

5. 销售过程是产品价值的实现过程，企业销售过程核算的主要内容包括：销售产品并办理货款结算，确认销售收入；结转已销产品生产成本；支付各项销售费用；计算并交纳销售环节应负担的税金及附加。

6. 财务成果又称为利润，是指企业在一定会计期间的经营成果。企业的利润由营业利润、利润总额和净利润三个层次构成。

基本训练

一、单项选择题

1. 企业预提职工福利费时,在会计处理上应贷记( )账户。
   A."盈余公积" B."应付职工薪酬"
   C."资本公积" D."实收资本"
2. 预计应交所得税的会计处理,应为借记( )账户,贷记"应交税费"账户。
   A."管理费用" B."税金及附加"
   C."销售费用" D."所得税费用"
3. 车间使用的固定资产提取折旧费时,应借记( )账户,贷记"累计折旧"账户。
   A."制造费用" B."管理费用" C."财务费用" D."折旧费用"
4. 销售费用属于期间费用,月末应全部转入( )账户,以确定当期经营成果。
   A."生产成本" B."本年利润" C."期间费用" D."管理费用"
5. 制造产品直接耗用的材料,在会计处理上应以增加( )处理。
   A. 生产成本 B. 制造费用 C. 管理费用 D. 库存商品
6. 企业在生产过程中发生的各项耗费称为( )。
   A. 生产费用 B. 直接费用 C. 制造费用 D. 间接费用
7. 企业确认产品销售收入的时间,一般在( )时。
   A. 生产过程 B. 成品入库 C. 销售开票 D. 产品发出
8. 某企业本期已销产品的制造成本为55 000元,销售费用为4 500元,税金及附加为6 000元,其产品销售成本应为( )元。
   A. 61 500 B. 66 000 C. 60 000 D. 55 000
9. 某企业购入原材料,价款23 400元,其中包含增值税额3 400元。发生材料运输费1 000元,装卸费150元,采购人员工资1 500元,途中不合理损耗200元,该批材料的采购成本应为( )元。
   A. 26 050 B. 24 550 C. 26 250 D. 21 150
10. 在材料按实际成本计价的情况下,归集材料实际采购成本应设置的账户是( )。
    A."材料采购" B."在途物资" C."预付账款" D."应付账款"
11. 下列各项中,不构成产品制造成本项目的是( )。
    A. 制造产品耗用材料 B. 生产工人工资
    C. 生产用固定资产折旧 D. 行政管理用固定资产折旧
12. "制造费用"账户是成本类账户,月末一般( )。
    A. 有借方余额 B. 有贷方余额
    C. 没有余额 D. 余额可以在借方,也可以在贷方
13. 制造产品直接人工费用会增加企业的( )。
    A. 生产成本 B. 制造费用 C. 管理费用 D. 库存商品
14. 企业生产过程中发生的间接费用是( )。

A. 直接材料　　　　B. 直接人工　　　　C. 折旧费用　　　　D. 生产费用

15. 某增值税一般纳税人购入需要安装的设备一台,以银行存款支付该设备的买价8 000元、增值税额1 360元、设备安装费用1 200元。对该项业务,计入固定资产成本的金额为（　　）元。
    A. 8 000　　　　B. 9 360　　　　C. 9 200　　　　D. 10 550

16. 某企业购进一批原材料,以银行存款支付买价10 000元,增值税额1 700元,运杂费500元,采购员差旅费600元。该批材料的实际采购成本为（　　）元。
    A. 12 800　　　　B. 10 500　　　　C. 12 300　　　　D. 11 100

17. 企业生产成本的成本计算工作在（　　）中进行。
    A. "生产成本"总分类账户　　　　B. "库存商品"总分类账户
    C. "生产成本"明细分类账户　　　　D. "库存商品"明细分类账户

18. 根据账户的分类,"在建工程"账户属于（　　）账户。
    A. 费用类　　　　B. 负债类　　　　C. 资产类　　　　D. 所有者权益类

19. "在途物资"账户是用来核算企业购入原材料、商品等采购成本的账户。下列表述中,正确的是（　　）。
    A. 该账户期末没有余额
    B. 该账户期末余额表示在途物资的采购成本
    C. 该账户余额可能会出现在贷方
    D. 该账户可以进行数量、金额双重登记

20. 下列经济业务中,在"实收资本"账户中进行核算的是（　　）。
    A. 向银行借入长期借款　　　　B. 接受捐赠机器设备
    C. 投资者投入企业资本　　　　D. 企业经营实现利润

21. "短期借款"账户应按（　　）设置明细账户,进行明细分类核算。
    A. 借款种类　　　　B. 债权人　　　　C. 借款用途　　　　D. 借款时间

22. 企业购建需要安装的固定资产,应先在（　　）账户核算,然后转入"固定资产"账户。
    A. "原材料"　　　　B. "在建工程"　　　　C. "银行存款"　　　　D. "实收资本"

23. 企业在采购材料时,以银行存款支付的增值税额,应记入（　　）。
    A. "应交税费——应交增值税"账户的借方
    B. "应交税费——应交增值税"账户的贷方
    C. "在途物资"账户的借方
    D. "原材料"账户的借方

24. 计提固定资产折旧时,应贷记（　　）账户。
    A. "制造费用"　　　　B. "管理费用"
    C. "固定资产"　　　　D. "累计折旧"

25. 下列各项中,属于"生产成本"账户期末借方余额内容的是（　　）。
    A. 完成产品成本　　　　B. 期末在产品成本
    C. 本月生产费用　　　　D. 期末库存商品成本

26. 计提企业应交所得税时,编制的会计分录是( )。
    A. 借：所得税费用　　　　　　　　B. 借：应交税费
         贷：应交税费　　　　　　　　　　 贷：所得税费用
    C. 借：本年利润　　　　　　　　　D. 借：所得税费用
         贷：所得税费用　　　　　　　　　 贷：本年利润

27. 下列各项中,与营业利润计算不相关的是( )。
    A. 营业收入　　　B. 管理费用　　　C. 投资收益　　　D. 营业外支出

28. 下列各项中,应计入营业外收入的是( )。
    A. 固定资产清理净收益　　　　　　B. 银行存款利息
    C. 销售材料取得收入　　　　　　　D. 证券投资收益

29. 与"本年利润"账户无对应关系的账户是( )。
    A. "生产成本"　　　　　　　　　　B. "主营业务成本"
    C. "管理费用"　　　　　　　　　　D. "投资收益"

30. 下列账户中,属于损益类账户的是( )。
    A. "生产成本"　　　　　　　　　　B. "制造费用"
    C. "销售费用"　　　　　　　　　　D. "本年利润"

二、多项选择题

1. 投资者可采用( )等资产对企业进行投资。
    A. 货币资金　　　B. 固定资产　　　C. 有价证券　　　D. 无形资产

2. 企业采购材料时,运杂费的分摊标准有( )。
    A. 材料的重量　　　　　　　　　　B. 材料的数量
    C. 材料的体积或容积　　　　　　　D. 材料的采购成本

3. 除材料买价外,在"在途物资"账户核算的其他采购费用有( )。
    A. 采购员差旅费　　　　　　　　　B. 运杂费
    C. 入库前的挑选整理费　　　　　　D. 装卸费

4. 下列各项中,应记入"制造费用"账户的费用有( )。
    A. 生产车间领用辅助材料　　　　　B. 机器设备的折旧费
    C. 车间管理人员的工资和福利费　　D. 业务招待费

5. 下列各项中,应计入产品生产成本的有( )。
    A. 直接材料　　　B. 直接人工　　　C. 制造费用　　　D. 销售费用

6. 与"应付职工薪酬"账户相对应的借方账户有( )。
    A. "生产成本"　　B. "制造费用"　　C. "财务费用"　　D. "管理费用"

7. 下列各项中,构成工业企业主要经济业务的有( )。
    A. 采购业务　　　　　　　　　　　B. 生产业务
    C. 销售业务　　　　　　　　　　　D. 利润形成与分配业务

8. "制造费用"的分配标准有( )。
    A. 产品耗用工时　　　　　　　　　B. 生产工人工资
    C. 产品重量　　　　　　　　　　　D. 产品机器工时

9. 采用实际成本法时,与"银行存款"账户贷方相对应的借方账户可能有( )。
   A. "固定资产"　　B. "库存商品"　　C. "应付账款"　　D. "在途物资"
10. 下列各项中,不计入材料采购成本的有( )。
    A. 装卸搬运费　　B. 采购人员工资　　C. 采购运输费用　　D. 车间设备折旧
11. 购进材料时,与"在途物资"账户相对应的贷方账户有( )。
    A. "银行存款"　　B. "库存现金"　　C. "应付账款"　　D. "应交税费"
12. 下列各项中,属于企业筹集资金的会计分录有( )。
    A. 借:银行存款
       贷:实收资本
    B. 借:固定资产
       贷:银行存款
    C. 借:短期借款
       贷:银行存款
    D. 借:银行存款
       贷:短期借款
13. 企业耗用材料可以根据其用途分别记入( )账户的借方。
    A. "生产成本"　　B. "财务费用"
    C. "制造费用"　　D. "管理费用"
14. 在"财务费用"账户中核算的会计事项有( )。
    A. 利息费用　　B. 利息收入　　C. 银行手续费　　D. 汇兑损失
15. 下列各项中,属于生产成本的直接费用包括( )。
    A. 产品生产所耗用的原材料
    B. 生产工人工资及福利费
    C. 车间技术人员的工资及福利费
    D. 注册会计师审计费

三、判断题

1. 企业材料采购的买价和费用,在期末应全部转入"本年利润"账户的借方。　( )
2. 车间领用一般性消耗的材料,在会计处理上应属于增加管理费用。　( )
3. 公司行政部门使用的固定资产折旧费用应计入管理费用。　( )
4. 商品已出售但货款尚未收到,会计处理上应借记"其他应收款"账户,贷记"主营业务收入"账户。　( )
5. 固定资产在使用过程中因磨损而减少的价值被称为损耗。　( )
6. 财务费用是一种期间费用,按期归集,期末全部转入"本年利润"账户。　( )
7. 企业向银行或其他金融机构借入款项,应通过"应付账款"和"其他应付款"账户进行核算。　( )
8. 财务成果是企业生产经营活动的最终成果,即企业的利润或亏损。　( )
9. 企业按月提取的固定资产折旧费用通常属于直接费用。　( )
10. 产品成本包括直接材料、直接人工和制造费用三大项目。　( )

业务题一

一、目的

练习资金筹集业务的核算。

二、资料

星美公司2017年11月份发生如下业务：

1. 11月5日，收到投资者投入货币资金150 000元，款项已存入银行。

2. 11月15日，向银行借入3个月期限短期借款250 000元，款项已存入银行。

3. 11月18日，某投资者投入设备一台，价值180 000元；投入专利权一项，经评估作价100 000元。

4. 11月20日，向中国工商银行借入2年期借款500 000元，款项已存入银行，计划用于建造企业生产设备。

5. 11月21日，计提本月份应付短期借款的利息费用1 500元。

6. 11月30日，第一期长期借款100 000元到期，以银行存款归还工商银行。

7. 11月30日，以银行存款归还已计提3个月的短期借款利息4 500元。

三、要求

根据上述经济业务，编制会计分录。

业 务 题 二

一、目的

练习投资业务的核算。

二、资料

星美公司2017年11月份发生有关投资活动的经济业务如下：

1. 11月2日，购入不需要安装设备一台，价值为50 000元，增值税额为8 000元，同时支付该设备的运杂费1 000元，上述款项均以银行存款支付。

2. 11月7日，公司自行建造的厂房完工，建造成本为850 000元，结转该项固定资产的完工成本。

3. 11月15日，购入的需要安装的设备一台，价值为160 000元，增值税额为25 600元，均以银行存款支付，设备已交付安装。

4. 11月16日，上述设备安装领用原材料30 000元，以银行存款支付安装人工费用20 000元，并用现金支付验收费3 800元。

5. 11月20日，上述设备安装完成，交付生产使用。

6. 11月25日，购入一项技术专利，以银行存款支付价款和相关费用计300 000元（不考虑增值税）。

三、要求

根据上述经济业务，编制会计分录。

业 务 题 三

一、目的

练习材料采购业务的核算。

二、资料

东竞公司2018年2月份发生下列材料采购业务：

(1) 2月1日,向光明工厂购入甲材料200千克,每千克16元;乙材料500千克,每千克4元。货款及增值税额尚未支付,材料正在运输途中,适用增值税税率为16%。

(2) 2月8日,以现金350元支付上述甲、乙材料的运杂费(运杂费按材料重量比例分摊)。

(3) 2月10日,上述甲、乙材料已经运达并验收入库,结转入库材料的实际采购成本。

(4) 2月16日,向志强工厂购入甲材料400千克,每千克15元;乙材料500千克,每千克4.4元。货款8 200元及增值税额1 312元用银行存款支付。以现金支付上述甲、乙材料运杂费315元,运杂费按材料重量比例分摊。甲、乙材料均已验收入库。

(5) 2月17日,与红星工厂签订乙材料采购合同,以银行存款预付购买材料货款20 000元。

(6) 2月24日,以银行存款支付光明工厂的材料款6 084元。

(7) 2月27日,向振兴工厂购入甲材料1 000千克,每千克16元,开出商业汇票一张,支付货款16 000元及增值税额2 560元,材料尚在运输途中。

(8) 2月28日,收到红星工厂发来的乙材料5 000千克,发票价款为25 000元,增值税额为4 000元。东竞公司已将所欠款项以银行存款付讫,材料已验收入库。

三、要求

1. 根据2月份发生的经济业务,编制会计分录。
2. 开设并登记"在途物资"总分类账户("T"字形账户)。
3. 计算甲、乙材料实际采购总成本和单位成本,并完成图表4-45的编制工作。

图表4-45

材料采购成本计算表　　　　　　　　　　　　　　　金额单位:元

项目	甲材料		乙材料	
	总成本	单位成本(元/千克)	总成本	单位成本(元/千克)
买价				
运杂费				
合计				

业 务 题 四

一、目的

练习生产业务的核算。

二、资料

东竞公司2018年3月份发生经济业务如下:

(1) 3月8日,以银行存款支付电力公司电费10 000元。其中生产A产品负担4 000元,生产B产品负担3 000元,车间照明用电1 000元,行政管理部门用电2 000元。

(2) 3月9日,以银行存款支付自来水公司水费1 000元。其中生产车间应负担700元,行政管理部门应负担300元。

(3) 3月9日,以银行存款支付电话费500元。其中生产车间应负担100元,行政管理部门负担400元。

(4) 3月13日,开出现金支票,从银行提取现金32 000元,准备发放工资。
(5) 3月14日,以现金支付本月职工工资32 000元。
(6) 3月31日,根据图表4-46分配本月耗用材料费用。

图表 4-46

原材料耗用汇总表　　　　　　　　　　　　　　　　　　　　单位:元

部门及用途	原材料名称				合　计
	甲材料	乙材料	焦炭	煤炭	
A产品耗用	100 000		15 000		115 000
B产品耗用		50 000		4 000	54 000
车间一般耗用	400				400
管理部门耗用	600				600
合　计	101 000	50 000	15 000	4 000	170 000

(7) 3月31日,分配本月职工工资,其中A产品生产工人工资15 000元,B产品生产工人工资12 000元,车间管理人员工资2 000元,公司行政管理人员工资3 000元。
(8) 3月31日,提取本月份职工福利费用,其中A产品2 100元,B产品1 680元,生产车间280元,公司行政420元。
(9) 3月31日,将本月发生的制造费用按生产工时比例分别计入A、B产品的生产成本(A产品生产1 300工时,B产品生产1 200工时)。
(10) 3月31日,本月投产A产品100千克、B产品100千克,均已全部完工入库,结转完工产品的实际生产成本。

三、要求
1. 根据3月份发生的经济业务,编制会计分录。
2. 开设并登记"生产成本"明细分类账户,计算完工A、B产品实际生产成本。

业 务 题 五

一、目的
练习生产业务的核算。
二、资料
顺风公司生产#101与#102两种产品,有关经济业务如下:
2017年8月31日,"生产成本"账户余额为98 550元,其明细项目金额如图表4-47所示。

图表 4-47

"生产成本"账户明细　　　　　　　　　　　　　　　　　　　单位:元

产品名称	材料费	工资福利费	制造费用	合　计
#101	86 000	7 275	5 275	98 550

2017年9月份发生下列经济业务:

(1)领用材料414 000元,其中生产#101产品领用201 000元,生产#102产品领用203 000元,车间一般耗用7 000元,管理部门耗用3 000元。

(2)本月工资分配如下:生产#101产品工人工资17 000元,生产#102产品工人工资13 000元,车间技术员和管理人员工资10 000元,公司行政管理人员工资8 000元。

(3)提取本月份职工福利费用,其中#101产品2 380元,#102产品1 820元,生产车间1 400元,公司行政1 120元。

(4)计提固定资产折旧10 000元,其中车间固定资产折旧6 640元,公司行政固定资产折旧3 360元。

(5)以银行存款支付银行短期借款利息费用800元。

(6)以银行存款支付购买车间劳保用品费用2 400元,机器设备修理费用1 400元。

(7)以银行存款支付本月份电费4 250元,其中车间生产用电3 000元,公司照明用电1 250元。

(8)以库存现金报销车间主任外地出差差旅费260元。

(9)以银行存款购买车间零星办公用品600元。

(10)计算本月发生的制造费用,按生产工人的工资比例分配计入产品成本。

(11)本月份生产#101产品3 000件,#102产品1 500件全部完工,结转完工产品的实际生产成本。

三、要求

1. 根据9月份发生的经济业务,编制会计分录。

2. 开设并登记"生产成本""制造费用""管理费用""财务费用"总分类账户及"生产成本"所属明细分类账户。

业 务 题 六

一、目的

练习销售业务的核算。

二、资料

顺风公司2018年4月份经济业务资料如下:

1. "库存商品"账户月初余额252 000元,其明细账户资料如下:

A商品:数量40吨,每吨成本4 800元,金额192 000元。

B商品:数量50吨,每吨成本1 200元,金额60 000元。

2. 4月份发生下列有关经济业务:

(1)4月10日,生产完工A产品110吨,验收入库,每吨成本4 500元。

(2)4月12日,销售给恒山工厂A商品100吨,每吨售价5 500元,增值税额88 000元,收到该厂开出的2个月期的商业承兑汇票一张。

(3)4月14日,销售给香山钢厂B商品40吨,每吨售价1 800元,增值税额11 520元,货款、税款均未收到。

(4)4月20日,收到客户所欠销货款129 870元,其中香山钢厂84 240元,武钢钢厂 45 630 元，上述款项均已存入银行。

(5) 4月22日，开出转账支票，支付广告费5 000元。

(6) 4月30日，计算并结转本月销售A、B商品的生产成本。

(7) 4月30日，将一批不需用的原材料出售，售价10 000元，增值税额1 600元，货款收到并存入银行，该批出售原材料的成本为8 000元。

(8) 4月30日，经计算，本月应交城市维护建设税3 660元。

(9) 4月30日，将本月收入及费用由各损益类账户结转至"本年利润"账户。

三、要求

1. 根据上述经济业务，编制会计分录。
2. 列式计算已销A、B商品的成本。

业 务 题 七

一、目的

练习销售业务的核算。

二、资料

光明公司2018年5月份有关销售经济业务如下：

(1) 5月5日，销售给农机厂甲商品1 000件，每件售价100元，共计货款100 000元，增值税额16 000元，货款和税款已收存银行。

(2) 5月8日，支付电视台广告费1 200元，开出转账支票支付。

(3) 5月14日，发往红星工厂甲商品500件，每件售价100元；乙商品800件，每件售价80元，两种商品收入合计114 000元，增值税税率16%，代垫运费2 300元（已开出支票支付），已办妥托收手续。

(4) 5月17日，收到东风工厂汇来预付购货款80 000元，存入银行。

(5) 5月18日，银行转来红星工厂承付货款通知，收到红星工厂承付的货款和代垫运杂费，共计132 240元。

(6) 5月21日，发给东风工厂甲商品200件，每件售价100元；乙商品100件，每件售价80元，增值税税率16%，预收款余款退回东风工厂。

(7) 5月23日，上月售给农机厂的甲商品20件因质量问题退货，开出转账支票退还货款2 000元，增值税额320元，退货产品已经入库。

(8) 5月25日，销售给本市康宁机械厂甲、乙商品各50件，货款9 000元，增值税税率为16%，货款尚未收到。

(9) 5月27日，以银行存款支付产品包装费300元。

(10) 5月31日，计算结转本月销售商品的成本，已知：甲商品每件成本60元，乙商品每件成本40元。

(11) 5月31日，本月应负担城市维护建设税1 800元。

三、要求

根据上述经济业务，编制会计分录。

业务题八

一、目的

练习财务成果的核算。

二、资料

1. 光明公司2017年12月31日部分账户余额如图表4-48所示。

图表4-48

部分账户余额表   单位：元

账户名称	借方余额	账户名称	贷方余额
销售费用	20 000	主营业务收入	1 790 000
管理费用	31 500		

2. 该公司12月31日发生下列有关经济业务：

(1) 销售商品领用包装材料5 000元。

(2) 结转已销商品成本1 070 000元。

(3) 计算12月份应负担的城市维护建设税18 000元。

(4) 收到通知，以银行存款支付罚款1 000元。

(5) 收到当地政府政策性补贴款51 500元，款项已存入银行。

(6) 出售库存原材料一批，售价53 000元，增值税额9 010元。货款、税款均已收到并存入银行。

(7) 结转上述已销原材料实际成本49 000元。

(8) 结转该月发生的各项收入。

(9) 结转该月发生的各项费用。

(10) 按照本月利润总额的25％计算应交所得税。

(11) 将所得税费用结转至"本年利润"账户。

三、要求

1. 根据光明公司2017年12月31日发生的有关经济业务，编制会计分录。

2. 根据上述有关事项，计算光明公司2015年12月的营业利润、利润总额、所得税费用（所得税税率为25％）和净利润。

业务题九

一、目的

练习综合业务的会计核算。

二、资料

顺达公司2018年6月发生如下经济业务：

(1) 用银行存款交纳上月所得税54 320元。

(2) 接受投资者追加投资1 000 000元。

(3) 用银行存款支付欠B公司的购货款100 000元。

(4) 向C公司购入原材料一批，货款150 000元，增值税额24 000元，材料已验收入库,货款尚未支付。

(5) 以银行存款支付购入上述材料的运杂费 2 000 元,并结转采购成本。

(6) 销售给 A 公司商品一批,销售价款 300 000 元,增值税额 48 000 元,产品已发出,货款尚未收到。

(7) 购入不需安装的设备一台,以银行存款支付价款 85 470 元,增值税额 13 675.2 元,包装费和运杂费 1 000 元,设备已交付使用。

(8) 一项固定资产安装工程完工,交付生产使用,固定资产价值为 140 000 元。

(9) 收到出租包装物押金 40 000 元,存入银行。

(10) 从银行借入 3 年期借款 400 000 元,借款已存入银行账户。

(11) 销售产品一批,销售价款 700 000 元,增值税额 112 000 元,货款已收妥入账。

(12) 以银行存款支付材料仓库租金 12 000 元(管理费用)。

(13) 开出转账支票,支付职工薪酬 300 000 元。

(14) 分配应支付的职工薪酬 300 000 元,其中生产人员 250 000 元,车间管理人员 20 000 元,行政管理部门人员 30 000 元。

(15) 提取职工福利费 42 000 元,其中生产工人福利费 35 000 元,车间管理人员福利费 2 800 元,行政管理部门福利费 4 200 元。

(16) 以银行存款支付短期借款利息 21 500 元。

(17) 基本生产车间领用原材料,其中产品生产领用 200 000 元,车间一般耗用领用 40 000 元。

(18) 计提固定资产折旧 60 000 元,其中车间负担 40 000 元,管理部门负担 20 000 元。

(19) 收到 A 工厂偿还的欠款 51 000 元,存入银行。

(20) 职工李默报销差旅费 1 780 元,原预借 2 000 元,余款收回。

(21) 用银行存款支付产品展览费 30 000 元,广告费 10 000 元。

(22) 计算并结转制造费用 102 800 元。

(23) 计算并结转本期完工产品成本 1 080 000 元。

(24) 采用商业承兑汇票结算方式向西山公司销售产品一批,价款 250 000 元,增值税销项税额 40 000 元,收到西山公司开来的 290 000 元的商业承兑汇票 1 张。

(25) 本期应负担城市维护建设税及教育费附加共计 5 800 元。

(26) 用银行存款交纳增值税额 120 000 元,城市维护建设税及教育费附加 5 800 元。

(27) 结转本期主营业务成本 650 000 元。

(28) 将各收支账户余额结转到"本年利润"账户。

(29) 按本月利润总额的 25% 计算应交所得税。

(30) 将"所得税费用"账户余额结转至"本年利润"账户。

二、要求

根据上述经济业务,编制会计分录。

业务题十

一、目的

练习综合业务的会计核算。

二、资料

星光公司为增值税一般纳税人，2017年12月初"本年利润"贷方余额为650 000元，12月份发生如下经济业务：

1. 购入原材料一批取得增值税专用发票注明含税价为116 000元，税率为16%，同时发生运费3 000元，全部款项均以银行存款支付，材料已验收入库。

2. 本月仓库发出材料明细如下：生产A产品领用原材料25 000元，B产品领用原材料18 000元，车间一般耗用原材料5 000元，销售机构领用2 000元。

3. 甲公司发来原材料含税价为23 200元，并收到对方单位开具的增值税专用发票，税率为16%，该材料上月已预付15 000元，余款未付，材料验收入库。

4. 销售产品一批，开出增值税专用发票含税价为580 000元，税率为16%，款项收到存入银行，该产品的生产成本为320 000万元，同时以现金支付运费2 800元。

5. 分配本月职工工资：其中A产品工人工资38 000元，B产品工人工资22 000元，车间管理人员工资10 000元，公司管理部门人员工资15 000元，销售机构人员工资10 000元。

6. 计提本月固定资产折旧，其中：生产车间折旧12 000元，公司管理部门折旧4 000元，专设销售机构折旧3 000元。

7. 以现金报销办公用品2 800元，其中：公司管理部门负担1 500元，车间负担1 000元，销售机构负担300元。

8. 以银行存款支付车间设备维修费2 000元。

9. 按生产工人的工资比例分配并结转本月发生的制造费用。

10. 本月生产的A产品和B产品均已全部完工，验收入库，结转完工产品成本。

11. 月末结转本月损益类各个账户发生额。

12. 计算本公司12月份的所得税额，并结转所得税费用（所得税税率为25%，无其他纳税调整事项）。

13. 年末将全年净利润结转至"利润分配"账户。

三、要求

按以上经济业务，编制会计分录。

课后习题答案

第 5 章 会计凭证

CHAPTER 5

通过本章你可以学到：

- 会计凭证的意义和作用
- 会计凭证的种类和基本内容
- 原始凭证和记账凭证的填制方法
- 会计凭证的审核方法
- 会计凭证的传递程序和保管方法

Learning objectives 学习目标

小凭证里的大阴谋

记账依据的合法性：东海公司新员工王晓晓，踌躇满志，决心为公司发展显身手。在接受了公司产品销售任务后，小王详细规划、认真研究，足迹遍布祖国的东西南北，销售工作有所进展。在将备用金用完之际，小王回到了公司，拿着出差期间取得的登机牌存根、住宿付费收据、购货收银条等出差费用凭据到财务部报销。会计人员在经过审核后告诉他，这些凭据都不属于记账的合法依据，不符合报销规定，因此不能报销。小王有些糊涂了，这不都是支付费用的凭据吗？为什么不能报销呢？

会计凭证种类繁多，用途和填制方法各有特点。本章将带你学习和领会各种不同用途的会计凭证。

第1节 会计凭证概述

一、会计凭证的意义

会计凭证简称凭证，是记录经济业务、明确经济责任、具有法律效力、作为记账依据的书面证明，也是登记账簿的依据。填制和审核会计凭证是会计核算工作的起点和基本环节，也是登记账簿的基本前提。

微课：会计凭证

任何会计主体在处理经济业务时，都必须办理相应的凭证手续，由执行和完成该项经济业务的人员填制或取得有关凭证，以书面形式记录和证明所发生经济业务的性质、内容、数量和金额等情况；并在凭证上签名或盖章，以证明经济业务的合法性和凭证记录的真实性、完整性。一切会计凭证都必须经过有关人员的审核，只有经过审核无误的会计凭证才能作为登记账簿的依据。

二、会计凭证的作用

会计凭证在会计核算中居于基础地位，正确填制和合理运用会计凭证，可以如实反映和监督经济业务的发生和完成情况，确保会计信息的真实性和正确性，更好地发挥会计在经济管理中的作用。概括地说，会计凭证具有如下作用。

（一）记录经济业务，提供记账依据

任何一项经济业务的发生，都必须填制或取得会计凭证。会计凭证上记录着经济业务活动发生的时间、内容（包括数量、金额）和完成情况等基础信息，通过填制和审核凭证，能够保证真实反映各项经济业务的客观情况，为账

簿提供真实、可靠的记账依据,保证会计核算的准确性,并为分析、检查经济活动和财务收支情况提供可靠的原始依据。

(二) 明确经济责任,强化内部控制

每一项经济业务发生后,都要填制或取得反映经济业务客观情况的会计凭证,并要求有关经办人员在凭证上签名或盖章,这就明确了相关人员应承担的经济责任,加强了有关部门和人员的责任感。同时,通过凭证的审核,可以检查每项经济业务是否合规,是否执行了相关的计划和预算,有无铺张浪费和违纪行为,从而强化了企业的内部控制。

(三) 监督经济活动,控制经济运行

微课:会计凭证有多少

通过会计凭证的审核,可以检查经济业务的发生是否符合有关法规、制度,是否符合业务经营、财务收支的方针和计划、预算的规定,以确保经济业务的合理性、合法性和有效性。监督和控制经济活动的有效运行,防止各种违法、违纪和损害集体利益的行为,保护财产的安全和完整,维护各方的利益。

三、会计凭证的种类

不同会计主体在经济业务上的情况和管理上的要求不同,其会计凭证的种类也有所差异。为了了解和正确使用各种会计凭证,必须对会计凭证按照一定的标准进行区别和分类,以充分发挥会计凭证应有的作用。

会计凭证按其填制程序和用途的不同,可以分为原始凭证与记账凭证两类。

(一) 原始凭证

☞ 原始凭证又称单据,是在经济业务发生或完成时取得或填制的,用来记录或证明经济业务的发生和完成情况,明确经济责任,并作为记账原始依据的书面证明。

一切经济业务的发生,都应由有关部门或人员向会计部门提供相关的单据,即原始凭证,以作为会计核算的原始资料。比如,购买原材料时取得的普通发票或增值税专用发票,支付现金时取得的交款收据等。

> **温馨提醒**
>
> 原始凭证是证明经济业务实际发生和完成情况的书面依据。因此,凡是不能证明经济业务已经执行或完成的各种书面文件,如经济合同、业务派工单、物资请购单等,均不能作为原始凭证,也不能作为记账的原始依据。

(二) 记账凭证

☞ 记账凭证又称记账凭单,是会计人员根据审核无误的原始凭证,按照经济业务的内容加以归类和整理,并据以确定会计分录而填制的一种会计凭证,是会计主体作为登记账簿的直接依据。

虽然原始凭证与记账凭证均属于会计凭证,但其性质和作用却大不相同。

原始凭证记录的是经济信息，是编制记账凭证的依据，是会计核算的基础；而记账凭证记录的是会计信息，是会计核算的起点。

第2节 原始凭证

一、原始凭证的内容

会计主体的经济业务是多种多样、纷繁复杂的，反映其经济业务的原始凭证也是多种多样的。比如，购买原材料取得的发票记载的是原材料的购买时间、品名、数量、单价、金额等情况；而职工出差借款单反映的是借款事由、出差天数、借款金额和有关领导审批等内容。无论哪种原始凭证，尽管格式和内容有差异，但是，都应该具备一些共同的基本内容，这些基本内容就是每一种原始凭证应该具备的要素。

（1）原始凭证的名称与编号。
（2）填制原始凭证的日期。
（3）填制原始凭证的单位名称和填制人姓名。
（4）接受原始凭证单位的名称。
（5）经济业务的内容。
（6）经济业务的数量、单价和金额。
（7）经办人员的签名或者盖章。

原始凭证的基本内容如图表5-1所示。

图表 5-1

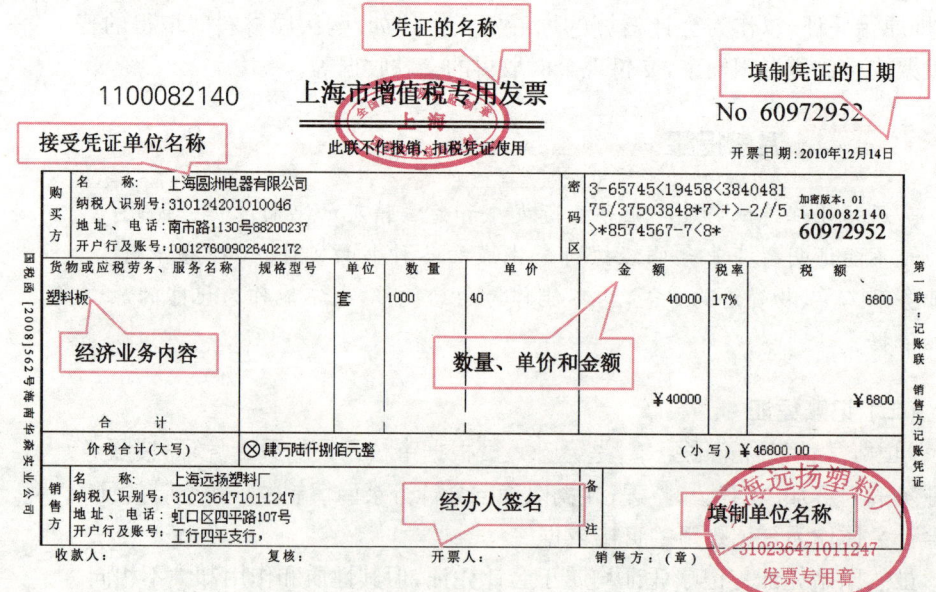

有些原始凭证,根据管理的需要,还要注明其他补充内容。比如,与经济业务相关的合同号码、结算方式、预算或定额等。

在实际工作中,大多数原始凭证是由国家有关部门统一印制的,有些原始凭证也由各单位根据内部管理的需要自行设计和印制。

二、原始凭证的种类

原始凭证形式多样,为了方便填制和使用,通常按其凭证来源、填制手续和方法、凭证用途等的不同进行分类。

(一) 按照取得的来源不同分类

原始凭证按照取得的来源不同,可以分为外来原始凭证和自制原始凭证。

1. 外来原始凭证

☞ 外来原始凭证是指在经济业务发生或完成时,从其他单位或个人直接取得的原始凭证。常见的外来原始凭证有购买原材料时取得的增值税专用发票;银行转来的各种结算凭证;对外支付款项时取得的收据;职工出差取得的飞机票、车船票等。以下列举部分外来原始凭证的格式,如图表5-2所示为企业常用的增值税专用发票。

图表5-2

1100082140   上海增值税专用发票   No 60972958

发 票 联   开票日期:

购买方	名　　称:					密码区			
	纳税人识别号:								
	地址、电话:								
	开户行及账号:								
货物或应税劳务、服务名称	规格型号	单位	数量	单价	金额	税率	税额
合计							
价税合计(大写)				(小写)			
销售方	名　　称:					备注			
	纳税人识别号:								
	地址、电话:								
	开户行及账户:								

收款人:　　　　复核:　　　　开票人:　　　　销售方:

如图表5-3所示为常用的银行进账单。

图表 5-3

中国工商银行进账单（收账通知）

　　　年　　月　　日　　　　　　　　　3

出票人	全称		收款人	全称	
	账号			账号	
	开户银行			开户银行	
金额	人民币（大写）				千百十万千百十元角分
票据种类		票据张数			
票据号码					
		复核	记账		收款人开户银行盖章

此联是收款人开户银行交给收款人的收账通知

2. 自制原始凭证

☞ 自制原始凭证是指由本单位内部经办业务的部门和人员，在执行或完成某项经济业务时填制的，仅供本单位内部使用的原始凭证。常见的自制原始凭证有收料单、领料单、工资结算单、制造费用分配表等。如图表 5-4 所示为常用的企业内部领料单。

图表 5-4

领 料 单

仓库：　　　　　　　　　年　　月　　日

编号	类别	材料名称	规格	单位	数量		实际价格	
					请领	实发	单价	金额
		合计						
用途				领料部门		发料部门		财务部门
				负责人	领料人	核准人	发料人	审核	会计

会计记账联

如图表 5-5 所示为企业自行设计的用来发放工资和计算各种扣款的工资总额及扣款计算表。

图表 5-5

工资总额及扣款计算表
年　月　日

项目	类别	应付工资	养老保险	医疗保险	失业保险	住房公积金	个人所得税	扣款合计	实发金额
车间	A产品生产工人								
	B产品生产工人								
	管理人员								
管理部门									
合计									

制单：　　　　　　　　　　　　　　审核：

（二）按照填制的手续和方法分类

原始凭证按照填制的手续和方法的不同，通常将原始凭证分为一次凭证、累计凭证和汇总凭证。

1. 一次凭证

☞ 一次凭证是指一次填制完成，只记录一项经济业务并且仅一次性有效的原始凭证，如收据、收料单、发货单和银行结算凭证等。收料单的一般格式如图表5-6所示。

图表 5-6

收　料　单

物料类别：　　　　　　日期：　　　　　　车号：　　　　　　编号：
供应单位：　　　　　　结算方式：　　　　合同号：
供应方式：　　　　　　点收形式：　　　　发票号：

材料/编号	物料名称	规格型号	单位	数量	账面价		采购价		价差	出产厂商出厂日期	炉号批号等级强度	备注
					单价	金额	单价	金额				
合　计												

物流主管：　　　　　　收料人：　　　　　　交料人：　　　　　　制单：

2. 累计凭证

☞ 累计凭证是指在一定时期内多次记录发生的若干同类经济业务，并且多次有效的原始凭证，如限额领料单。累计凭证的特点是在一张凭证内可以连续登记相同性质的经济业务，随时结出累计数和结余数，并按照费用限额进行费用控制，期末按实际发生额记账。限额领料单的一般格式如图表5-7所示。

图表 5-7

限 额 领 料 单

产品(工程)编号：　　　　　　　　　　年　月　　　　　　　　　　　　编号：
产品(工程)名称：　　　　　　　　产量(工程量)：　　　　　　　　　领料仓库：
　　　　　　　　　　　　　　　　　　　　　　　　　　　　　　　　　　领料部门：

材料					领料记录										退料		实际领用	
编号	类别	名称规格	计量单位	单位定额消耗定额	定额耗用量	月日	数量	领料人	限额结余	月日	数量	领料人	限额结余	月日	数量	领料人	限额结余	……

3. 汇总凭证

☞ 汇总凭证是指对一定时期内反映经济业务相同的若干张原始凭证，按照一定的标准进行汇总而填制的原始凭证。汇总原始凭证合并了同类经济业务，简化了记账工作。发料凭证汇总表是一种常用的汇总凭证，格式如图表 5-8 所示。

图表 5-8

原材料发出汇总表

用途	材料名称				合计
	数量	金额	数量	金额	

制单：　　　　　　　　　　　　　　　审核：

（三）按照格式分类

原始凭证按照各种原始凭证格式的不同，通常分为通用凭证和专用凭证。

1. 通用凭证

☞ 通用凭证是指由有关部门统一印制的、在一定范围内使用，具有统一格式和使用方法的原始凭证。通用凭证的使用范围因制作部门的不同而有所差异，可以是分地区、分行业使用，也可以全国通用，如某省(市)印制的在该省(市)通用的发票、收据等；由中国人民银行制作的在全国通用的银行转账结算凭证；由国家税务总局统一印制的全国通用的增值税专用发票等。

2. 专用凭证

👉 专用凭证是指由单位自行印制，仅在本单位内部使用的原始凭证，如领料单、差旅费报销单、折旧计算表和工资费用分配表等。差旅费报销单一般格式如图表 5-9 所示。

图表 5-9

差旅费报销单

报销日期		预算账户		专项名称			预算项目			
部门		出差人		出差事由						
出发		到达		交通费			住宿费		其他费用		
日期	地点	日期	地点	交通工具	单据张数	金额	天数	单据张数	金额	项目	单据	金额
										行李费		
										市内车费		
										出租		
										手续费		
										出差补贴		
										节约奖励		
合计												
报销金额	人民币（大写）											
	人民币（小写）			补领不足			归还多余					

主管：　　　　　审核：　　　　　报销人：　　　　　部门：

三、原始凭证的填制要求

原始凭证是证明经济业务发生的原始依据，是企业重要的经济档案，为了保证原始凭证的有效性，在填制各种原始凭证时，必须符合下列要求。

1. 记录真实

原始凭证所填列的经济业务内容必须真实并符合实际情况，凭证中的数字必须正确和可靠。

2. 内容完整

原始凭证所要求填列的项目必须逐项填列齐全，不得遗漏或省略。原始凭证中的年、月、日要按照经济业务发生的实际日期填写；品名或用途要填写明确，不能含糊不清；有关人员的签名盖章必须齐全。

3. 手续完备

取得原始凭证的手续必须完备，以明确经济责任，确保原始凭证的合法性和真实性。自制原始凭证必须有经办单位相关负责人的签名盖章；对外开出的原始凭证必须加盖本单位公章；从外部取得的原始凭证，必须盖有填制单位的公章;从个人取得的原始凭证,必须有填制人员的签名盖章。

4. 书写清楚、规范

原始凭证要按规定填写,文字要简明,字迹要清楚,易于辨认,不得使用未经国务院公布的简化汉字。

5. 书写金额必须符合规范

小写金额用阿拉伯数字逐个书写,不得写连笔字。在金额前要填写人民币符号"¥",且与阿拉伯数字之间不得留有空白。金额数字一律填写到角和分,无角无分的,写"00";有角无分的,分位写"0",不得用符号"—"代替。大写金额用汉字壹、贰、叁、肆、伍、陆、柒、捌、玖、拾、佰、仟、万、亿、元、角、分、零、整等,一律用正楷或行书字书写。大写金额前未印有"人民币"字样的,应加写"人民币"三个字且与大写金额之间不得留有空白。大写金额到元或角为止的,后面要写"整"或"正"字;有分的,不写"整"或"正"字。比如,小写金额为¥1 007.00,大写金额应写成"人民币壹仟零柒元整"。

微课:中文大写数字的来历

> **知识拓展**
>
> 由于会计数字事关重大,为了严密防范,以防篡改,对会计中的数字需要进行"封头"和"截尾",防止在金额的前后增加数字。例如,大写金额前面加"人民币"、小写金额前面加"¥",就属于封头,防止在金额前面增加数字;大写金额到"元"、"角"为止的,要加"整"进行截尾;小写金额角和分无数字的,仍要写"00"进行截尾;小写金额角位有数字,分位无数字的,则要写"0"进行截尾。

6. 编号连续

各种凭证要连续编号,以便检查。如果凭证已预先印定编号,如发票、支票等重要凭证,在因错作废时,应加盖"作废"戳记,妥善保管,不得撕毁。

7. 凭证错误的更正

原始凭证金额有错误的,应当由出具单位重开,不得在原始凭证上更正。原始凭证有其他错误的,可以由出具单位重开或更正,更正处应当加盖出具单位印章。

8. 填制及时

各种原始凭证要在经济业务发生时及时填写,并按规定的程序及时送交会计部门审核和记账。

四、原始凭证的审核

为了如实反映经济业务的发生和完成情况,充分发挥会计的监督职能,保证会计信息的真实、合法、完整和准确,会计人员必须对原始凭证进行严格审核。原始凭证的审核主要从以下两个方面进行。

(一) 技术性审核

技术性审核是审核原始凭证的内容和填制手续是否符合规定的要求。例如，审核原始凭证是否具备作为合法凭证必须具备的基本内容；各项目是否填写齐全；有关单位和人员是否已签名盖章；凭证中所列数字的计算是否正确；大写和小写金额是否相符；购买实物的发票是否有验收人签章等。

(二) 政策性审核

政策性审核是以有关的方针、政策、法令、制度以及计划和合同为依据，审核原始凭证所反映的经济业务是否合理合法；有无违反制度和不按规定办事的行为；有无虚报冒领、弄虚作假或伪造凭证等违法乱纪行为。如对财产物资的收发、领退、报废等是否按规定办理手续，费用的开支是否合理，有无超过预算的情况等。

原始凭证的审核是一项细致而且严肃的工作。要做好原始凭证的审核，充分发挥会计监督作用，会计人员应该做到精通会计业务；熟悉有关的政策、法令和各项财务规章制度；对本单位的生产经营活动有深入的了解；同时还要求会计人员具有维护国家法令、制度和本单位财务管理的高度责任感；敢于坚持原则，才能在审核原始凭证时正确掌握标准、及时发现问题。

温馨提醒

原始凭证的审核是一项十分重要的工作，经过审核的原始凭证应根据不同情况处理：一是对于符合要求的原始凭证，应及时填制记账凭证并登记账簿；二是对于手续不够完备、内容记载不够完整、数字填写有错误的原始凭证，应退回有关经办人员补办手续或更正；三是对于不真实、不合法的原始凭证，会计人员有权不予接受，并向单位负责人报告。

第3节 记账凭证

一、记账凭证的种类

记账凭证可按不同的标准进行分类，按照用途不同，可分为专用记账凭证和通用记账凭证；按照填列方式不同，可分为单式记账凭证和复式记账凭证。

(一) 按记账凭证用途分类

1. 专用记账凭证

专用记账凭证是指按照业务性质分类反映经济业务的记账凭证，按照经济业务的性质，专用记账凭证可分为收款凭证、付款凭证和转账凭证三种。

1) 收款凭证

收款凭证是指用于记录库存现金和银行存款收款业务的记账凭证。收款凭证根据有关库存现金和银行存款收入业务的原始凭证填制，是登记现金日记账、银行存款日记账以及有关明细账和总账等账簿的依据,也是出纳人员收讫款项的依据。

收款凭证的格式如图表5-10所示。

图表5-10

收 款 凭 证

借方科目:　　　　　　　　　年　月　日　　　　　　　　收字第　　号
　　　　　　　　　　　　　　　　　　　　　　　　　　　　附件　　张

对方单位	摘 要	贷方科目		金额	记账符号
		总账科目	明细科目	千百十万千百十元角分	
					□
					□
					□
					□
银行结算方式及票号:			合计		□

会计主管:　　　　记账:　　　　稽核:　　　　出纳:　　　　制单:

2) 付款凭证

付款凭证是指用于记录库存现金和银行存款付款业务的记账凭证。付款凭证根据有关库存现金和银行存款支付业务的原始凭证填制,是登记现金日记账、银行存款日记账以及有关明细账和总账等账簿的依据,也是出纳人员支付款项的依据。

付款凭证的格式如图表5-11所示。

图表5-11

付 款 凭 证

贷方科目:　　　　　　　　　年　月　日　　　　　　　　付字第　　号
　　　　　　　　　　　　　　　　　　　　　　　　　　　　附件　　张

对方单位	摘 要	借方科目		金额	记账符号
		总账科目	明细科目	千百十万千百十元角分	
					□
					□
					□
					□
银行结算方式及票号:			合计		□

会计主管:　　　　记账:　　　　稽核:　　　　出纳:　　　　制单:

3) 转账凭证

转账凭证是指用于记录不涉及库存现金和银行存款业务的记账凭证。转账凭证根据有关转账业务的原始凭证填制,是登记有关明细账和总账等账簿的依据。

转账凭证的格式如图表 5-12 所示。

图表 5-12

转 账 凭 证

年　月　日　　　　　　　　　　　　　　转字第　　号
附件　　张

摘　要	总账科目	明细科目	借方金额 千百十万千百十元角分	记账符号	贷方金额 千百十万千百十元角分	记账符号
				□		□
				□		□
				□		□
				□		□
				□		□
	合　计			□		□

会计主管：　　　　　记账：　　　　　复核：　　　　　制单：

2. 通用记账凭证

☞ 通用记账凭证是指用来反映所有经济业务事项而填制的,为各类经济业务所共同使用的记账凭证。在实际工作中,为许多小微企业所普遍采用。通用记账凭证的格式与转账凭证基本相同。

通用记账凭证的格式如图表 5-13 所示。

图表 5-13

记 账 凭 证

年　月　日　　　　　　　　　　　　　　记字第　　号
附件　　张

摘　要	总账科目	明细科目	借方金额 亿千百十万千百十元角分	记账符号	贷方金额 亿千百十万千百十元角分	记账符号
				□		□
				□		□
				□		□
				□		□
				□		□
	合　计			□		□

会计主管：　　　　　记账：　　　　　复核：　　　　　制单：

(二) 按记账凭证填列方式分类

1. 单式记账凭证

☞ 单式记账凭证是指只填列经济业务所涉及的一个会计科目及其金额的记账凭证。填列借方科目的称为借项凭证,填列贷方科目的称为贷项凭证。某项经济业务涉及几个会计科目,就填制几张单式记账凭证。单式记账凭证反映内容单一,便于分工记账,便于按会计科目汇总,但一张凭证不能反映每一项经济业务的全貌,不便于检验会计分录的正确性。

2. 复式记账凭证

复式记账凭证是将每一项经济业务所涉及的全部科目及其发生额均在同一张记账凭证中反映的一种凭证。它是实际工作中应用最普遍的记账凭证。上述收款凭证、付款凭证、转账凭证和通用记账凭证均为复式记账凭证。复式记账凭证全面反映了经济业务的账户对应关系,有利于检查会计分录的正确性,但不便于会计岗位上的分工记账。

被忽视的摘要

二、记账凭证的基本内容

记账凭证是登记账簿的依据,因其所反映经济业务的内容不同、各单位规模大小及其对会计核算繁简程度的要求不同,其内容也有所差异,但记账凭证应当具备以下基本内容:①填制凭证的日期;②记账凭证编号;③经济业务内容摘要;④所采用的会计科目;⑤经济业务的金额;⑥所附原始凭证的张数;⑦填制凭证人员、稽核人员、记账人员、会计机构负责人、会计主管人员签名或者盖章。收款和付款记账凭证还应当由出纳人员签名或者盖章。以自制的原始凭证或者原始凭证汇总表代替记账凭证的,也必须具备记账凭证应有的项目。

以通用记账凭证为例,记账凭证必须具备的内容如图表 5-14 所示。

图表 5-14

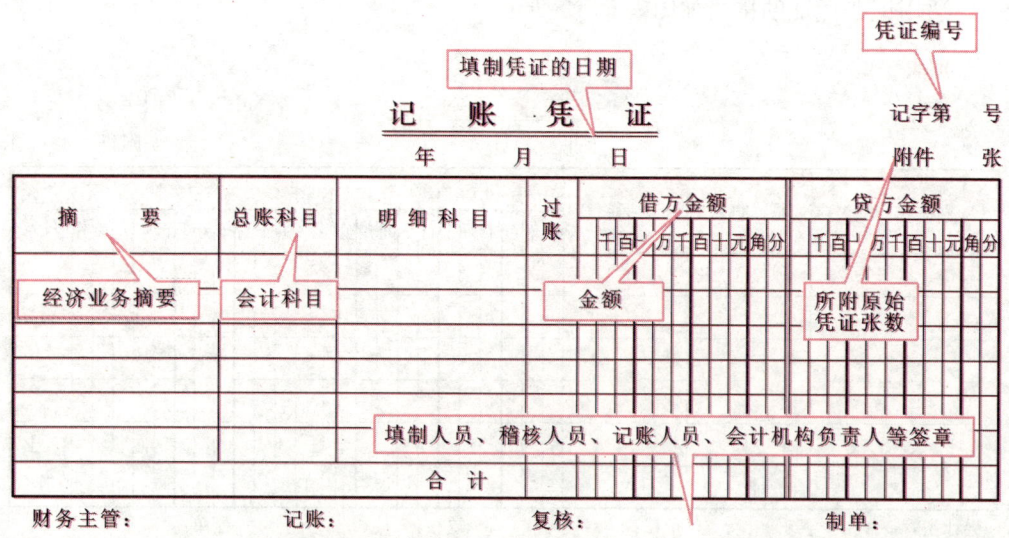

三、记账凭证的填制要求

记账凭证应根据审核无误的原始凭证或者汇总原始凭证填制。记账凭证填制正确与否,直接影响整个会计系统最终提供信息的质量。与原始凭证的填制要求一样,记账凭证也有记录真实、内容完整、手续齐全、填制及时等基本要求。

(一) 记账凭证填制的基本要求

(1) 记账凭证各项内容必须完整。凭证所要求填列的项目都必须逐项填列,不得遗漏或省略。年、月、日按照编制记账凭证的日期填写。

(2) 记账凭证的书写应当清楚、规范。记账凭证摘要必须简单明了,字迹要清晰,并且易于辨认。

(3) 必要的原始凭证附件。除结账和更正错账可以不附原始凭证外,其他记账凭证都必须附有原始凭证。

(4) 记账凭证可以根据每一张原始凭证填制,或根据若干张同类原始凭证汇总填制,也可以根据原始凭证汇总表填制;但不得将不同内容和类别的原始凭证汇总填制在一张记账凭证上。

(5) 记账凭证应连续编号。所有凭证均应由主管该项业务的会计人员,按照业务发生的顺序和记账凭证种类连续编号。比如,银收 1 号,银付 2 号,现收 2 号,现付 1 号,转 1 号等。如果一项经济业务需要填制 2 张以上(含 2 张)记账凭证的,可以采用"分数编号法"编号,如转 $4\frac{1}{3}$ 号;转 $4\frac{2}{3}$ 号;转 $4\frac{3}{3}$ 号。

(6) 记账凭证填制发生错误的,应当重新填制。如果记账凭证填制发生错误而尚未登记入账时,应当重新填制一张正确凭证进行更正;发现已经登记入账的记账凭证填写错误时,应该按照规定的错账更正方法进行更正(见第六章相关内容)。

(7) 记账凭证填制完成后,如有空行,应当自金额栏最后一笔金额数字下的空行处至合计数上的空行处划线注销。

(二) 收款凭证的填制要求

收款凭证左上角的"借方科目"按收款的性质填写"库存现金"或"银行存款";日期填写的是填制本凭证的日期;右上角填写填制收款凭证的顺序号;"摘要"填写对所记录的经济业务的简要说明;"贷方科目"填写与"库存现金"或"银行存款"相对应的会计科目;"过账"或"记账符号"等是指该凭证已登记账簿的标记,以防止经济业务重记或漏记;"金额"是指该项经济业务的发生额;"附件×张"是指本记账凭证所附原始凭证的张数;最下边分别由有关人员签章,以明确经济责任。

【例 5-1】 2018 年 8 月 8 日,东海公司收到前期 A 公司所欠的销售款 20 000 元存入中国银行,附原始凭证 1 张,是东海公司 8 月第 8 笔银行存款收款业务。

收款凭证的填制如图表 5-15 所示。

(三) 付款凭证的填制要求

付款凭证是根据审核无误的有关库存现金和银行存款的付款业务的原始凭证填制的。付款凭证的填制方法与收款凭证基本相同,不同的是在付款凭证的左上角应填列贷方科目,即"库存现金"或"银行存款"科目,"借方科目"栏应填写与"库存现金"或"银行存款"相对应的一级科目和明细科目。

图表 5-15

收款凭证

银收字第 8 号
附件　　张

借方科目：银行存款　　　　2018 年 8 月 8 日

对方单位	摘　要	贷方科目		金额									记账符号
		总账科目	明细科目	千	百	十	万	千	百	十	元	角	分	
A 公司	收到销货款	应收账款	A 公司				2	0	0	0	0	0	0	□
														□
														□
														□
		合　计		¥			2	0	0	0	0	0	0	□

会计主管：　　　　记账：　　　　稽核：　　　　出纳：　　　　制单：

> **温馨提醒**
>
> 对于涉及"库存现金"和"银行存款"之间的相互划转业务，如将库存现金存入银行或从银行提取库存现金这两种业务，为了避免重复记账，企业一般只填制付款凭证，不再填制收款凭证。

【例 5-2】 2018 年 8 月 15 日，东海公司行政部门购买办公用品支付现金 500 元，附原始凭证 3 张，是东海公司 8 月第 7 笔现金付款业务。

付款凭证的填制如图表 5-16 所示。

图表 5-16

付款凭证

现付字第 7 号
附件 3 张

贷方科目：库存现金　　　　2018 年 8 月 15 日

对方单位	摘要	借方科目		金额									记账符号
		总账科目	明细科目	千	百	十	万	千	百	十	元	角	分	
	购买办公用品	管理费用							5	0	0	0	0	□
														□
														□
														□
银行结算方式及票号：			合计					¥	5	0	0	0	0	□

会计主管：　　　　记账：　　　　稽核：　　　　出纳：　　　　制单：

(四) 转账凭证的填制要求

转账凭证通常是根据有关转账业务的原始凭证填制的。转账凭证中"总账科目"和"明细科目"栏应填写应借、应贷的总账科目和明细科目,借方科目应记金额应在同一行的"借方金额"栏填列,贷方科目应记金额应在同一行的"贷方金额"栏填列,"借方金额"栏合计数与"贷方金额"栏合计数应该相等。

【例5-3】 2018年8月31日,东海公司生产车间提取固定资产折旧10 000元,附原始凭证1张,是东海公司8月第7笔转账业务。

转账凭证的填制如图表5-17所示。

图表5-17

转 账 凭 证

2018年8月31日　　　　　　　　　　　　　　转字第 7 号　附件 1 张

摘要	总账科目	明细科目	借方金额 千百十万千百十元角分	记账符号	贷方金额 千百十万千百十元角分	记账符号
计提折旧费	制造费用	折旧费	1 0 0 0 0 0 0	□		□
计提折旧费		累计折旧		□	1 0 0 0 0 0 0	□
				□		□
				□		□
				□		□
合　　计			¥1 0 0 0 0 0 0		¥1 0 0 0 0 0 0	

会计主管:　　　　　记账:　　　　　复核:　　　　　制单:

四、记账凭证的审核

为了保证会计信息的质量,企业在登记入账之前应该由有关稽核人员对记账凭证进行严格的审核,记账凭证审核主要包括以下内容。

1. 内容是否真实

审核记账凭证是否以原始凭证为依据,所附原始凭证的内容与记账凭证的内容是否一致,记账凭证汇总表的内容与其所依据的记账凭证的内容是否一致等。

会计凭证的有效性

2. 项目是否齐全

审核记账凭证各项目的填写是否齐全,如日期、凭证编号、摘要、会计科目、金额、所附原始凭证张数及有关人员签章等。

3. 科目是否正确

审核记账凭证的应借、应贷科目是否正确,是否有明确的科目对应关系,所使用的会计科目是否符合《小企业会计准则》等规定。

4. 金额是否正确

审核记账凭证所记录的金额与原始凭证的有关金额是否一致,计算是否正确,记账凭证汇总表的金额与记账凭证的金额合计是否相符等。

5. 书写是否规范

审核记账凭证中的记录是否文字工整、数字清晰,是否按规定进行更正等。

6. 手续是否完备

审核出纳人员在办理收款或付款业务后,是否已在原始凭证上加盖"收讫"或"付讫"的戳记等。

第4节 会计凭证的传递与保管

一、会计凭证的传递

☞ 会计凭证的传递是指从会计凭证的取得或填制时起至归档保管过程中,在单位内部有关部门和人员之间的传送程序。会计凭证的传递,应当满足内部控制制度的要求,使传递程序合理有效,同时尽量节约传递时间,减少传递的工作量。各单位应根据具体情况确定每一种会计凭证的传递程序和方法。

会计凭证的传递具体包括传递程序和传递时间。各单位应根据经济业务特点、内部机构设置、人员分工和管理要求,具体规定各种凭证的传递程序;根据有关部门和经办人员办理业务的情况,确定会计凭证在各个部门之间的传递时间。

二、会计凭证的保管

会计凭证的装订方法

☞ 会计凭证的保管是指会计凭证记账后的整理、装订、归档和存查工作。会计凭证作为记账的依据,是重要的会计档案。本单位以及其他有关单位,可能因为各种需要查阅会计凭证,特别是发生贪污、盗窃、违法乱纪行为时,会计凭证还是依法处理的有效证据。因此,任何单位在完成经济业务手续和记账后,必须将会计凭证按规定的立卷归档制度形成会计档案资料,妥善保管,防止丢失,不得任意销毁,以便日后随时查阅。

会计凭证主要有以下保管要求:

(1) 会计凭证应定期装订成册,防止散失。会计部门在依据会计凭证记账以后,应定期(每天、每旬或每月)对各种会计凭证进行分类整理,将各种记账凭证按照编号顺序,连同所附的原始凭证一起加具封面和封底,装订成册,并在装订线上加贴封签,由装订人员在装订线封签处签名或盖章。

从外单位取得的原始凭证遗失时,应取得原签发单位盖有公章的证明,并注明原始凭证的号码、金额、内容等,由经办单位会计机构负责人(会计主管人员)和单位负责人批准后,才能代作原始凭证。若确实无法取得证明的,如车票丢失,则应由当事人写明详细情况,由经办单位会计机构负责人(会计主管人员)和单位负责人批准后,代作原始凭证。

(2) 会计凭证封面应注明单位名称、凭证种类、凭证张数、起止号数、年度、月份、会计主管人员和装订人员等有关事项,会计主管人员和保管人员应在封面上签章。会计凭证封面的一般格式如图表 5-18 所示。

图表 5-18

会计凭证封面

册数号	本月共 册
	本册第 册

自 年 月 日起至 月 日止

记账凭证种类	凭单起讫号数	附原始凭证张数
收款凭证	共 张自第 号至第 号	共 张
付款凭证	共 张自第 号至第 号	共 张
转账凭证	共 张自第 号至第 号	共 张
记账凭证	共 张自第 号至第 号	共 张
备 注		

20 年 月 日装订

会计主管人员： 复核： 装订员：

(3) 会计凭证应加贴封条,防止抽换凭证。原始凭证不得外借,其他单位如有特殊原因确实需要使用时,经本单位会计机构负责人(会计主管人员)批准,可以复制。向外单位提供的原始凭证复制件,应在专设的登记簿上登记,并由提供人员和收取人员共同签名、盖章。

(4) 原始凭证较多时,可单独装订,但应在凭证封面注明所属记账凭证的日期、编号和种类,同时在所属的记账凭证上应注明"附件另订"及原始凭证的名称和编号,以便查阅。对各种重要的原始凭证,如押金收据、提货单等,以及各种需要随时查阅和退回的单据,应另编目录,单独保管,并在有关的记账凭证和原始凭证上分别注明日期和编号。

(5) 每年装订成册的会计凭证,在年度终了时可暂由单位会计机构保管 1 年,期满后应当移交本单位档案机构统一保管;未设立档案机构的,应当在会计机构内部指定专人保管。出纳人员不得兼管会计档案。

(6) 严格遵守会计凭证的保管期限要求,期满前不得任意销毁。

1. 会计凭证是记录经济业务、明确经济责任、具有法律效力、作为记账依据的书面证明,也是登记账簿的依据。填制和审核会计凭证是会计核算工作的起点和基本环节,也是登记账簿的基本前提。
2. 会计凭证按其填制程序和用途的不同,可以分为原始凭证与记账凭证两类。原始凭证是在经济业务发生或完成时取得或填制的,作为记账原始依据的书面证明;记账凭证是会计人员根据审核无误的原始凭证填制的一种会计凭证,是会计主体作

为登记账簿的直接依据。
3. 原始凭证按照来源的不同,分为外来原始凭证和自制原始凭证;按照填制手续和方法的不同,分为一次凭证、累计凭证和汇总凭证;按照格式的不同,分为通用凭证和专用凭证。
4. 记账凭证按照用途的不同,分为专用记账凭证和通用记账凭证;按照填列方式的不同,分为单式记账凭证和复式记账凭证。
5. 会计凭证的传递是指从会计凭证的取得或填制时起至归档保管过程中,在单位内部有关部门和人员之间的传送程序;会计凭证的保管是指会计凭证记账后的整理、装订、归档和存查工作。

一、单项选择题

1. 下列各项中,不属于原始凭证的是（　　）。
   A. 发货票　　　　B. 经济合同　　　　C. 借款收据　　　　D. 运费结算凭证
2. 某企业销售商品一批,货款尚未收到,对此项经济业务,会计人员应编制（　　）。
   A. 收款凭证　　　B. 付款凭证　　　　C. 汇总凭证　　　　D. 转账凭证
3. 记账凭证与所附原始凭证的金额（　　）。
   A. 可能相等　　　　　　　　　　　　B. 可能不相等
   C. 有时相等有时不相等　　　　　　　D. 必须相等
4. 差旅费报销单属于（　　）。
   A. 记账凭证　　　　　　　　　　　　B. 自制原始凭证
   C. 外来原始凭证　　　　　　　　　　D. 累计凭证
5. 对于经济业务简单、收付款项业务不多的单位,可以采用（　　）来记录所有经济业务。
   A. 通用记账凭证　　　　　　　　　　B. 原始凭证
   C. 累计凭证　　　　　　　　　　　　D. 汇总凭证
6. 下列会计凭证中,属于原始凭证的是（　　）。
   A. 收款凭证　　　　　　　　　　　　B. 付款凭证
   C. 转账凭证　　　　　　　　　　　　D. 发料凭证汇总表
7. 经济业务发生或完成时取得或填制的凭证是（　　）。
   A. 原始凭证　　　　　　　　　　　　B. 记账凭证
   C. 收款凭证　　　　　　　　　　　　D. 付款凭证
8. 从银行提取现金,一般应填制的记账凭证是（　　）。
   A. 现金收款凭证　　　　　　　　　　B. 银行存款付款凭证
   C. 转账凭证　　　　　　　　　　　　D. 银行存款付款凭证和现金收款凭证
9. 下列凭证中,不能作为记账依据的原始凭证是（　　）。
   A. 领料单　　　　　　　　　　　　　B. 工资结算单

C. 出差车票　　　　　　　　　　D. 资金预算表

10. 原始凭证不得涂改、刮擦、挖补。对于金额有错误的原始凭证,正确的处理方法是( )。
    A. 由出具单位重开
    B. 由出具单位在凭证上更正并由经办人员签名
    C. 出具单位在凭证上更正并加盖单位印章
    D. 由出具单位更正凭证并由单位负责人签名

11. 会计凭证的传递,起止点为( )。
    A. 会计凭证填制后到登记账簿止　　B. 会计凭证填制或取得到归档止
    C. 会计凭证审核后到归档止　　　　D. 会计凭证审核后到登记账簿止

12. 会计凭证装订成册后,应集中管理,并由( )保管。
    A. 出纳人员　　B. 经办人员　　C. 专门人员　　D. 会计人员

13. 企业的外来原始凭证都是( )。
    A. 一次凭证　　B. 转账凭证　　C. 累计凭证　　D. 付款凭证

14. 不分收款、付款、转账业务,全部采用一种格式记录全部经济业务的记账凭证,称为( )记账凭证。
    A. 专用　　　　B. 复式　　　　C. 通用　　　　D. 单式

15. 将一定时间内若干记录同类经济业务的原始凭证汇总而编制的、用于集中反映某类经济业务总括情况的会计凭证是( )。
    A. 汇总原始凭证　B. 汇总记账凭证　C. 累计凭证　　D. 科目汇总表

二、多项选择题

1. 原始凭证按照填制手续和方法不同,可分为( )。
   A. 一次凭证　　　　　　　　　　B. 累计凭证
   C. 外来原始凭证　　　　　　　　D. 汇总凭证

2. 记账凭证按照用途的不同,可以分为( )。
   A. 一次凭证　　　　　　　　　　B. 累计凭证
   C. 专用记账凭证　　　　　　　　D. 通用记账凭证

3. 下列各项中,属于自制原始凭证的有( )。
   A. 收料单　　B. 领料单　　C. 工资结算单　　D. 付款凭证

4. 下列各项中,属于汇总原始凭证的有( )。
   A. 限额领料单　B. 收料汇总表　C. 工资结算表　　D. 付款凭证

5. 下列各项中,属于复式记账凭证的有( )。
   A. 发料凭证　　B. 收款凭证　　C. 付款凭证　　D. 转账凭证

6. 记账凭证的编制依据有( )。
   A. 原始凭证　　　　　　　　　　B. 收款凭证
   C. 有关账簿　　　　　　　　　　D. 原始凭证汇总表

7. 原始凭证的内容包括( )。
   A. 凭证的日期与编号　　　　　　B. 接收凭证单位的名称

C. 经济业务的数量、单价和金额　　　D. 经办人员签名或者盖章
8. 记账凭证应具备的基本内容包括(　　)。
　　A. 填制记账凭证的日期
　　B. 记账凭证的编号
　　C. 经济业务内容摘要和所附原始凭证张数
　　D. 有关人员的签名或盖章
9. 付款凭证左上角可填制的会计科目有(　　)。
　　A. "库存现金"　　　　　　　　　B. "应收账款"
　　C. "银行存款"　　　　　　　　　D. "实收资本"
10. 下列会计凭证中,属于一次性原始凭证的有(　　)。
　　A. 收料单　　　　　　　　　　　B. 工资结算单
　　C. 销售发票　　　　　　　　　　D. 限额领料单
11. 应按规定暂缓办理会计手续的原始凭证包括(　　)的原始凭证。
　　A. 数字不正确　B. 手续不完备　C. 伪造　　　　D. 内容不齐全
12. 除记(　　)业务的记账凭证可以不附原始凭证外,其他记账凭证必须附有原始凭证。
　　A. 收款　　　　B. 更正错账　　C. 结账　　　　D. 账项调整
13. 专用记账凭证按其所记录的经济业务是否与货币资金收付相关可分为(　　)。
　　A. 通用记账凭证　　　　　　　　B. 收款凭证
　　C. 付款凭证　　　　　　　　　　D. 转账凭证
14. 下列各项中,属于记账凭证审核内容的有(　　)。
　　A. 金额是否正确　　　　　　　　B. 项目是否齐全
　　C. 科目是否正确　　　　　　　　D. 书写是否规范
15. 下列会计科目中,不可能成为付款凭证贷方的是(　　)。
　　A. 银行存款　　B. 库存现金　　C. 原材料　　　D. 本年利润

三、判断题

1. 企业财务部门取得原始凭证后就可据以编制记账凭证。(　　)
2. 每项交易或事项发生后,企业都必须从外部取得原始凭证。(　　)
3. 采用累计原始凭证可以减少凭证的数量和记账的工作量。(　　)
4. 自制原始凭证是指由企业财务部门自行填制的原始凭证。(　　)
5. 一次凭证只能反映一项经济业务,累计凭证可以反映若干项经济业务。(　　)
6. 会计凭证保管期满,按照规定程序报经批准后,可以销毁。(　　)
7. 对于涉及现金和银行存款之间的收付款业务,一般编制转账凭证。(　　)
8. 记账凭证是根据审核后的原始凭证或原始凭证汇总表编制的,用来证明经济业务已经发生或完成情况的会计凭证。(　　)
9. 当原始凭证较多时,可以将其定期汇总为科目汇总表,并据以登记入账。(　　)
10. 各种会计凭证不得随意涂改、刮擦、挖补,如果发生填写错误,应采取划线更正法予以更正。(　　)

业务题一

一、目的

练习收付款凭证的编制。

二、资料

思进公司2017年11月份发生部分收付款业务如下：

(1) 11月1日，接银行收款通知，收到宏达公司上月所欠货款35 000元。

(2) 11月5日，从银行提取现金5 000元备用。

(3) 11月6日，向红星公司销售甲产品90件，不含税单价为每件1 000元，增值税税率为16%，款项已收到并存入银行。

(4) 11月8日，采购员张云路预借差旅费3 000元，以现金付讫。

(5) 11月12日，向光明公司购入A材料200千克，单价为每千克50元，B材料250千克，每千克20元，货款15 000元和增值税额2 400元尚未支付。

(6) 11月17日，通过银行支付所欠光明公司材料款17 400元。

(7) 11月18日，从银行提取现金50 000元，准备发放工资。

(8) 11月20日，以现金50 000元发放职工工资。

(9) 11月25日，采购员张云路出差归来，报销差旅费2 800元，并交回多余现金200元。

三、要求

1. 根据以上业务，编制收款、付款凭证。
2. 开设并登记现金和银行存款"T"字形账户。

业务题二

一、目的

练习转账凭证的编制。

二、资料

华鑫公司2017年11月份发生部分转账业务如下：

(1) 11月1日，从光明公司购入A材料2 000千克，单价为每千克50元，货款为100 000元，增值税额为16 000元，材料已入库，货税款尚未支付。

(2) 11月2日，仓库发出A材料1 000千克，单价为每千克50元，发出B材料200千克，单价为每千克20元，用于甲产品生产。

(3) 11月6日，向红星公司销售甲产品10件，每件1 000元，货款为10 000元，增值税额为1 600元，甲产品已发出，货税款尚未收到。

(4) 11月6日，结转本月已销售产品的生产成本，本月销售甲产品100件，每件生产成本为800元。

(5) 11月15日，按规定提取固定资产折旧8 000元，其中，生产车间固定资产折旧

3 200元,管理部门固定资产折旧4 800元。

(6) 11月30日,摊销本月应负担的保险费2 500元(原记在"预付账款"账户)。

(7) 11月30日,结转本月职工工资50 000元。其中,甲产品生产工人工资20 000元,乙产品生产工人工资12 000元,车间管理人员工资10 000元,厂部管理人员工资8 000元。

(8) 11月30日,计提本月银行借款利息3 500元(银行借款利息未支出前记入"应付利息"账户)。

三、要求

1. 根据以上业务,编制转账凭证。
2. 根据业务题一、业务题二所填制的记账凭证,编制本期发生额试算平衡表。

课后习题答案

第6章 会计账簿

通过本章你可以学到：

- 会计账簿的概念和种类
- 各种账簿的格式、启用和登记要求
- 日记账、总账和明细账的登记方法
- 会计账簿更换和保管的规定
- 对账与结账的方法
- 错账查找与更正的方法

会计账簿的历史演变

> **案例导入**
>
> 在日常文稿中，很多人对"账簿"与"帐簿"容易混淆，将"账册""账户"等关于货币、货物出入事项记载的"账"写成"帐册""帐户"。那么，"账"与"帐"究竟该怎样区分呢？
>
> 据史料考察，"帐"代替"账"起源于南北朝。当时，皇帝和高官显贵流行在帏帐中配备价值昂贵的物品作为出游时享用之物，并指派专门官员核算管理这些物品。因此，人们逐渐把登记这部分物品的簿书称为"簿帐"或"帐"，把登记"簿帐"的行为称为"记帐"。之后，"帐"的用法被扩展到整个会计核算领域。
>
> 改革开放以后，随着经济的日益发展，资金流动越来越活跃，记录资金流动的要求越来越严格，"帐"与"账"的含义也逐渐清晰。商务印书馆2000年版《古今汉语词典》明确指出："帐"在古代曾经代替过"账"，但当代仅指"帐幕""床帐"，涉及货币财物及债务等方面则用"账"。这就从汉字的构形上还原了"帐"和"账"的本来面目。
>
> 本章将系统地介绍会计账簿及其与登记账簿相关的全部知识。

第1节 会计账簿概述

一、会计账簿的概念与作用

☞ 会计账簿简称账簿，是指由一定格式并相互联系的账页组成的，以经过审核的会计凭证为依据，全面、系统、连续地记录各项经济业务的簿籍。对于账簿的概念，可以从两方面来理解：一是从外表形式看，账簿是由具有一定格式的账页联结而成的簿籍；二是从记录的内容看，账簿是对各项经济业务进行分类和序时记录的簿籍。

会计账簿和会计凭证都是记录经济业务的会计资料，但两者记录的方式不同。会计凭证对经济业务的记录是零散的，不能全面、连续、系统地反映和监督经济业务内容；而会计账簿对经济业务的记录是分类、序时、全面、连续的，能够将分散在会计凭证中的大量核算资料加以系统化，为经营管理提供系统、完整的核算资料。《小企业会计准则》规定，各单位应当按照国家统一的会计制度和会计业务的需要设置会计账簿。

设置和登记账簿是编制财务报表的基础，是连接会计凭证和财务报表的中间环节。账簿的设置和登记在会计核算中具有重要作用。

1. 记载和储存会计信息

将会计凭证所记录的经济业务记入有关账簿,可以全面反映会计主体在一定时期内所发生的各项资金运动情况,储存所需要的各项会计信息。

2. 分类和汇总会计信息

账簿由不同的相互关联的账户所构成,通过账簿记录,一方面可以分门别类地反映各项会计信息,提供一定时期内经济活动的详细情况;另一方面可以通过发生额和余额的计算,提供各方所需要的总括会计信息,综合反映企业财务状况、经营成果和现金流量。

3. 检查和校正会计信息

账簿记录是会计凭证信息的进一步整理,也是会计分析、会计检查的重要依据。比如,在永续盘存制下,通过有关盘存账户余额与实际盘点或核查结果的核对,可以确认财产的盘盈或盘亏,并根据实际结存数额调整账簿记录,做到账实相符,提供如实、可靠的会计信息。

4. 编报和输出会计信息

为了及时反映企业的财务状况、经营成果和现金流量,企业应定期进行结账工作,进行有关账簿之间的核对,计算出本期发生额和余额,据以编制财务报表,并向有关各方提供所需要的会计信息。

二、会计账簿的基本内容

在实际工作中,由于各种会计账簿所记录的经济业务不同,账簿的格式也多种多样,但各种账簿都应具备以下基本内容:

(1)封面。封面主要用来标明单位名称和账簿的名称,如总分类账、各种明细分类账、现金日记账、银行存款日记账等。

(2)扉页。扉页主要用来列明会计账簿的使用信息,如账簿启用与经管人员一览表、科目索引等。账簿启用表格式如图表6-1所示。

(3)账页。账页是账簿用来记录经济业务的主要载体,包括账户的名称、日期栏、凭证种类和编号栏、摘要栏、金额栏以及总页次和分户页次等基本内容。

> **知识拓展**
>
> 账簿与账户是两个不同的概念,它们是形式和内容的关系。账簿是由若干账页组成的一个整体,账户是账簿的具体内容。账簿中的每一账页就是账户的具体存在形式和载体,没有账簿,账户就无法存在。账簿序时、分类地记录经济业务,是在各个具体的账户中完成的。因此,账簿只是一个外在形式,账户才是它的实质内容。

图表 6-1

账簿启用表

机构名称						印　鉴	
账簿名称				（第　册）			
账簿编号							
账簿页数	本账簿共计　　　页（本账簿页数 检点人签章　　　）						
启用日期	公元　　年　　月　　日						
经管人员	负责人		主办会计		复核		记账
	姓名	盖章	姓名	盖章	姓名　　盖章		姓名　　盖章
接收记录	经管人员		接管			交出	
	职务	姓名	年	月	日　盖章	年　月　日	盖章
备注							

三、会计账簿的种类

会计账簿的种类很多,不同类别的会计账簿可以提供不同的信息,满足不同的需要。在实际工作中,通常使用以下方法进行分类。

（一）账簿按用途分类

1. 序时账簿

序时账簿又称日记账,是按照经济业务发生时间的先后顺序逐日、逐笔登记的账簿。序时账簿按其记录内容的不同,可分为普通日记账和特种日记账。

普通日记账是对全部经济业务按其发生时间的先后顺序逐日、逐笔登记的账簿。登记普通日记账只能由一个人负责,并且每笔会计记录都需要逐笔分别转记到分类账中,工作量很大。特别是随着企业规模的扩大、经济业务的增多及记账凭证的出现,普通日记账不便于登记分类账和登账工作量较大的缺陷逐渐显露。而且由于普通日记账不是分类记录经济业务,不便于日后的查阅,不利于对重要经济业务的严格管理。因此,目前已较少使用普通日记账。

特种日记账是对某一特定种类的经济业务按其发生时间的先后顺序逐日、逐笔登记的账簿。我国的会计制度规定,那些发生频繁,要求严格管理和控制的业务,应设置特种日记账。企业一般都必须设置现金和银行存款日记账,对库存现金和银行存款的收付及结存情况进行序时登记,其格式如图表 6-2 和图表 6-3 所示。当然,各单位还可根据自身的业务特点和管理需要来确定是否需要设置其他特种日记账,如为登记采购业务而设置的采购日记账,为登记产品销售业务而设置的销售日记账等。

图表 6-2

<u>现金日记账</u>

年		凭证号数	摘要	对方科目	借方金额								贷方金额								余额								✓
月	日				百	十	万	千	百	十	元	角	分	百	十	万	千	百	十	元	角	分	百	十	万	千	百	十	元	角	分	

图表 6-3

<u>银行存款日记账</u>

年		凭证号数	结算方式		摘要	借方金额								贷方金额								余额								✓
月	日		字	号		百	十	万	千	百	十	元	角	分	百	十	万	千	百	十	元	角	分	百	十	万	千	百	十	元	角	分	

2. 分类账簿

👉 分类账簿是按照会计要素的具体类别而设置并对全部经济业务进行分类登记的账簿。账簿按其反映经济业务的详略程度，可分为总分类账簿和明细分类账簿。

👉 总分类账簿简称总账，是根据总分类账户开设的，用来分类记录全部经济业务，提供总括核算资料的分类账簿。总分类账簿主要为编制财务报表提供直接数据资料，主要采用三栏式，其格式如图表6-4所示。

图表6-4

总　　账

会计科目编号：
会计科目名称：

年		汇总凭汇			摘要	借方		贷方		借或贷	余额	
月	日	种类	号数			亿千百十万千百十元角分		亿千百十万千百十元角分			亿千百十万千百十元角分	√

👉 明细分类账簿简称明细账，是根据明细分类账户开设的，用来详细记录某一类经济业务，提供明细核算资料的分类账簿。明细分类账簿可采用的格式主要有三栏式明细账（格式与三栏式总账相同，如图表6-4所示）、数量金额式明细账（如图表6-5所示）和多栏式明细账（如图表6-6所示）等。分类账簿是会计账簿的主体，也是编制会计报表的主要依据。

图表6-5

最高存量_____　　　　　明　细　账　　　　　本账页数_____
最底存量_____　　　　　　　　　　　　　　　　本户页数_____
编号_____　规格_____　　　　　　　　单位_____　名称_____

年		凭证号数	摘要	账页	借方			贷方			结存			√
月	日				数量	单价	金额 百十万千百十元角分	数量	单价	金额 百十万千百十元角分	数量	单价	金额 百十万千百十元角分	

图表 6-6

明 细 账

科目名称：　　　首次　　　总页
生产批号：　　　　　　　　投产日期：　　　　　计划工时：
生产车间：　　　　　　　　完工日期：　　　　　完成工时：
产品名称：　　　　　　　　产品规格：　　　　　完成产量：

年		凭证号数	摘要	数量名称	借方发生额											成本项目																						
																直接材料									直接工费									制造费用					
月	日				亿	千	百	十	万	千	百	十	元	角	分	千	百	十	万	千	百	十	元	角	分	千	百	十	万	千	百	十	元	角	分	千	百	十	万	千	百	十	元	角	分

3. 备查账簿

备查账簿又称辅助登记簿或补充登记簿，是指对某些在序时账簿和分类账簿中未能记载或记载不齐全的经济业务进行补充登记的账簿。例如，反映企业租入固定资产的租入固定资产登记簿、反映为其他企业代管商品的代管商品物资登记簿等。

备查账簿只是对其他账簿记录的一种补充，与其他账簿之间不存在严密的依存和勾稽关系。备查账簿根据企业的实际需要设置，没有固定的格式要求。

盘点常见的备查账簿

（二）账簿按账页格式分类

会计账簿按账页格式的不同，可以分为两栏式账簿、三栏式账簿、多栏式账簿、数量金额式账簿和横线登记式账簿。

1. 两栏式账簿

两栏式账簿是指只有借方和贷方两个金额栏目的账簿。普通日记账和转账日记账一般采用两栏式账簿。

2. 三栏式账簿

三栏式账簿是指设有借方、贷方和余额三个金额栏目的账簿。各种日记账、总账以及资本、债权、债务明细账都可采用三栏式账簿。

其格式与总账的格式基本相同（如图表6-4所示）。

3. 多栏式账簿

多栏式账簿是指在账簿的两个金额栏目（借方和贷方）按需要分设若干专栏的账簿。这种账簿可以按"借方"和"贷方"分别设专栏，也可以只设"借方"或"贷方"专栏，设多少栏则根据需要确定。收入、成本、费用明细账一般均采用这种格式的账簿（如图表6-5所示）。

4. 数量金额式账簿

数量金额式账簿是指在账簿的借方、贷方和余额三个栏目内，每个栏目再分设数量、单价和金额三小栏，借以反映财产物资的实物数量和价值量的账簿。原材料、库存商品等明细账一般都采用数量金额式账簿（如图表6-6所示）。

5. 横线登记式账簿

横线登记式账簿又称平行式账簿，是指将前后密切相关的经济业务登记在同一行上，以便检查每笔业务的发生和完成情况的账簿，比如材料采购、在途物资、应收票据和一次性备用金等明细账一般采用横线登记式账簿。

（三）账簿按外表形式分类

会计账簿按照外表形式可分为订本式账簿、活页式账簿和卡片式账簿。

1. 订本式账簿

订本式账簿简称订本账，是在账簿启用前将编有顺序页码的一定数量的账页装订成册的账簿。订本账的优点是能避免账页散失和防止抽换账页；其缺点是不能准确为各账户预留账页。这种账簿一般适用于重要的和具有统驭性的总分类账、现金日记账和银行存款日记账。

2. 活页式账簿

👉 活页式账簿简称活页账,是将一定数量的账页置于活页夹内,可根据记账内容的变化而随时增加或减少部分账页的账簿。

这类账簿的优点是记账时可以根据实际需要,随时将空白账页装入账簿,或抽去不需要的账页,便于分工记账;其缺点是如果管理不善,可能会造成账页散失或故意抽换账页。活页账一般适用于明细分类账。

3. 卡片式账簿

👉 卡片式账簿简称卡片账,是将一定数量的卡片式账页存放于专设的卡片箱中,可以根据需要随时增添账页的账簿。在我国,企业一般只对固定资产的核算采用卡片账形式,也有少数企业在材料核算中使用材料卡片。

第 2 节 账簿的启用与登记要求

一、会计账簿的启用

账簿是储存会计信息的载体,是重要的会计档案。为了保证账簿记录的合法性,明确记账人员的责任,保证账簿资料完整无缺,防止任何舞弊行为,在账簿启用时,应在账簿封面上写明单位名称和账簿名称。在账簿扉页上填写账簿使用登记表或账簿启用表,其内容包括启用日期、账簿页数、记账人员和会计主管人员姓名及盖章、单位公章等。

启用订本式账簿,应从第一页到最后一页顺序编号,不得跳页、缺号。启用活页式账簿,应按照账页顺序编号,并须定期装订成册。装订后按实际使用的账页顺序编订页数,标明目录、账户名称和页次。

记账人员或会计人员调动工作时,应办理账簿交接手续,在交接记录栏内填写交接日期、交接人员和监交人员的姓名,并由交接双方人员签名或盖章。

案例:贾会计的烦恼

二、会计账簿的登记要求

为了保证账簿记录的正确性,必须根据审核无误的会计凭证登记会计账簿,并符合有关法律、行政法规和国家颁布的会计准则的规定,登记账簿的基本要求如下。

1. 准确完整

登记会计账簿时,应当将会计凭证日期、编号、业务内容摘要、金额和其他有关资料逐项完整地记入账内,做到数字准确、摘要清楚、登记及时、字迹工整。账簿记录中的日期,应该填写记账凭证上的日期;以自制原始凭证作为记账依据的,账簿记录中的日期应按有关自制凭证上的日期填列。

2. 注明记账符号

账簿登记完毕后,应在记账凭证上签名或盖章,并在记账凭证的过账等栏内注明账簿页数或画对钩,表示记账完毕,避免重记、漏记。

3. 书写留空

账簿中书写的文字和数字上面要留有适当的空格,不要写满格,一般应占格距的 1/2。这样,一旦发生登记错误,能比较容易地进行更正,同时也方便查账工作。

4. 正常记账使用蓝黑墨水

为了保持账簿记录的持久性,防止涂改,登记账簿必须使用蓝黑墨水或碳素墨水书写,不得使用圆珠笔(银行的复写账簿除外)或者铅笔书写。

5. 特殊记账使用红墨水

微课:登记账簿一点通

可以使用红色墨水记账的情况包括:按照红字冲账的记账凭证,冲销错误记录;在不设借贷等栏的多栏式账页中,登记减少数;在三栏式账户的余额栏前,如未印明余额方向的,在余额栏内登记负数余额;根据国家统一的规定可以用红字登记的其他会计记录。会计中的红字一般表示负数,因此,除上述情况外,不得使用红色墨水登记账簿。

6. 顺序连续登记

会计账簿应当按照连续编号的页码顺序登记。记账时发生错误或者隔页、缺号、跳行的,应在空页、空行处用红色墨水划对角线注销,或者注明"此页空白"或"此行空白"字样,并由记账人员和会计机构负责人(会计主管人员)在更正处签章。

7. 结出余额

凡需要结出余额的账户,结出余额后,应当在"借或贷"栏目内注明"借"或"贷"字样,以示余额的方向;对于没有余额的账户,应在"借或贷"栏内写"平"字,并在"余额"栏"元"位处用"-0-"表示。现金日记账和银行存款日记账必须逐日结出余额。

8. 过次承前

每一账页登记完毕时,应当结出本页发生额合计及余额,在该账页最末一行"摘要"栏注明"转次页"或"过次页",并将这一金额记入下一页第一行有关金额栏内,在该行"摘要"栏注明"承前页",以保持账簿记录的连续性,便于对账和结账。

9. 不得涂改、刮擦、挖补

如发生账簿记录错误,不得刮擦、挖补或用褪色药水更改字迹,而应采用规定的方法进行更正。

第 3 节　账簿格式与登记方法

一、日记账的格式与登记方法

日记账是按照经济业务发生或完成的时间先后顺序逐日逐笔进行登记的

账簿。设置日记账的目的是能够使经济业务的时间顺序清晰地反映在账簿记录中。日记账按其所核算和监督经济业务的范围,可分为特种日记账和普通日记账。在我国,大多数企业一般只设置现金日记账和银行存款日记账。

(一) 现金日记账的格式与登记方法

现金日记账是用来核算和监督库存现金日常收入、支出和结存情况的序时账簿。现金日记账的格式主要有三栏式和多栏式两种,现金日记账必须使用订本式账簿。

1. 三栏式现金日记账

三栏式现金日记账是用来登记库存现金的增减变动及其结果的日记账,设有借方、贷方和余额三栏,一般将其分别称为收入、支出和结余三个基本栏目。该日记账格式见图表6-2所示,小企业一般采用三栏式现金日记账。

三栏式现金日记账是由出纳人员根据现金收款凭证、现金付款凭证以及银行存款付款凭证,按照库存现金收付款业务和银行存款付款业务发生时间的先后顺序逐日逐笔进行登记。

三栏式现金日记账的登记方法如下:

(1) 日期栏:是指记账凭证的日期,应与库存现金实际收付日期一致。

(2) 凭证栏:是指登记入账的收款、付款凭证的种类和编号。比如,"现金收(付)款凭证",简写为"现收(付)";"银行存款收(付)款凭证",简写为"银收(付)"。凭证栏还应登记凭证的编号数,以便于查账和核对。

(3) 摘要栏:摘要说明登记入账的经济业务的内容。文字应简练,但要能说明问题。

(4) 对方科目栏:是指库存现金收入的来源科目或支出的用途科目。如银行提取现金,其来源科目(即对方科目)为"银行存款"。其作用在于了解经济业务的来龙去脉。

(5) 收入、支出栏(或借方、贷方是指库存现金实际收付的金额)。每日终了,应分别计算库存现金收入和支出的合计数,结出余额,同时将余额与出纳员的库存现金核对,即通常说的"日清"。如账款不符应查明原因,并记录备案。月终同样要计算库存现金收入、支出和结存的合计数,通常称为"月结"。

2. 多栏式现金日记账

多栏式现金日记账是在三栏式现金日记账基础上发展起来的。这种日记账的借方(收入)和贷方(支出)金额栏都按对方科目设专栏,也就是按收入的来源和支出的用途设专栏。这种格式在月末结账时,可以结出各收入来源专栏和支出用途专栏的合计数,便于对现金收支的合理性、合法性进行审核分析,便于检查财务收支计划的执行情况,其全月发生额还可以作为登记总账的依据。

(二) 银行存款日记账的格式与登记方法

银行存款日记账是用来核算和监督银行存款每日的收入、支出和结余情况的账簿。银行存款日记账应按企业在银行开立的账户和币种分别设置,每个银行账户设置一本日记账。

货币资金的序时控制

知识拓展

实际工作中,如果要设多栏式现金日记账,一般常把现金收入业务和支出业务分设"现金收入日记账"和"现金支出日记账"两本账。其中,现金收入日记账按对应的贷方科目设置专栏,另设"支出合计"栏和"结余"栏;现金支出日记账则只按支出的对方科目设专栏,不设"收入合计"栏和"结余"栏。每日终了,根据现金支出日记账结出的支出合计数,一笔转入现金收入日记账的"支出合计"一栏中,并结出当日余额填入"结余"栏,然后与库存现金实有数核对。

银行存款日记账的格式与现金日记账相同,可以采用三栏式,如图表6-3所示,也可以采用多栏式。多栏式日记账可以将收入和支出的核算在一本账上进行,也可以分设"银行存款收入日记账"和"银行存款支出日记账"两本账。其格式和登记方法与"现金日记账"和"现金支出日记账"基本相同。

银行存款日记账由出纳人员根据与银行存款收付业务有关的记账凭证,按时间先后顺序逐日逐笔进行登记。根据银行存款收款凭证和有关的现金付款凭证(如现金存入银行的业务)登记银行存款收入栏,根据银行存款付款凭证登记其支出栏,每日结出存款余额。其具体登记方法如下:

(1)日期栏:是指记账凭证的日期。

(2)凭证栏:是指登记入账的收款、付款凭证的种类和编号(与现金日记账的登记方法一致)。

(3)对方科目:是指银行存款收入的来源科目或支出的用途科目。如开出支票一张支付购料款,其支出的用途科目(即对方科目)为"材料采购"科目,其作用在于了解经济业务的来龙去脉。

(4)摘要栏:摘要说明登记入账的经济业务的内容。文字应简练,但能概括说明问题。

(5)收入、支出栏:是指银行存款实际收付的金额。每日终了,应分别计算银行存款收入和支出的合计数,结算出余额,做到日清;月终应计算出银行存款全月收入、支出的合计数,做到月结。

在实际工作中,小企业一般采用三栏式银行存款日记账。无论是设置三栏式还是多栏式,一般还应在银行存款日记账的适当位置增加一栏"结算凭证",以便记账时标明每笔业务的结算凭证及编号,便于与银行核对账目。

二、总分类账的格式与登记方法

(一)总分类账的格式

总分类账是指按照总分类账户进行分类登记,以提供总括会计信息的账簿。总分类账最常用的格式为三栏式,通常设有借方、贷方和余额三栏。其格式如图表 6-4 所示。

(二)总分类账的登记方法

总分类账的登记方法因登记的依据不同而有所不同。经济业务少的小型单位的总分类账可以根据记账凭证逐笔登记；经济业务多的大中型单位的总分类账可以根据记账凭证汇总表（又称科目汇总表）或汇总记账凭证等定期登记。

三、明细分类账的格式与登记方法

明细分类账是根据有关明细分类账户设置并登记的账簿。它能提供交易或事项比较详细、具体的核算资料，以弥补总分类账所提供核算资料的不足。因此，各企业单位在设置总分类账的同时，还应设置必要的明细分类账。明细分类账一般采用活页式账簿、卡片式账簿。明细分类账一般根据记账凭证和相应的原始凭证来登记。

根据各种明细分类账所记录经济业务的特点，明细分类账的格式和登记方法如下。

(一)三栏式明细分类账

三栏式明细分类账是设有借方、贷方和余额三个栏目，用来分类核算各项经济业务，提供详细核算资料的账簿，其格式与三栏式总账格式相同。其格式与图表 6-4 总分类账的格式相同，分别根据记账凭证及其所附原始凭证进行登记。

(二)多栏式明细分类账

多栏式明细分类账将属于同一个总账科目的各个明细科目合并在一张账页上进行登记，即在这种格式账页的借方或贷方金额栏内按照明细项目设若干专栏。这种格式适用于收入、成本、费用类科目的明细核算，其格式如图表 6-5 所示。

在实际工作中，为减少栏次，成本、费用类科目的明细账也可以只按借方发生额设专栏，贷方发生额由于每月发生的笔数很少，可以在借方直接用红字冲记。其格式如图表 6-7 所示。

图表 6-7

总第　　页　分　　页　　　　　　　　**明　细　账**

一级科目
二级科目或明细科目

年		凭证号数	摘要	合计																																		
月	日			亿	千	百	十	万	千	百	十	元	角	分	千	百	十	万	千	百	十	元	角	分	千	百	十	万	千	百	十	元	角	分	千	百	十	万	千	百	十	元	角	分

多栏式明细分类账根据记账凭证及其所附原始凭证,分别不同专栏进行登记。

(三) 数量金额式明细分类账

数量金额式明细分类账适用于既要进行金额核算,又要进行数量核算的账户,如原材料、库存商品等存货明细账,其借方(收入)、贷方(发出)和余额(结存)都分别设有数量、单价和金额三个专栏。其格式如图表 6-5 所示。

该明细账按照记账凭证及其所附原始凭证进行登记,但其主要登记依据是原始凭证,即各种原始发票。

数量金额式明细分类账提供了企业有关财产物资数量和金额收、发、存的详细资料,从而能加强财产物资的实物管理和使用监督,保证这些财产物资的安全完整。

(四) 横线登记式明细分类账

横线登记式账页是采用横线登记,即将每一相关的业务登记在一行,从而可依据每一行各个栏目的登记是否齐全来判断该项业务的进展情况。这种格式适用于登记材料采购、在途物资、应收票据和一次性备用金业务。在途物资明细账一般采用这种格式的账簿。

明细分类账根据记账凭证及其所附原始凭证进行登记。

必须与记入其所属的一个或几个明细分类账户的金额合计数相等。

第4节 对账与结账

一、对账

(一) 对账的概念

案例:对账的意义

对账就是核对账目,它是为了保证账簿记录的真实性、完整性和准确性,在记账以后结账之前,定期或不定期地对有关数据进行检查、核对,以便为编制会计报表提供真实、可靠数据资料的一项重要会计工作。

在实际会计工作中,由于会计人员业务水平、工作态度等主观原因,或者财产物资自身特性等客观原因,有时难免会发生各种差错和账实不符的现象。因此,必须定期或不定期地进行账簿之间的核对工作。

对账工作一般在月末进行,即在记账之后结账之前进行。

(二) 对账的内容

对账一般可以分为账证核对、账账核对和账实核对。

1. 账证核对

账簿是根据经过审核之后的会计凭证登记的,但实际工作中仍有可能发生账证不符的情况,记账后,应将账簿记录与会计凭证核对,核对账簿记录与原始凭证以及记账凭证的时间、凭证字号、内容、金额等是否一致,记账方向是否相符,做到账证相符。

会计期末,如果发现账账不符,也可以再将账簿记录与有关会计凭证进行核对,以保证账证相符。

2. 账账核对

各个会计账簿是一个有机的整体,既有分工,又有衔接,目的就是为了全面、系统、综合地反映企事业单位的经济活动与财务收支情况。各种账簿之间的这种衔接依存关系就是账簿的勾稽关系。利用这种关系,可以通过账簿的相互核对发现记账工作是否有误。一旦发现错误,就应立即更正。账账核对的内容主要包括:

(1) 总分类账户之间的核对。按照"资产＝负债＋所有者权益"这一会计等式和"有借必有贷,借贷必相等"的记账规律,总分类账簿各账户的期初余额、本期发生额和期末余额之间存在对应的平衡关系,各账户的期末借方余额合计和贷方余额合计也存在平衡关系。通过这种等式和平衡关系,可以检查总账记录是否正确、完整。这项核对工作通常采用编制总分类账户本期发生额和余额对照表(简称试算平衡表)来完成。

(2) 总分类账户与所属明细分类账户之间的核对。总分类账各账户的期末余额应与其所属的各明细分类账户的期末余额之和核对相符,一般通过编制总分类账户与明细分类账户对照表进行。

(3) 总分类账户与日记账之间的核对。我国企事业单位必须设置现金日记账和银行存款日记账。现金日记账必须每天与库存现金核对相符,银行存款日记账也必须定期与银行对账单核对相符。在此基础上,还应检查现金总账和银行存款总账的期末余额,与现金日记账和银行存款日记账的期末余额是否相符。

(4) 明细分类账户之间的核对。会计部门有关实物资产的明细账与财产物资保管部门或使用部门的明细账定期核对,以检查其余额是否相符。核对的方法一般是由财产物资保管部门或使用部门定期编制收、发、存汇总表报会计部门核对。

3. 账实核对

账实核对是指各项财产物资、债权债务等账面金额与实有数额之间的核对。账实核对的内容主要包括:

(1) 现金日记账账面余额与现金实际库存数逐日核对相符。

(2) 银行存款日记账账面余额与银行对账单的余额定期核对相符。

(3) 各项财产物资明细账账面余额与财产物资的实有数额定期核对相符。

(4) 有关债权债务明细账账面余额与对方单位的债权债务账面记录核对相符。

在实际工作中,由于众多原因会造成财产物资账面金额与实有数额之间不一致,需要通过定期的账实核对来弥补漏洞,保证会计信息真实可靠,提高企业管理水平。

二、结账

（一）结账的概念

☞ 结账是指在将本期发生的经济业务全部登记入账的基础上,结算出每个账户的本期发生额和期末余额,并将期末余额结转至下期的一种方法。

结账是会计工作的又一项重要内容。如果只记账而不定期结账,记账工作就失去了意义。通过结账工作,可以考察各期资产、负债、所有者权益状况和企业资金周转情况,便于正确计算资金的耗费与产品成本,更重要的是为编制会计报表提供资料。

结账工作一般在每一会计期末进行,即在每期完成记账工作之后并在编制会计报表之前定期进行。

（二）结账的程序

（1）结账前,检查本期内发生的经济业务是否已经全部登记入账。不能将本期发生的经济业务拖延至下期入账,这是结账工作的前提和基础,只有这样,才能保证结账的正确性。

（2）按照权责发生制的原则调整和结转有关账项。对于本期内所有应计和预收收入及应计和预付费用,应编制记账凭证并记入有关账簿,以调整账簿记录。例如,将待摊费用按照规定的比例分配到本期的成本、费用中。又如,将本期所发生的各项收入、费用、支出结转到"本年利润"账户。

（3）计算各账户本期发生额和期末余额。在本期全部经济业务已登记入账的基础上,结算出现金日记账、银行存款日记账以及总分类账户和明细分类账户的本期发生额和期末余额。

月结的产生原因

温馨提醒

会计准则规定,结账工作应该在每一会计期间终了后进行,即公历每月最后一天在记账工作完成后进行结账。不能为了分散工作量或者提前编制会计报表而先行结账,也不能先编制会计报表而后进行结账。

（三）结账的方法

结账的目的是为了总结一定时期的财务状况和经营成果。因此结账工作一般是在会计期末进行的,可以分为月结、季结和年结。结账主要采用划线法,即期末结算出各账户的本期发生额和期末余额后,加划线标记,并将期末余额结转至下期。具体方法如下。

1. 月结

每月月末应办理月结。在各账户本月份最后一笔记录下面划一通栏红线,表示本月结束,然后,在红线下结算出本月发生额和月末余额。如果没有余额,在余额方向和金额栏内注明"平"字和"-0-"符号。同时,在"摘要"栏注明

"本月合计"或"×月份发生额及余额"字样,然后在下面再划一通栏红线,表示完成月结。

2. 季结

每季末应办理季结。办理季结,应在各账户本季度最后 1 个月的月结下面(需按月结出累计发生额的,应在"本季累计"下面)划一通栏红线,表示本季结束;然后,在红线下结算出本季发生额和季末余额,并在"摘要"栏内注明"第×季发生额及余额""或本季合计"字样;最后,再在本摘要下面划一通栏红线,表示完成季结工作。

3. 年结

年终应办理年结。首先在 12 月份或第四季度季结下面划一通栏红线,表示年度终了,然后在红线下面结算出全年 12 个月的发生额和余额,并在"摘要"栏内注明"年度发生额及余额"或"本年合计"字样,并在"本年发生额及余额"或"本年合计"下面通栏划双红线。年度终了,要把各账户的余额结转到下一会计年度,并在"摘要"栏内注明"结转下年"字样;在下一会计年度新建有关会计账簿的第一行余额栏内填写"上年结转"字样。结账的具体方法举例如图表 6-8 所示。

图表 6-8

结 账

2017年		凭证号数	摘要	借方	贷方	借或贷	余额
月	日						
1	1		年初余额			借	1 500 000
	5				60 000	借	1 440 000
	10			100 000		借	1 540 000
	21				40 000	借	1 500 000
1	31		1月份发生额及余额	100 000	100 000	借	1 500 000
2	1		月初余额			借	1 500 000
	5			200 000		借	1 700 000
	10			50 000		借	1 750 000
	25				100 000	借	1 650 000
2	28		2月份发生额及余额	250 000	100 000	借	1 650 000
3	1		月初余额			借	1 650 000
	5			100 000		借	1 750 000
	10			50 000		借	1 800 000
	15			150 000		借	1 950 000
	20				50 000	借	1 900 000
3	31		3月份发生额及余额	300 000	50 000	借	1 900 000
3	31		第一季度合计	650 000	250 000	借	1 900 000
12	31		12月份发生额及余额	100 000	60 000	借	2 900 000

(续表)

2015年		凭证号数	摘要	借方	贷方	借或贷	余额
月	日						
12	31		第四季度合计	450 000	150 000	借	2 900 000
12	31		年度发生额及余额	2 000 000	600 000	借	2 900 000
			结转下年				

第5节 错账查找与更正方法

一、错账查找方法

在记账过程中,由于多种原因可能发生各种差错,并产生错账,如重记、漏记、数字颠倒、数字错位、数字记错、科目记错、借贷方向记反等,从而影响会计信息的准确性。为了保证会计信息的正确性和可靠性,会计工作中应及时找出差错,并予以更正。错账查找主要有以下几种方法。

1. 差数法

差数法是指按照错账的差数查找错账的方法。如果在记账过程中只登记了会计分录的借方或贷方,漏记了另一方,从而形成试算平衡中借方合计与贷方合计不相等。如借方金额遗漏,会使该金额在贷方超出;贷方金额遗漏,会使该金额在借方超出。对于这样的差错,可由会计人员计算错账的差额,并通过回忆或与相关金额的记账核对来查找。

2. 尾数法

尾数法是指对于发生的差错只查找末位数或后面若干位数字,通过重复计算查找差错,以提高查错效率的方法。这种方法适合于借方、贷方金额其他位数都一致,只有末位数出现差错的情况。

3. 除2法

除2法是指以差数除以2来查找错账的方法。当某个借方金额错记入贷方(或相反)时,出现错账的差数表现为错误的2倍,将此差数用2去除,得出的商即是记入反向的金额。例如,应记入"库存现金"账户借方发生额5 000元误记入贷方,则该账户的期末余额将比库存现金实际余额少10 000元,被2除的商5 000元即为借贷方向记为反向的金额。同理,如果借方总额大于贷方800元,即应查找有无400元的贷方金额误记入借方。

4. 除9法

除9法是指以差数除以9来查找错账的方法,适用于以下三种情况:

(1)将数字写小。查找的方法是:将差数除以9得出的商即为写错的数字,商乘以10即为正确的数字。例如,将500写成50,差数450(即500−50)除以9,商50即为错数,扩大10倍后即可得出正确的数字500。

(2) 将数字写大。查找的方法是：将差数除以 9 得出的商为正确的数字，商乘以 10 后所得的积为错误数字。例如，将 30 写成 300，差数 270（即 300－30）除以 9 以后，所得的商 30 为正确数字，30 乘以 10（即 300）为错误数字。

(3) 邻数颠倒。查找的方法是：将差数除以 9，得出的商就是记颠倒的两位数之差。如将 52 错记为 25，差数 27 除以 9 的商数为 3，这就是相邻颠倒两数的差值(5－2)。

二、错账更正方法

在记账过程中，由于种种原因会使账簿记录难免发生错误。对于发生的账簿记录错误，应该采用正确、规范的方法予以更正，不得涂改、挖补、刮擦或者用药水消除字迹，也不得重新抄写。错账的更正方法一般有划线更正法、红字更正法和补充登记法三种。

(一) 划线更正法

在结账前发现账簿记录有文字或数字错误，而记账凭证并没有错误的，应采用划线更正法。更正时，可在错误的文字或数字上划一条红线，在红线的上方填写正确的文字或数字，并由记账人员及会计机构负责人（会计主管人员）在更正处盖章，以明确责任。但应注意，更正时不得只划销错误数字，应将全部数字划销，并保持原有数字清晰可辨，以便审查。例如，把"3 457"元误记为"8 457"元时，应将错误数字"8 457"全部用红线注销后，再写上正确的数字"3 457"，而不是只删改一个"8"字。

(二) 红字更正法

红字更正法，适用于以下两种情形：

第一，记账后发现记账凭证中应借、应贷会计科目有错误所引起的记账错误。更正的方法是：用红字填写一张与原记账凭证完全相同的记账凭证，在摘要栏内写明"注销某月某日某号凭证"，并据以用红字登记入账，以示注销原记账凭证，然后用蓝黑字填写一张正确的记账凭证，并据以用蓝黑字登记入账。

论晋商的错账更正方法

【例 6-1】 东海公司三车间领用消耗性材料 2 000 元。

(1) 填制记账凭证时，误将借方科目写成"生产成本"，并已登记入账。

错误记账凭证如下：

借：生产成本   2 000
　　贷：原材料   2 000

(2) 发现错误后，用红字填制一张与原错误记账凭证内容完全相同的记账凭证：

借：生产成本   2 000
　　贷：原材料   2 000

(3) 再用蓝黑字填制一张正确的记账凭证：

借：制造费用　　　　　　　　　　　　　　　　　　　　2 000
　　　　贷：原材料　　　　　　　　　　　　　　　　　　　　　　2 000

第二，记账后发现记账凭证和账簿记录中应借、应贷会计科目无误，只是所记金额大于应记金额所引起的记账错误。更正的方法是：按多记的金额用红字编制一张与原记账凭证应借、应贷会计科目完全相同的记账凭证，在摘要栏内写明"冲销某月某日第×号记账凭证多记金额"，以冲销多记的金额，并据以用红字登记入账。

【例6-2】仍以[例6-1]为例，假设在填制记账凭证时应借、应贷科目没有错误，只是金额由2 000元写成了20 000元，并且已登记入账。

该笔业务只需采用红字更正法再填制一张记账凭证，将多记的金额18 000元用红字冲销即可。

填制的记账凭证如下：

　　借：制造费用　　　　　　　　　　　　　　　　　　　　18 000
　　　　贷：原材料　　　　　　　　　　　　　　　　　　　　　18 000

（三）补充登记法

记账后发现记账凭证和账簿记录中应借、应贷会计科目无误，只是所记金额小于应记金额时，应采用补充登记法。更正的方法是：按少记的金额用蓝字填制一张与原记账凭证应借、应贷科目完全相同的记账凭证，在摘要栏内写明"补记某月某日第×号记账凭证少记金额"，以补充少记的金额，并据以用蓝字登记入账。

【例6-3】仍以[例6-1]为例，假设在填制记账凭证时应借、应贷科目没有错误，只是金额由2 000元写成了200元，并且已登记入账。

该笔业务只需用补充登记法填制一张记账凭证将少记的金额1 800元补足便可。

填制的记账凭证如下：

　　借：制造费用　　　　　　　　　　　　　　　　　　　　1 800
　　　　贷：原材料　　　　　　　　　　　　　　　　　　　　　1 800

> **知识拓展**
>
> 　　如果以前年度记账凭证中发生会计科目或金额错误，并导致账簿登记出现差错，应当用蓝黑字填制一张记账凭证直接进行更正。因为错误的账簿记录已经在以前会计年度终了进行结账或决算，不可能将已经决算的数字进行红字冲销，只能用蓝黑字凭证对除文字外的一切错误进行更正，并在更正凭证上特别注明"更正××年度错账"的字样。

错账更正的三种方法中红字更正法和补充登记法都是用来更正因记账凭证错误而产生的记账错误，如果非因记账凭证的差错而产生的记账错误，只能采用划线更正法更正。

第6节 账簿的更换与保管

一、会计账簿的更换

☞ 会计账簿更换是指在会计年度开始时启用新的账簿,并将上年度的会计账簿归档保管的工作。根据会计法规,每个单位设置的现金、银行存款日记账、总分类账及绝大多数的明细分类账,每年都要更换新账。对于个别采用卡片式的明细账,如固定资产卡片明细账,可以跨年度使用,不必每年更换新账。

会计账簿更换的具体做法是:首先检查本年度账簿记录在年终结账时是否全部结清,然后在新账中有关账户的第一行日期栏内注明1月1日,摘要栏注明"上年结转"或"年初余额"字样,将上年的年末余额以同方向记入新账中的余额栏内,并在借或贷栏内注明余额的方向。需要注意的是,新旧账簿更换时账户余额结转不必要编制记账凭证,也不要记入借方栏或贷方栏,而是直接记入余额栏,因此凭证号栏、借方栏和贷方栏均无需填列。

二、会计账簿的保管

会计账簿是重要的经济档案,并且有些资料是需要保密的,因此,必须建立严格的账簿保管制度,妥善保管会计账簿。对账簿的管理包括两个方面的内容。

(一)会计账簿的日常管理

(1)各种会计账簿要分工明确,指定专人管理,账簿经管人员既要负责记账、对账、结账等工作,又要负责保证账簿的安全、完整。

(2)会计账簿未经领导和会计负责人或有关人员批准,非经管人员不能随意翻阅查看、摘抄和复制等。

(3)会计账簿除需要与外单位核对外,一般不能携带外出,对需要携带外出的账簿,通常由经管人负责或会计主管人员指定专人负责。

(4)会计账簿不能随意交与其他人员管理,以保证账簿的安全完整和防止任意涂改、毁坏账簿等问题的发生。

(二)旧账的归档保管

启用新账后,对更换下来的旧账需要进行整理、装订、造册,并办理交接手续,归档保管。具体内容如下:

(1)整理。归档前应对更换下来的旧账进行整理,其工作主要包括:首先检查应归档的旧账是否收集齐全;然后检查各种账簿应办理的会计手续是否完备,对于手续不完备的应补办手续,如注销空行空页、加盖印章、结转余额等。

(2) 装订成册。账簿经过整理后要装订成册。装订前首先应检查账簿的扉页内容是否填写齐全,手续是否完备;其次检查订本式账页从第一页到最后一页是否顺序编写页数,有无缺页或跳页,活页账或卡片账是否按账页顺序编号,是否加具封面。装订时,根据实际情况,一个账户可以装订一册或数册,也可以将几个账户合并装订成一册。装订后应由经管人员、装订人员和会计主管人员在封口处签名或盖章。

(3) 办理交接手续,归档保管。账簿装订成册后,应编制目录,填写移交清单,办理交接手续,归档保管。保管人员应按照《会计档案管理办法》的要求,编制索引、分类储存、妥善保管,以便于日后查阅,要注意防火、防盗、库房通风良好,以防毁损、霉烂等。保管期满后,应按规定的审批程序报经批准后才能销毁。

1. 会计账簿是指由一定格式并相互联系的账页组成的,以经过审核的会计凭证为依据,全面、系统、连续地记录各项经济业务的簿籍。它具有记载和储存会计信息、分类和汇总会计信息、检查和校正会计信息、编报和输出会计信息的作用。

2. 账簿按用途不同分为序时账、分类账和备查账;按账页格式不同分为两栏式账簿、三栏式账簿、多栏式账簿、数量金额式账簿和横线登记式账簿;按照外表形式不同分为订本式账簿、活页式账簿和卡片式账簿。

3. 会计账簿登记的基本要求是:准确完整;注明记账符号;书写留空;正常记账使用蓝黑墨水;特殊记账使用红墨水;顺序连续登记;结出余额;过次承前和不得涂改、刮擦、挖补。

4. 对账就是为了保证账簿记录的真实性、完整性和准确性,在记账以后结账之前,定期或不定期地对有关数据进行检查、核对,以便为编制会计报表提供真实、可靠数据资料的一项重要会计工作。

5. 结账是指在将本期发生的经济业务全部登记入账的基础上,结算出每个账户的本期发生额和期末余额,并将期末余额结转至下期的一种方法。对账一般分为账证核对、账账核对和账实核对。

6. 错账查找的方法主要有差数法、尾数法、除2法和除9法四种。错账更正的方法一般有划线更正法、红字更正法和补充登记法三种。

基本训练

一、单项选择题

1. 下列各项中,属于"原材料"明细账采用的账簿格式的是(   )。
   A. 三栏式明细分类账   B. 活页式
   C. 多栏式明细账   D. 卡片式

2. 若记账凭证上的会计科目和应借、应贷方向和金额均正确,但登记入账时发生笔误,对此正确的更改方法是(   )。
   A. 划线更正法   B. 红字更正法
   C. 补充登记法   D. 编制相反分录冲减
3. 从银行提取现金时,登记现金日记账的依据是(   )。
   A. 现金收款凭证   B. 现金付款凭证
   C. 银行存款收款凭证   D. 银行存款付款凭证
4. 活页式账簿和卡片式账簿主要适用于(   )。
   A. 特种日记账   B. 普通日记账
   C. 总分类账簿   D. 明细分类账簿
5. 平行登记的作用是(   )。
   A. 检查会计分录编制的正确性 B. 检查账簿记录的正确性
   C. 检查报表编制的正确性   D. 检查试算平衡的正确性
6. 固定资产明细账一般采用(   )。
   A. 订本式账簿   B. 卡片式账簿
   C. 活页式账簿   D. 多栏式明细分类账
7. 实收资本明细账一般采用(   )。
   A. 三栏式明细分类账   B. 活页式账簿
   C. 数量金额式明细账   D. 卡片式账簿
8. 某会计人员根据记账凭证登记入账时,误将600元填写为6 000元,而记账凭证无误,对此应采用(   )予以更正。
   A. 红字更正法   B. 补充登记法
   C. 划线更正法   D. 黑字更正法
9. 若记账凭证上会计科目和应借、应贷方向没有错误,但所记金额大于应记金额,并据以登记入账,对此应采用(   )予以更正。
   A. 划线更正法   B. 红字更正法
   C. 补充登记法   D. 编制相反分录
10. 新的会计年度开始,启用新账时,(   )可以继续使用,不必更换新账。
    A. 日记账   B. 总分类账
    C. 明细账   D. 固定资产卡片
11. 下列做法中,错误的是(   )。
    A. 现金日记账采用三栏式账簿   B. 产成品明细账采用数量金额式账簿
    C. 生产成本明细账采用三栏式账簿 D. 制造费用明细账采用多栏式账簿
12. 下列对账工作中,属于账实核对的是(   )。
    A. 总分类账与所属明细分类账核对
    B. 会计部门的财产物资明细账与财产物资保管部门的有关明细账核对
    C. 总分类账与日记账核对
    D. 企业银行存款日记账与银行对账单核对

二、多项选择题

1. 账簿按其用途分类,可以分为( )。
   A. 序时账簿 B. 订本式账簿 C. 分类账簿 D. 备查账簿
2. 任何会计主体必须设置的账簿有( )。
   A. 现金日记账   B. 银行存款日记账
   C. 总分类账簿   D. 明细分类账簿
3. 用红色墨水笔登记账簿时,下列各项中,正确的有( )。
   A. 按照红字冲账的记账凭证,冲销错误记录
   B. 在不设"借""贷"栏的多栏式账页中,登记减少金额
   C. 期末结账时,用红色墨水划通栏横线
   D. 三栏式账户的余额栏前如未注明余额方向,在余额栏内登记负数余额
4. 明细分类账可以根据( )登记。
   A. 原始凭证   B. 汇总记账凭证
   C. 记账凭证   D. 经济合同
5. 三栏式明细分类账的账页格式适用于( )。
   A. 管理费用明细账   B. 原材料明细账
   C. 应收账款明细账   D. 预收账款明细账
6. 数量金额式明细分类账的账页格式适用于( )。
   A. 库存商品明细账   B. 生产成本明细账
   C. 应付账款明细账   D. 原材料明细账
7. 下列各项中,可以用于明细分类账格式的有( )。
   A. 三栏式 B. 多栏式 C. 数量金额式 D. 订本式
8. 可以用除9法进行查找错账的情况有( )。
   A. 将数字写小 B. 将数字漏写 C. 将数字写大 D. 邻数颠倒
9. 下列各项中,可以采用红字更正法的有( )。
   A. 记账凭证中会计科目错误
   B. 记账凭证中记账方向错误
   C. 记账凭证中错误金额大于正确金额
   D. 记账凭证中错误金额小于正确金额
10. 必须逐日结出余额的账簿是( )。
    A. 现金总账   B. 银行存款总账
    C. 现金日记账   D. 银行存款日记账

三、判断题

1. 现金日记账和银行存款日记账,必须采用订本式账簿。 ( )
2. 备查账簿是对某些在日记账和分类账中未能记录或记录不全的经济业务进行补充登记的账簿,因此各单位必须设置。 ( )
3. 为了满足内部牵制原则,实行钱、账分管,通常由出纳人员根据收款、付款凭证进行现金收支;然后,将收付款后的现金收款凭证和付款凭证交给会计人员,由会计人

员登记三栏式现金日记账。 (　　)
4. 三栏式总分类账一般采用订本式账簿。 (　　)
5. 多栏式明细分类账一般适用于债权债务结算的明细分类账。 (　　)
6. 登记账簿必须用蓝黑墨水,不得使用圆珠笔、铅笔书写,更不得使用红色墨水书写。 (　　)
7. "库存商品"一般采用三栏式明细账格式。 (　　)
8. 为便于核对现金,出纳人员应保管现金、登记现金日记账和现金总账。 (　　)
9. 总分类账一律采用三栏式账簿。 (　　)
10. 新的会计年度开始时,必须更换全部账簿,不得只更换总分类账和日记账。 (　　)

业务题一

一、目的

练习三栏式现金日记账的登记。

二、资料

御尚公司 2018 年 1 月 31 日现金日记账余额为 3 860 元。该公司在 2016 年 2 月 1 日至 4 日发生下列经济业务:

(1) 1 日,从银行提取库存现金 10 000 元。

(2) 1 日,以库存现金支付职工薪酬 10 000 元。

(3) 1 日,以库存现金支付业务招待费 450 元。

(4) 2 日,职工王某暂借差旅费 800 元,以现金支付。

(5) 2 日,以库存现金支付电话费 160 元。

(6) 2 日,以银行存款交纳上月税金 1 000 元。

(7) 3 日,职工李某报销差旅费 755 元,余额 245 元以现金收回。

(8) 4 日,开出转账支票,以银行存款支付水电费 500 元。

(9) 4 日,以库存现金购买办公用品 250 元。

(10) 4 日,以现金支付职工困难补助 260 元。

三、要求

1. 根据上述资料,编制专用记账凭证(以会计分录代替,列明记账凭证序号)。

2. 登记三栏式现金日记账并结账。

业务题二

一、目的

练习多栏式明细分类账户的登记。

二、资料

1. 华都公司的管理费用明细账采用多栏式账页,下设"工资及附加费""折旧费""修理费""差旅费""电话费""办公费用"6 个明细项目。

2. 2016年1月,华都公司发生的有关经济业务如下:

(1) 2日,以现金购买空白报表、账簿、凭证,计134元。

(2) 5日,以现金购买《小企业会计准则》2本,计36元。

(3) 8日,本月应付生产工人工资46 000元,车间管理人员工资18 000元,公司行政管理人员工资24 000元。

(4) 10日,开出转账支票,支付办公楼修理费6 000元。

(5) 18日,总经理李某出差暂借差旅费3 000元。

(6) 20日,以现金支付电话费560元。

(7) 26日,总经理李某出差回来,报销差旅费2 500元,余款退回。

(8) 28日,采购员前来报销市内差旅费153元,以现金付讫。

(9) 31日,计提固定资产折旧6 000元,其中设备折旧4 800元,办公楼折旧1 200元。

(10) 31日,计提本月职工福利费12 320元,生产工人6 440元,车间管理人员2 520元,公司行政管理人员3 360元。

(11) 31日,开出转账支票支付审计师查账费3 000元。

(12) 31日,将本月发生的管理费用总额转入"本年利润"账户。

三、要求

1. 根据上述经济业务,编制专用记账凭证(以会计分录代替),"管理费用"账户请列示明细项目。

2. 设置并登记多栏式管理费用明细账。

业务题三

一、目的

练习错账更正法。

二、资料

荷塘公司在2018年6月30日对账中发现,本月已编制的记账凭证中,下列几笔有误,并已记入相关账户。

(1) 9日,开出转账支票60 000元,归还银行借款。原记账凭证为:

银收3：借：银行存款　　　　　　　　　　　　　　　　　　　　　60 000
　　　　　贷：长期借款　　　　　　　　　　　　　　　　　　　　　60 000

(2) 11日,车间领用生产用材料4 300元。原记账凭证为:

转账2：借：生产成本　　　　　　　　　　　　　　　　　　　　　3 400
　　　　　贷：原材料　　　　　　　　　　　　　　　　　　　　　　3 400

(3) 17日,以现金购入公司办公用品500元,原记账凭证为:

现付14：借：制造费用　　　　　　　　　　　　　　　　　　　　　500
　　　　　贷：库存现金　　　　　　　　　　　　　　　　　　　　　500

(4) 20日，售出产品一批，计34 000元（含增值税），货款未收。原记账凭证为：

银收5：借：银行存款　　　　　　　　　　　　　　　　　　34 000
　　　　贷：主营业务收入　　　　　　　　　　　　　　　　　　34 000

(5) 25日，以现金购买办公用品650元。原记账凭证为：

现付24：借：其他应收款　　　　　　　　　　　　　　　　　　650
　　　　 贷：库存现金　　　　　　　　　　　　　　　　　　　　650

(6) 28日，开出转账支票7 600元，支付上月向红润公司购入乙材料的价款。原记账凭证为：

银付18：借：应付账款　　　　　　　　　　　　　　　　　　6 700
　　　　 贷：银行存款　　　　　　　　　　　　　　　　　　　6 700

三、要求

根据上列资料，按规定的更正错误方法，进行错账更正。

业务题四

一、目的

练习错账更正法。

二、资料

顺达公司在账证核对过程中，发现账簿出现下列错误：

(1) 生产车间计提本月固定资产折旧20 000元。记账凭证记录为：

借：制造费用　　　　　　　　　　　　　　　　　　　　　　20 000
　贷：累计折旧　　　　　　　　　　　　　　　　　　　　　　20 000

记账时，制造费用账簿记录为200 000元。

(2) 生产产品领用原料及主要材料10 000元。记账凭证记录为：

借：生产成本　　　　　　　　　　　　　　　　　　　　　　1 000
　贷：原材料　　　　　　　　　　　　　　　　　　　　　　　1 000

相关账簿已按照记账凭证登记入账。

(3) 发放本月份工资薪酬50 000元。记账凭证记录为：

借：应付职工薪酬　　　　　　　　　　　　　　　　　　　58 000
　贷：库存现金　　　　　　　　　　　　　　　　　　　　　58 000

相关账簿已按照记账凭证登记入账。

(4) 收回其他单位所欠货款100 000元，记账凭证记录为：

借：应收账款　　　　　　　　　　　　　　　　　　　　　100 000
　贷：银行存款　　　　　　　　　　　　　　　　　　　　　100 000

相关账簿已按照记账凭证登记入账。

(5) 公司管理部门领用维修用材料3 000元。记账凭证记录为：

借：制造费用 3 000
　　贷：原材料 3 000

相关账簿已按照记账凭证登记入账。

（6）月末结算本月应付职工工资，其中：生产工人工资为54 000元，管理人员工资为8 400元。记账凭证记录为：

借：生产成本 5 400
　　管理费用 840
　　贷：应付职工薪酬 6 240

相关账簿已按照记账凭证登记入账。

（7）结转本月份商品销售收入480 000元。记账凭证记录为：

借：本年利润 450 000
　　贷：主营业务收入 450 000

相关账簿已按照记账凭证登记入账。

三、要求

1. 找出上述会计处理中存在的错误，并指出应采用的更正方法。
2. 对于存在的错误采用规定的方法进行更正。

课后习题答案

第 7 章 财产清查

CHAPTER 7

通过本章你可以学到：
- 财产清查的概念与意义
- 财产清查工作的组织
- 财产物资的盘点制度
- 货币资金的清查方法
- 实物资产和往来款项的清查方法
- 财产清查结果的账务处理

> **案例导入**

"工行官员挪用2 000万元"的警示：2013年6月，山东省黄河河务局到中国工商银行济南历下支行查看自己的账户，发现该局于2010年存入该行的500万元仅仅剩下了1 000元。经检察机关立案审查，该项存款一直由该行会计科副科长胡锡海一手操办，在黄河河务局存入款项后，胡锡海利用该行对各项存款长期缺乏对账和清查制度不健全的漏洞，私刻河务局的法人章和财务章，提取了499.9万元的公款，在调查中还发现胡锡海于2010年至2013年期间，共挪用公款2 000余万元。

为什么事隔这么久才被发现？中国工商银行济南历下支行财产清查制度是否存在漏洞？黄河河务局在财产管理上存在哪些问题？本章将系统地介绍财产清查的方法和会计处理。

第1节　财产清查概述

一、财产清查的概念与意义

案例：明明白白做会计

👉 财产清查是指通过对各项财产物资、货币资金的实地盘点和往来款项的核对，确定其实存数，并查明各项财产账存数与实存数是否相符的一种专门方法。

从理论上讲，通过账簿记录所反映的财产增减变动结果应该与各项财产物资的实有数量相一致。但是，在实际工作中，造成账实不符的原因较多。比如，财产物资保管过程中发生的自然损耗；财产收发过程中由于计量或检验不准，造成多收或少收的差错；由于管理不善、制度不严造成的财产损坏、丢失和被盗等；在账簿记录中发生的重记、漏记和错记等；由于有关凭证未到，形成未达账项，造成结算双方账实不符；发生意外灾害等。因此，需要通过定期的财产清查来查找原因、及时处理和弥补漏洞，以保证会计信息的真实可靠，提高企业管理水平。

合理地组织财产清查，实施会计监督，对于保证会计信息的真实可靠，加强财产物资的管理，维护财经纪律，具有重要的意义。

1. 保证会计资料的真实可靠

财产物资的实际结存数与账面结存数很可能会发生差异，这些差异如果不进行调整，会造成严重的账实不符。通过财产物资的清查，可以查明各种财产物资的实存数，并与账存数核对，以便在账实不符时及时找出差异的原因，合理地调整账面数字,做到账实相符,保证会计资料的真实可靠。

2. 确保各项财产物资的安全与完整

通过财产清查,可以查明各种财产物资有无短缺和损毁的情况,是否被贪污盗窃。发现问题可以有的放矢,并建立健全财产物资的管理制度,从而堵住漏洞,确保财产物资的安全与完整。

3. 监督财经法规和财经纪律的执行

通过财产清查,可以具体地检查单位对财经纪律的遵守情况,如通过对货币资金和往来款项的清查,可以检查单位是否遵守了结算纪律和信贷纪律,如有问题,要采取措施及时纠正。

4. 促进财产物资的有效使用

通过财产清查,可以检查各种财产物资的储备和利用情况,既要防止储备不足而延误生产经营,又要防止超储积压,占用资金,对超储物资要及时处理,加速资金周转,提高经济效益。

> **知识拓展**
>
> 《企业内部控制制度基本规范》第三十二条规定,根据财产保护控制的要求,企业必须建立财产物资的日常管理制度和定期清查制度,采取财产记录、实物保管、定期盘点、财产清查、账实核对等措施,确保财产物资的安全。

二、财产清查的种类

财产清查按照清查范围,可以分为全面清查和局部清查;按照清查的时间,可以分为定期清查和不定期清查。其具体分类和应用范围如下。

(一) 按照清查范围分类

1. 全面清查

☞ 全面清查是指对所有的财产物资、货币资金和各种债权债务进行全面的盘点和核对。全面清查的特点是:清查的范围大、内容多、时间长、参与清查的人员也比较多。

需要进行全面清查的情况通常有:企业在年终决算前;在合并、撤销或改变隶属关系前;中外合资、国内合资以及股份制改造前;开展全面的资产评估、清产核资前;单位主要领导调离工作前等。

2. 局部清查

☞ 局部清查是指根据需要只对部分财产进行盘点和核对。局部清查的特点是:清查的范围小、内容少、时间短、参与的人员也相对比较少,但专业性往往很强。

局部清查的范围和对象应根据业务需要和相关的具体情况而定,一般而言,对于流动性较大的财产物资,如原材料、在产品、产成品,应根据需要随时轮流盘点或重点抽查；对于贵重财产物资，每月都要进行清查盘点；对于库存现金，每日终了，应由出纳人员进行清点核对；对于银行存款，企业至少每月同银行核对一次；对于债权债务，企业应每年至少同债权人、债务人核对一两次。

（二）按照清查的时间分类

1. 定期清查

定期清查是指按照预先计划安排的时间对财产进行的盘点和核对。定期清查一般安排在年末、季末、月末结账时进行。

通过定期清查，可以在编制财务报表前发现账实不符的情况，据以调整有关账簿记录，使账实相符，从而可以保证会计资料的真实性。定期清查可以是全面清查，也可以是局部清查。

2. 不定期清查

不定期清查是指事前不规定清查日期，而是根据特殊需要临时进行的盘点和核对。不定期清查可以是全面清查，也可以是局部清查，应根据实际需要来确定清查的对象和范围。

不定期清查主要在以下情况下进行：

（1）财产物资、库存现金保管人员更换时，要对有关人员保管的财产、库存现金进行清查，以分清经济责任，便于办理交接手续。

（2）发生自然灾害和意外损失时，要对受损失的财产进行清查，以查明损失情况。

（3）上级主管、财政、审计和银行等部门，对本单位进行会计检查，应按检查的要求和范围对财产进行清查，以验证会计资料的可靠性。

（4）进行临时性清产核资时，要对本单位的财产进行清查，以便摸清家底。

企业应当定期将会计账簿记录与实物、款项及有关资料相互核对，保证会计账簿记录与实物及款项的实有数额相符；在编制年度财务报表前，应当全面清查财产、核实债务。

三、财产清查工作的组织

财产清查是一项复杂、细致的工作，涉及面比较广，工作量比较大。因此，在进行财产清查之前，必须有领导、有组织、有步骤地做好各方面的准备工作。

1. 组织准备

根据财产清查工作的要求与任务，研究并制订财产清查的详细计划：确定清查的对象和范围，安排清查工作的进度，配备清查人员；在清查过程中做好具体组织、检查和督促工作，及时研究和处理清查中出现的问题；在清查结束后，汇总清查的结果及其处理的意见和建议，并书面报告有关部门审批处理。

2. 业务准备

会计部门和会计人员应在进行财产清查之前，将有关账目登记齐全，结出余额，核对清楚，做到账簿记录完整、计算正确、账证相符、账账相符；财产物资部门和保管人员应将截至清查日的所有经济业务，办理好凭证手续，全部登记入账，并结出余额，对所保管的各种财产物资，应整理、排列清楚，挂上标签，标明品种、规格和结存数量；准备好各种必要的计量器具和有关清查的登记表册；银行存款和银行借款及结算款项的清查，还应做好取得对账单等准备工作。

四、财产物资的盘存制度

在会计实务工作中，对于财产物资收入和发出，财产结存数量的确定，有永续盘存制和实地盘存制两种盘存制度。

（一）永续盘存制

☞ 永续盘存制又称账面盘存制，是根据账簿记录计算确定各项财产物资账面结存数额的一种方法。为了加强财产物资的管理，及时了解和掌握各项财产的增减和结存动态，一般情况下，应采用永续盘存制。其计算公式如下：

我国古代监察制度的起源

$$账面期末余额 = 账面期初余额 + 本期增加额 - 本期减少额$$

采用这种方法，平时对各项物资的增加数和减少数，都要根据会计凭证连续记入有关账簿，并随时结出账面结存数额。采用永续盘存制，可以随时反映各项财产物资的收入、发出和结存情况，但是也可能发生账实不符的情况，因此，采用永续盘存制的企业，也需要对各项财产物资进行清查盘点，以查明账实是否相符，检查账实不符的原因，并及时进行处理。

（二）实地盘存制

☞ 实地盘存制是指在会计期末通过对财产物资的实地盘点来确定库存物资的数量，并据以计算各项物资本期发出和结存成本的一种方法。其计算公式如下：

$$本期减少数 = 账面期初结存数 + 本期增加数 - 期末实际结存数$$

采用这种方法，平时只在账簿中登记财产物资的增加数，不登记减少数，到月末，根据实地盘点的实存数，来倒轧本月财产物资的减少数，再据以登记有关账簿。实行实地盘存制，工作比较简便，但平时在账面上不能反映各项财产物资的减少数额和结存数额，这就不便于通过会计记录来加强财产管理。因此，在实际工作中，只有对价值低而品种较多且数量不稳定的物资采用这种方法。

微课：南海海鲜值几何

第 2 节　财产清查的方法

财产清查是一项涉及面广、业务量较大的工作，为了提高清查工作的效率，必须采用有针对性的清查方法。由于货币资金、实物资产、往来款项的特点各有不同，在进行财产清查时，应采用与其特点和管理要求相适应的方法。

一、货币资金的清查

(一) 库存现金的清查

库存现金的清查是采用实地盘点的方法确定库存现金的实际结存数,然后与现金日记账的账面余额相核对,以确定库存现金账实是否相符的一种方法。

库存现金的清查包括出纳人员在每天出纳工作结束后对库存现金的清点和清查小组进行的定期或不定期的盘点和核对。

对库存现金进行清查盘点时,出纳人员必须在场,有关业务必须在现金日记账全部登记完毕后进行。在清查过程中,重点关注的内容是:库存现金是否账实相符;库存现金有无超过规定的限额;有无以不符合规定的票据抵充库存现金,即白条抵库;有无挪用现金等舞弊情况。清查盘点结束后,应填制库存现金盘点表。它作为重要的原始凭证,也具有实存账存对比的作用,其格式如图表7-1所示。

图表7-1

库存现金盘点表

单位： 盘点日期： 年 月 日

现金清点情况			账目核对	
面额	张数	金额	项目	金额
100元			盘点日账余额	
50元			加:收入未入账	
20元				
10元			加:未填凭证收款单据	
5元				
2元				
1元			减:付出凭证未入账	
5角			减:未填选购证付款单据	
2角				
1角				
5分			调整后现金余额	
2分			实点现金	
1分			长款	
	合计		短款	

调整事项处理意见：

出　　纳：
盘 点 人：

（二）银行存款的清查

👉 银行存款的清查是采用与开户银行核对账目的方法进行的，即将本单位银行存款日记账的账簿记录与开户银行转来的银行对账单进行逐笔核对，来查明企业银行存款实有数额的一种方法。通过清查，如果银行存款账实相符，说明记账工作基本正确。如果账实不符，通常有两种情况：一种情况是企业或银行存在记账错误；另一种情况是企业和银行之间存在未达账项。

所谓未达账项，是指企业与银行之间由于凭证传递时间的先后而发生的一方已经入账，而另一方尚未入账的款项。未达账项一般包括以下四种情况：

（1）企业已收款入账，银行尚未收款入账。例如，企业已将收到的购货单位开出的转账支票送存银行并入账，但是，因银行尚未办妥转账收款手续而没有入账。

（2）企业已付款入账，银行尚未付款入账。例如，企业开出的转账支票已经入账，但是，因收款单位尚未到银行办理转账手续或银行尚未办妥转账付款手续而没有入账。

微课：银行存款余额调节表

（3）银行已收款入账，企业尚未收款入账。例如，企业委托银行代收的款项，银行已经办妥收款手续并入账，但是，因收款通知尚未到达企业而使企业没有入账。

（4）银行已付款入账，企业尚未付款入账。例如，企业应付给银行的借款利息，银行已经从账户扣款并入账，但是，因付款通知尚未到达企业而使企业没有入账。

上述任何一种未达账项的存在，都会使企业银行存款日记账的余额与银行递交的银行对账单的余额不相符。在实际工作中，采用编制银行存款余额调节表的方法，一方面据以确定企业银行存款的实有数额；另一方面可以查找是否存在银行存款记账错误。

现举例说明银行存款余额调节表的编制方法如下。

【例7-1】 2018年6月30日，东海公司银行存款日记账的账面余额为31 000元，银行对账单上企业存款余额为36 000元，经逐笔核对，发现有下列未达账项：

（1）29日，东海公司销售产品收到转账支票一张计20 000元，公司已将支票存入银行，银行尚未办理入账手续。

（2）29日，东海公司采购原材料开出转账支票一张计12 500元，该公司已作银行存款付出入账，而开户银行尚未收到支票而未入账。

（3）30日，银行代东海公司收回货款14 750元并作收款入账，但收款通知尚未到达东海公司而公司尚未入账。

（4）30日，银行代公司支付电费2 250元，付款通知尚未到达东海公司而公司尚未入账。

根据以上资料，东海公司编制2018年6月份的银行存款余额调节表如图表7-2所示。

图表 7-2

银行存款余额调节表

编制日期：2018 年 6 月 30 日　　　　　　　　　　　　　　　　　　　　　　　　单位：元

项　　目	金额	项　　目	金额
企业银行存款日记账余额	31 000	银行对账单余额	36 000
加：银行已收、企业未收款	14 750	加：企业已收、银行未收款	20 000
减：银行已付、企业未付款	2 250	减：企业已付、银行未付款	12 500
调节后的存款金额	43 500	调节后的存款金额	43 500

需要说明的是，银行存款余额调节表只是一种对账记录或对账工具，不能作为调整账面记录的依据；调节后的余额如果相等，通常说明企业与银行的账面记录一般没有错误，该余额通常为企业可以动用的银行存款实有数；调节后的余额如果不相等，通常说明企业和银行一方或双方存在记账错误，需进一步追查，查明原因后予以更正和处理。

温馨提醒

企业每月编制银行存款余额调节表，只是银行存款清查的一种方法，只能起到银行存款的对账作用，不能作为调节有关账户余额的原始凭证。企业银行存款日记账的登记，应待收到有关会计凭证后进行。

二、实物资产的清查

实物资产主要包括原材料、库存商品、在产品和固定资产等各种具有实物形态的有形资产。实物资产的清查就是通过对实物资产的实存数和账存数进行核对，以查明企业各项实物资产是否安全可靠的一种方法。常用的清查方法主要包括以下两种：

第一，实地盘点法。实地盘点法是指对实物资产进行点数、过磅、测量量方和计尺等方法来确定实物资产实有数量的一种方法。这种方法适用范围较广，在多数财产物资清查中都可以采用。

在实物资产的清查过程中，需要做好清查工作的原始记录，以明确相关的经济责任。同时，原始记录也作为实物资产清查的基础工作和日后进行处理的主要依据。

对于盘点结果，应如实登记盘存单，并由盘点人和实物保管人签字或盖章，以明确经济责任。盘存单既是记录盘点结果的书面证明，也是反映财产物资实存数的原始凭证。其格式和内容如图表 7-3 所示。

为了查明财产物资账存数与实存数是否相符，确定盘盈或盘亏情况，应根据盘存单和有关账簿的记录，编制账存、实存对比表。账存、实存对比表是用于调整账簿记录的重要原始凭证，也是分析产生差异的原因，明确经济责任的依据。账存、实存对比表的格式和内容如图表7-4所示。

图表 7-3

盘 存 单

单位名称： 盘点日期：
财产类别： 存放地点： 编号：

编号	名称	规格或型号	计量单位	数量	单价	金额	备注

盘点人签章： 实物保管人签章：

图表 7-4

账存、实存对比表
（盘盈、盘亏报告表）

单位名称：
财产类别： 编表日期 年 月 日 编号：

编号	类别及名称	计量单位	单价	实存		账存		对比结果				处理意见
				数量	金额	数量	金额	盘盈		盘亏		
								数量	金额	数量	金额	

主管： 清查小组： 会计： 制表：

　　第二，技术推算法。技术推算法又称估推法，是指利用技术方法对财产物资的实存数进行推算，以确定财产物资实际结存情况的一种方法。采用这种方法，对于财产物资不是逐一进行清点计数，而是通过量方、计尺等技术方法推算财产物资的结存数量。这种方法一般只适用于成堆量大而价值又不高，难以逐一清点的财产物资的清查。例如，露天堆放的沙石、煤炭等。

　　许多情况下，还要清查实物资产的质量情况。对于实物资产质量的检查方法，可根据不同的实物，采用不同的方法，如有的物资采用物理方法、有的物资采用化学方法来检查其保管质量。

一些奇葩的资产盘点

温馨提醒

　　对财产物资进行清查时，不仅要清查其数量，还要注意财产物资的质量，检查有无缺损、霉烂、变质等情况；清查在产品、半成品时，还应注意其配套情况和完工程度；要防止漏点和重复盘点；同时避免其他单位代管的物资与本单位物资相混淆。

三、往来款项的清查

往来款项主要包括各种应收、应付款项和预收、预付款项等。往来款项的清查一般采用发函询证的方法进行核对。清查单位应在其各种往来款项记录准确的基础上,按照每一个经济往来单位填制往来款项对账单一式两联,其中一联送交对方单位核对账目,另一联作为回单联。对方单位经过核对相符后,在回单联上加盖公章退回,表示已核对。如有数字不符,对方单位应在对账单中注明情况退回本单位,本单位应进一步查明原因,再行核对。

往来款项清查以后,应将清查结果编制往来款项清查报告单,填列各项债权债务的余额。对于有争执的款项以及无法收回的款项,应在报告单上详细列明情况,以便及时采取措施进行处理,避免或减少坏账损失。

第3节 财产清查结果的处理

一、财产清查结果处理的要求

在完成财产清查工作以后,对于财产清查中发现的问题,如财产物资的盘盈、盘亏、毁损或其他各种损失等,应核实情况,调查分析产生的原因,按照国家相关的法规和制度的规定,进行相应的处理。财产清查处理的具体要求如下:

1. 分析差异原因和性质,提出处理意见

对于财产清查中所发现的盘盈、盘亏,应及时查明原因,明确经济责任,并依据有关规定进行处理。对于物资损耗,如果在规定的损耗标准和范围内,会计人员可以按照规定及时作出处理;对于超出规定标准和职权范围,会计人员无权自行处理的,应及时报请单位负责人,并提出处理意见。

2. 积极处理多余积压物资,清理往来款项

对于财产清查过程中发现的多余、积压物资,应分别情况进行处理。属于盲目采购或者盲目生产等原因造成的积压,一方面应积极利用或者改造出售,另一方面要停止采购或生产;对于无法收回或支付的往来款项,应积极进行清理。

3. 总结经验教训,建立和健全各项管理制度

财产清查以后,要针对企业存在的问题或管理工作中的漏洞,总结经验教训,采取必要的措施,建立健全财产物资的管理制度,进一步提高财产管理水平。

4. 及时调整账簿记录,保证账实相符

对于财产清查中发现的盘盈或盘亏,应根据清查中取得的原始凭证,分别不同情况填制记账凭证,办理报批手续,及时调整账面记录,使各项财产物资的账存数与实存数相一致,保证企业账户记录的真实和有效。

二、财产清查结果处理的方法

财产清查是一项严肃的工作,应该认真进行,定期完成。对于财产清查的结果,可按照以下两个步骤并分别情况进行处理。

1. 审批之前的处理

根据清查过程中编制的清查结果报告表、盘点报告表相关数据资料,填制记账凭证,调整有关账簿数据,使账簿记录与实际盘存数额相一致,同时根据不同权限,将处理建议上报单位领导进行审批,必要时还需报送相关税务机关。

2. 审批之后的处理

企业清查中各项财产物资的盘盈、盘亏,应查明原因,并根据企业的管理权限,经有关部门或相关领导批准后,在期末结账前处理完毕。企业应严格按照有关部门对财产清查结果提出的处理意见进行账务处理,填制有关记账凭证,登记有关账簿,并追回由于责任者原因造成的财产损失。

企业清查的各种财产的盘盈、盘亏,如果在期末结账前尚未批准如何处置,在对外提供财务报表时,先按上述规定进行处理,并在附注中作出说明;其后批准处理的金额与已处理金额不相一致的,调整财务报表相关项目的数额。

三、财产清查结果的账务处理

为了反映和监督企业在财产清查过程中查明的各种财产物资的盘盈、盘亏、毁损及其处理情况,小企业应设置"待处理财产损溢"账户。该账户属于双重性质的资产类账户,下设"待处理流动资产损溢"和"待处理非流动资产损溢"两个明细账户,进行明细分类核算。该账户的核算内容与结构如图表7-5所示。

微课:财产清查的核算

图表 7-5

待处理财产损溢	
1. 批准前财产物资的盘亏及毁损净值 2. 盘盈经批准后的结转数	3. 批准前财产物资的盘盈净值 4. 盘亏经批准后的结转数
期末本账户应无余额	期末本账户应无余额

企业清查中发现的各项财产物资的盘盈、盘亏和毁损应在期末结账前处理完毕,所以"待处理财产损溢"账户在期末结账后一般没有余额。

(一) 库存现金清查结果的账务处理

1. 库存现金盘盈的账务处理

库存现金盘盈时,应及时办理库存现金的入账手续,调整库存现金账簿记录,即按盘盈的金额,借记"库存现金"账户,贷记"待处理财产损溢——待处理流动资产损溢"账户。

对于盘盈的库存现金,应及时查明原因,按管理权限报经批准后,按盘盈的金额,借记"待处理财产损溢——待处理流动资产损溢"账户,按需要支付或退还他人的金额,贷记"其他应付款"账户,按无法查明原因的金额,贷记"营业外收入"账户。

【例7-2】 东海公司在财产清查中,发现库存现金长款275元,其原因无法查明,按管理权限报经批准,列作营业外收入。

库存现金盘盈时,会计分录如下:

借:库存现金 275
　　贷:待处理财产损溢——待处理流动资产损溢 275

报经批准后,会计分录如下:

借:待处理财产损溢——待处理流动资产损溢 275
　　贷:营业外收入 275

2. 库存现金盘亏的账务处理

库存现金盘亏时,应及时办理盘亏的确认手续,调整库存现金账簿记录,即按盘亏的金额,借记"待处理财产损溢——待处理流动资产损溢"账户,贷记"库存现金"账户。

对于盘亏的库存现金,应及时查明原因,按管理权限报经批准后,按可收回的保险赔偿和过失人赔偿的金额,借记"其他应收款"账户,按管理不善等原因造成净损失的金额,借记"管理费用"账户,按原记入"待处理财产损溢——待处理流动资产损溢"账户借方的金额贷记该账户。

【例7-3】 东海公司在财产清查中,查明库存现金短款127元,其原因无法查明,按管理权限报经批准,列作管理费用。

库存现金盘亏时,会计分录如下:

借:待处理财产损溢——待处理流动资产损溢 127
　　贷:库存现金 127

报经批准后,会计分录如下:

借:管理费用 127
　　贷:待处理财产损溢——待处理流动资产损溢 127

(二) 存货清查结果的账务处理

1. 存货盘盈的账务处理

存货盘盈时,应及时办理存货入账手续,调整存货账簿的实存数。盘盈的存货应按其重置成本作为入账价值,借记"原材料""库存商品"等账户,贷记"待处理财产损溢——待处理流动资产损溢"账户。

对于盘盈的存货,应及时查明原因,按管理权限报经批准后,冲减管理费用,即按其入账价值,借记"待处理财产损溢——待处理流动资产损溢"账户,贷记"管理费用"账户。

【例7-4】 东海公司在财产清查中,盘盈材料一批,按同类材料估计确定其成本为1 800元,经查系平时收发计量误差所致,按管理权限报经批准后,冲减管理费用。

假定不考虑增值税因素,材料盘盈时,会计分录如下:

借:原材料 1 800
　　贷:待处理财产损溢——待处理流动资产损溢 1 800

报经批准后,会计分录如下:

借:待处理财产损溢——待处理流动资产损溢 1 800
　　贷:管理费用 1 800

2. 存货盘亏的账务处理

存货盘亏时,应按盘亏的金额,借记"待处理财产损溢——待处理流动资产损溢"账户,贷记"原材料""库存商品"等账户。原材料、产成品、库存商品采用计划成本核算的,还应同时结转成本差异。涉及增值税的,还应进行相应处理。

对于盘亏的存货,应及时查明原因,按管理权限报经批准后,将可收回的保险赔偿和过失人赔偿的金额,借记"其他应收款"账户,按管理不善等原因造成净损失的金额,借记"管理费用"账户,按自然灾害等原因造成净损失的金额,借记"营业外支出"账户,按原记入"待处理财产损溢——待处理流动资产损溢"账户借方的金额贷记该账户。

【例7-5】 东海公司在财产清查中,发现材料盘亏2 000元,经查系平时收发计量误差所致,按管理权限报经批准后,列作管理费用。

假定不考虑增值税因素,材料盘亏时,会计分录如下:

借:待处理财产损溢——待处理流动资产损溢 2 000
　　贷:原材料 2 000

报经批准后,会计分录如下:

借:管理费用 2 000
　　贷:待处理财产损溢——待处理流动资产损溢 2 000

【例7-6】 东海公司在财产清查中,发现一批库存商品已经毁损,其成本为8 000元,经查系保管员保管不善所致,按管理权限报经批准后,由个人赔偿2 000元,净损失6 000元列作管理费用。

假定不考虑增值税因素,发现材料毁损时,会计分录如下:

借:待处理财产损溢——待处理流动资产损溢 8 000
　　贷:库存商品 8 000

报经批准后,会计分录如下:

借:其他应收款 2 000
　　管理费用 6 000
　　贷:待处理流动资产损溢——待处理流动资产损溢 8 000

（三）固定资产清查结果的账务处理

固定资产是一种单位价值较高、使用期限较长的有形资产，因此，对于管理规范的企业而言，固定资产盘盈、盘亏的情况较为少见。如果发生盘盈、盘亏固定资产，应及时查明原因，在期末结账前处理完毕。

1. 固定资产盘盈的账务处理

企业在财产清查过程中盘盈的固定资产，经查明确属企业所有，按管理权限报经批准后，应根据盘存单填制固定资产交接凭证，经有关人员签字后送交会计部门入账。盘盈的固定资产通常按其重置成本作为入账价值，借记"固定资产"账户，贷记"待处理流动资产损溢——待处理非流动资产损溢"账户。

对于盘盈的固定资产，应及时查明原因，按照管理权限报经批准后，按其入账价值，借记"待处理财产损溢——待处理非流动资产损溢"账户，贷记"营业外收入"账户。

案例：盘盈资产的较量

【例7-7】 东海公司在财产清查中，发现一台未入账的设备，其评估价值为60 000元。

假定不考虑增值税等因素。

固定资产盘盈时，会计分录如下：

借：固定资产　　　　　　　　　　　　　　　　　　　　　　60 000
　　贷：待处理流动资产损溢——待处理非流动资产损溢　　　　60 000

报经批准后，会计分录如下：

借：待处理流动资产损溢——待处理非流动资产损溢　　　　　60 000
　　贷：营业外收入　　　　　　　　　　　　　　　　　　　　60 000

2. 固定资产盘亏的账务处理

固定资产盘亏时，应及时办理固定资产注销手续，按盘亏固定资产的账面价值，借记"待处理财产损溢——待处理非流动资产损溢"账户，按已提折旧额，借记"累计折旧"账户，按其原价，贷记"固定资产"账户。

对于盘亏的固定资产，应及时查明原因，按管理权限报经批准后，按过失人及保险公司应赔偿额，借记"其他应收款"账户，按盘亏固定资产的原价扣除累计折旧和过失人及保险公司赔偿后的差额，借记"营业外支出"账户，按盘亏固定资产的账面价值，贷记"待处理财产损溢——待处理非流动资产损溢"账户。

【例7-8】 东海公司在财产清查中，盘亏设备一台，其账面原价为50 000元，已提折旧15 000元。按管理权限报经批准后，列作营业外支出。

假定不考虑增值税等因素，固定资产盘亏时，会计分录如下：

借：待处理财产损溢——待处理非流动资产损溢　　　　　　　35 000
　　累计折旧　　　　　　　　　　　　　　　　　　　　　　15 000
　　贷：固定资产　　　　　　　　　　　　　　　　　　　　　50 000

报经批准后，会计分录如下：

借：营业外支出　　　　　　　　　　　　　　　　　　　　35 000
　　贷：待处理财产损溢——待处理非流动资产损溢　　　　35 000

（四）往来款项清查结果的账务处理

在财产清查过程中发现的长期未结清的往来款项，应及时清查。对于经查明确实无法支付的应付款项可按规定程序报经批准后，转作营业外收入。

对于无法收回的应收款项则作为坏账损失列作营业外支出。坏账是指企业无法收回或收回的可能性极小的应收款项。由于发生坏账而产生的损失，称为坏账损失。

企业通常应将符合下列条件之一的应收款项确认为坏账：

（1）债务人死亡，以其遗产清偿后仍然无法收回。

（2）债务人破产，以其破产财产清偿后仍然无法收回。

（3）债务人较长时间内未履行其偿债义务，并有足够的证据表明无法收回或者收回的可能性极小。

企业对有确凿证据表明确实无法收回的应收款项，经批准后作为坏账损失。对于已确认为坏账的应收款项，并不意味着企业放弃了追索权，一旦重新收回，应及时入账。

1. 财产清查是指通过对各项财产物资、货币资金的实地盘点和往来款项的核对，确定其实存数，并查明各项财产账存数与实存数是否相符的一种专门方法。通过财产清查，可以保证会计资料的真实可靠；保护各项财产物资的安全与完整；监督财经法规和财经纪律的执行；促进财产物资的有效使用。
2. 财产清查按照清查范围，可以分为全面清查和局部清查；按照清查的时间，可以分为定期清查和不定期清查。
3. 永续盘存制也称为账面盘存制，是根据账簿记录计算确定各项财产物资账面结存数额的一种方法；实地盘存制是指在会计期末通过对财产物资的实地盘点来确定库存物资的数量，并据以计算各项物资本期发出和结存成本的一种方法。
4. 货币资金、实物资产、往来款项的特点各有不同，在进行财产清查时，应采用与其特点和管理要求相适应的方法。
5. 财产清查处理的具体要求是：分析差异原因和性质，提出处理意见；积极处理多余积压物资，清理往来款项；总结经验教训，建立健全各项管理制度；及时调整账簿记录，保证账实相符。

一、单项选择题

1. 财产物资的定期清查一般在（　　　）进行。

A. 结账时 B. 结账前 C. 结账后 D. 记账中
2. 企业银行存款日记账与银行对账单的核对属于( )。
   A. 账账核对 B. 账证核对 C. 账实核对 D. 账表核对
3. 实地盘存制的优点是( )。
   A. 有利于财产物资的管理
   B. 可以简化存货明细分类账的登记工作
   C. 能及时提供存货的收、发、存信息
   D. 不必进行定期盘点
4. 某企业财产物资的账面期初余额为 30 000 元,本期增加 15 000 元。如采用实地盘存制度,期末确定的实存数为 12 000 元,如果采用永续盘存制度,记录的本期减少数额为 36 000 元。两种不同方法确定的本期减少数额相差( )元。
   A. 3 000 B. 3 300 C. 3 900 D. 9 000
5. 在财产清查中,对大量散装、成堆物资所采用的清查方法是( )。
   A. 实地盘点法 B. 技术推算法 C. 查询核对法 D. 抽查检验法
6. 根据账簿记录计算期末存货结存数的核算方法是( )。
   A. 实收实付制 B. 实地盘存制 C. 永续盘存制 D. 权责发生制
7. 单位撤销、合并或改变隶属关系,对财产物资一般需要进行( )。
   A. 全面清查 B. 局部清查 C. 定期清查 D. 不定期清查
8. 采用永续盘存制,平时财产物资的记录是( )。
   A. 只登记收入 B. 既要登记收入,又要登记发出
   C. 只登记发出 D. 既不登记收入,又不登记发出
9. 对库存现金清查采用的方法是( )。
   A. 实地盘点法 B. 估算法 C. 技术推算法 D. 抽样盘点法
10. 经管财产物资的人员变动时,对其经管的财产物资进行的清查工作属于( )。
    A. 全面清查 B. 资产评估 C. 局部清查 D. 定期清查
11. 对清查中已查明的、属于定额内自然损耗的存货,按规定应转作( )。
    A. 管理费用 B. 营业外支出 C. 生产成本 D. 其他应收款
12. 财产清查的盘亏是指( )。
    A. 账存数大于实存数 B. 实存数大于账存数
    C. 重复登记财产数 D. 账存数小于实存数
13. 某单位盘盈固定资产一项,市场全新价为 30 000 元,净值 16 000 元,则批准后记入"营业外收入"账户的金额为( )元。
    A. 30 000 B. 16 000 C. 0 D. 14 000
14. 银行存款的清查方法是( )。
    A. 本单位的银行存款总分类账与开户银行的对账单核对
    B. 本单位的银行存款日记账与开户银行的对账单相关内容核对
    C. 本单位的银行存款日记账余额与存放银行的存款实有数核对
    D. 本单位的银行存款总分类账与开户银行记录收付业务的总分类账核对

15. 产生未达账项的原因主要是( )。
    A. 企业或银行记账有错误
    B. 企业存在坏账
    C. 清查方法不同
    D. 企业和银行取得结算凭证的时间不一致

二、多项选择题
1. 全面清查包括的内容有( )。
    A. 货币资金及有价证券   B. 各种实物资产
    C. 各项债权债务   D. 各项收入、费用
2. 财产清查的作用包括( )。
    A. 保证会计资料的真实可靠   B. 监督财经法规和财经纪律的执行
    C. 保护财产物资的安全和完整   D. 促进财产物资的有效使用
3. 库存现金盘点表上需要( )签名盖章。
    A. 会计   B. 出纳人员   C. 盘点人员   D. 企业主管
4. 确定财产物资结存数的方法有( )。
    A. 永续盘存制 B. 实地盘存制   C. 收付实现制   D. 权责发生制
5. 原材料由于意外灾害所造成的损失,按规定报经批准后应( )。
    A. 借记"待处理财产损溢"账户   B. 借记"营业外支出"账户
    C. 贷记"待处理财产损溢"账户   D. 贷记"原材料"账户
6. 银行存款的清查主要是核对( )。
    A. 银行存款日记账   B. 银行存款总分类账
    C. 银行对账单   D. 银行存款余额调节表
7. "待处理财产损溢"账户的贷方发生额应反映( )。
    A. 各项待处理财产物资的盘盈原值
    B. 结转已批准处理的盘盈净值
    C. 批准前财产物资的盘盈净值
    D. 经批准后的盘亏结转数
8. 库存现金的清查内容包括( )。
    A. 库存现金是否账实相符
    B. 库存现金有无超过规定的限额
    C. 有无白条抵库
    D. 有无挪用现金等舞弊情况
9. 导致企业银行存款账面余额大于银行对账单余额的未达账项是( )。
    A. 企业已收款入账,银行尚未入账
    B. 企业已付款入账,银行尚未入账
    C. 银行已收款入账,企业尚未入账
    D. 银行已付款入账,企业尚未入账
10. 实地盘点的方法一般适用于( )。

A. 各项实物资产 B. 固定资产
C. 应收账款 D. 库存现金

11. 盘盈固定资产,在批准前可以( )。
A. 借记"营业外收入"账户
B. 借记"固定资产"账户
C. 借记"累计折旧"账户
D. 贷记"待处理财产损溢"账户
E. 贷记"固定资产"账户

12. 需要通过"待处理财产损溢"账户核算的会计事项有( )。
A. 原材料盘亏或毁损 B. 库存商品盘亏或毁损
C. 无法支付的应付账款 D. 固定资产盘盈或盘亏

三、判断题

1. 财产清查中盘亏的材料一般作为营业外支出处理。 ( )
2. 对于未达账项,应编制银行存款余额调节表进行调节,并编制记账凭证调整入账。 ( )
3. 现金长款应记入"待处理财产损溢"账户。 ( )
4. 对于无法收回的应收款项,应先记入"待处理财产损溢"账户,批准后转入有关账户。 ( )
5. 如果企业和银行双方记账均无错误,则企业银行存款日记账余额与银行对账单的余额应当相等。 ( )
6. 库存现金盘点表具有盘存单和账存、实存对比表的双重作用。 ( )
7. 通常情况下,对于财产的盘亏和损失,要查明其性质和产生的原因;而对于盘盈的财产则不需要进一步检查其原因。 ( )
8. 造成账实不符的原因,主要是责任心和工作上的差错。 ( )

业务题一

一、目的
练习存货盘存制的计算。

二、资料
1. 荣乐华府公司2018年6月月初库存乙材料的数量为3 000千克,单价每千克20元。
2. 该公司6月份发生下列有关的经济业务:
(1) 5日,购入乙材料2 400千克,单价每千克22元。
(2) 9日,生产领用乙材料1 800千克。
(3) 18日,购入乙材料600千克,单价每千克24元。
(4) 25日,生产领用乙材料1 500千克。

(5) 30日,经实地盘点,库存原材料的数量为2 660千克。

三、要求

分别采用实地盘存制和永续盘存制的方法,计算该企业6月份发出原材料的实际成本和月末库存原材料的实际成本(单价计算采用月末一次加权平均法)。

业务题二

一、目的

练习银行存款余额调节表的编制。

二、资料

汇能公司2017年12月份最后几天银行存款日记账与银行对账单的记录如下(假定12月26日前的记录均为正确的):

1. 银行存款日记账的记录如下:

(1) 12月26日,开出支票#12 356,支付购料运费300元。

(2) 12月26日,开出支票#12 357,支付购料价款39 360元。

(3) 12月27日,存入销货款转账支票计40 000元。

(4) 12月28日,开出支票#12 358,支付委托外单位加工费计16 800元。

(5) 12月28日,存入销货款转账支票28 000元。

(6) 12月30日,开出支票#12 359,支付机器修理费376元。

(7) 12月30日,银行存款日记账结存余额42 594元。

2. 银行对账单的记录如下:

(1) 12月27日,付支票#12 357购料款39 360元。

(2) 12月28日,转账收入款项40 000元。

(3) 12月28日,银行代付电费3 120元。

(4) 12月28日,支票#12 356支付购料运费300元。

(5) 12月29日,银行转入存款利息计488元。

(6) 12月30日,收到江西货款,计11 880元。

(7) 12月30日,付支票#12358,计16 800元。

(8) 12月30日,银行对账单结存余额24 218元。

三、要求:

根据未达账项,编制银行存款余额调节表。

业务题三

一、目的

练习资产清查结果的财务处理。

二、资料

兆丰公司在2017年年底清查财产时,发现下列账实不符的情况:

(1) 甲材料账面数为4 000千克,单价为每千克5元,实际盘点数为4 300千克。经查属于材料收发计量上的错误,经批准后转入管理费用。

(2) 丙材料账面数为 6 900 件,单价为每件 40 元,实际盘点数为 6 850 件。经查,短缺部分系王某管理员管理不善造成,属于责任事故,由责任者赔偿,款项尚未收到。

(3) A 商品账面数为 540 千克,单价为每千克 65 元,合计 35 100 元。清查时发现全部毁损。经查,系暴风雨侵袭仓库漏水所致。与保险公司联系,保险公司答应赔款 30 000 元。余额批准作营业外支出处理。

(4) 乙材料账面数为 500 千克,单价为每千克 15 元,实际盘点数为 480 千克。经查属于定额内损耗,批准后转入管理费用。

(5) 因责任者事故造成盘亏现金 1 260 元,经管理当局讨论决定,其中个人李某赔偿 50%(尚未收到),其余由企业负担。

三、要求

根据上述资料,分别编制批准转账前和批准转账后的会计分录。

课后习题答案

第 8 章 财务报表

CHAPTER 8

◎ 通过本章你可以学到：

- ➤ 财务报表的概念与意义
- ➤ 财务报表的种类与编制要求
- ➤ 财务报表的构成内容
- ➤ 资产负债表的结构与编制方法
- ➤ 利润表的结构与编制方法
- ➤ 现金流量表的内容与结构

Learning objectives 学习目标

案例导入

解读财务报表:2015年注定是中国股市难忘的一年。上证综合指数从年初开始起步,在多种因素作用下逐渐形成疯牛,股指形成年内最高5178点,沪深两市总市值达到77.9万亿元。正当全体股民高度兴奋之余,6月12日起暴发全面股灾,几个月内中国股市上演了16次千股跌停,股价普遍腰斩,总市值缩水35万亿元。

然而,财务状况好、真正具有内在价值的近百只股票其股价继续创出年内新高,擅长阅读财务报表,崇尚价值分析的投资者仍然获益。

在当前日益复杂的经济环境中,人人都应该学一点财务报表。本章将带你系统地学习财务报表。

小故事:财务报表是一本故事书

第1节 财务报表概述

一、财务报表的意义

《会计法》中关于财务报告的规定

☞ 财务报表是小企业根据日常会计资料进行加工、汇总而形成的,用于反映企业在某一特定日期财务状况和某一会计期间经营成果及现金流量情况的书面文件。财务报表是企业会计核算工作的结果,是综合反映会计主体财务信息的重要手段,也是企业进行经营活动和投资决策的重要依据。

在日常会计核算工作中,虽然已将各单位经济活动所引起的财务状况变动情况和经营成果进行了核算和反映,但是,这些会计数据和资料仍然分散在各种凭证和账簿中,还不能将分散的会计信息集中和有机地联系起来。为了将分散的会计资料进行汇总和整理,以总括反映会计主体财务状况和经营活动的全貌,就必须定期编制财务报表。正确、及时地编制财务报表具有以下重要意义。

(一)为政府主管部门提供信息

国家的财政、税务、统计和资产管理等政府主管部门,可以通过对会计主体财务报表的审查和分析,检查各单位对国家政策法令、财务制度、财经纪律的遵守情况;考核税收的完成和交纳情况;分析经济运行情况,为国家宏观经济决策发挥调控和监督作用。

(二)为投资者和债权人提供服务

随着我国市场经济的不断完善,投资主体日趋多元化,融资渠道不断拓宽,企业经济效益与投资者和债权人的利益密切相关。因而,投资者和债权人迫切需要通过财务报表获得会计主体财务状况的信息,以便进行正确的投资和贷款决策。

(三) 为企业内部管理提供决策依据

企业内部管理当局也需要利用财务报表,及时掌握企业各项资产、负债、所有者权益的构成情况和成本、费用、利润的实现与分配情况;评估和分析企业所取得的业绩及存在的问题,从而不断采取措施,改善经营管理,做好经济决策。

> **知识拓展**
>
> 会计准则对企业提供的会计信息质量提出了相关性要求:明确规定企业提供的会计信息应当与财务报表使用者的经济决策需要相关,有助于报表使用者对企业过去、现在或未来的情况作出评价和预测,既满足有关方面了解企业财务状况和经营成果的要求,又符合企业加强内部经营管理的需要。

二、财务报表的分类

国务院颁布的《企业财务会计报告条例》和财政部颁布的《小企业会计准则》,对财务报表的编制作出了规定,各会计主体必须在遵守国家统一规定的前提下,结合自身特点,定期编制财务报表。按照经济内容、资金运动状态等不同的标志,财务报表可以作以下分类。

(一) 按照经济内容分类

按照财务报表所反映经济内容的不同,分为财务状况报表和经营成果报表。财务状况报表是反映会计主体在一定时间财务状况的报表,主要包括资产负债表和现金流量表;经营成果报表是反映会计主体在某一期间内收入实现、成本消耗和利润形成及分配情况的报表,主要包括利润表。

(二) 按照资金运动状态分类

按照财务报表所反映企业资金运动状态的不同,分为静态报表和动态报表。静态报表是反映会计主体一定时点的资产、负债和所有者权益情况的报表,如资产负债表;动态报表是反映会计主体一定时期内资金的循环与周转情况的报表,如利润表和现金流量表等。

(三) 按照编制报表时间分类

按照财务报表编制时间的不同,分为月度报表、季度报表、半年度报表和年度报表。月度报表是按照每个月份编制的报表,反映各个月份的经营活动情况;季度报表是按照每季度编制的报表,反映各个季度的财务状况和经营成果;半年报表是年中编制的中期财务报表;年度报表亦称年度决算报表,是按照年度编制的报表,反映全年的综合情况。广义的中期财务报表包括月报、季报和半年报。

（四）按照编制报表主体分类

按照财务报表编报主体的不同，分为个别财务报表和合并财务报表。个别财务报表是企业在自身会计核算基础上对账簿记录进行加工而编制的财务报表，主要用于反映企业自身的财务状况、经营成果和现金流量情况。合并财务报表是以母公司和子公司组成的企业集团为会计主体，根据母公司和所属子公司的财务状况，由母公司编制的综合反映企业集团财务状况、经营成果和现金流量情况的财务报表。

三、财务报表的编制要求

为了使财务报表能够最大限度地满足有关各方的需要，充分发挥财务报表的作用，各会计主体在编制财务报表时应当符合下列要求。

（一）真实可靠

企业财务报表必须如实地反映特定会计主体的财务状况、经营成果和现金流量的情况，财务报表各项目的数据必须建立在真实可靠的基础上。因此，财务报表必须根据核实无误的账簿资料进行编制，不得以任何方式弄虚作假。

（二）相关可比

财务报表提供的会计信息必须与报表使用者进行决策所需要的信息密切相关，并且便于报表使用者在不同企业之间或者同一企业前后各期之间进行比较。只有提供相关可比的会计信息，才能使报表使用者了解、判断企业过去、现在的经济状况，预测企业未来的发展趋势，从而为报表使用者的各项决策提供服务。

（三）全面完整

财务报表应当全面地披露企业的财务状况、经营成果和现金流量的情况，完整地反映企业财务活动的过程和结果，以满足有关各方对财务会计信息质量的需要。为了保证财务报表的全面完整，企业在编制财务报表时，应当按照相关准则、制度规定的格式和内容填制。

（四）编报及时

企业财务报表所提供的资料具有很强的时效性，只有及时编制和报送财务报表，才能为报表使用者提供决策所需要的信息资料，否则，将可能失去财务报表应有的价值。随着市场经济和信息技术的迅速发展，财务报表的及时性要求将变得日益重要。

（五）便于理解

便于理解是指财务报表提供的信息可以为使用者所理解。企业对外提供的财务报表是为报表使用者提供企业过去、现在和未来的信息资料，为企业当前或潜在的投资者和债权人提供决策所需要的信息。因此，编制的财务报表应当清晰明了，如果提供的财务报表不易理解，使用者就不能据以作出准确的判断,所提供的财务报表也就失去应有的价值。

四、财务报表的构成

企业对外公布的财务报表由国家颁布的会计准则和法规制度作出了统一规定,各会计主体必须遵守并按照要求编制。除此以外,企业可以根据内部管理的实际需要,编制内部报表。《小企业会计准则》统一规定了小企业应编制的财务报表。

(一) 资产负债表

资产负债表包括资产、负债和所有者权益三个部分,分别反映企业拥有的经济资源、所承担的经济义务以及资产减负债后所有者的剩余权益。通过资产负债表,投资者、债权人及其他财务报表的使用者可以了解企业的资本结构、经营成果以及企业的偿债能力等情况。

(二) 利润表

利润表包括收入、费用和损失等项目,反映企业在某一会计期间的经营成果。利润表提供企业各项收入来源及各项费用发生和成本耗费情况的信息,并反映企业净利润或净损失所产生的原因和对所有者权益变动产生的影响。

(三) 现金流量表

现金流量表包括会计主体在某一会计期间现金流量的来源构成、运用情况以及流动金额等,并分别按照经营活动、投资活动和筹资活动三个方面,反映企业现金流入与现金流出状况的信息,从另一侧面揭示企业实际的经营活动情况。

(四) 附注

附注是对资产负债表、利润表、现金流量表和所有者权益变动表等财务报表中列示项目的文字描述或明细资料,以及对未能在这些报表中列示项目的补充说明。附注也是企业财务报表的重要组成部分。

第2节 资产负债表

一、资产负债表概述

资产负债表是反映企业在某一特定日期财务状况的报表,属于静态报表。它是以"资产=负债+所有者权益"这一会计基本等式为理论依据,按照一定的分类标准和顺序,将企业一定日期的全部资产、负债和所有者权益项目,进行分类汇总和排列而形成的财务报表。

微课:资产负债表的编制案例

编制资产负债表的目的是如实反映企业的资产、负债和所有者权益状况及其结构,以便报表使用者全面了解企业的财务状况,评价企业资产的质量,分析企业的偿债能力和利润分配能力等,为未来的经济决策提供依据。

资产负债表的作用主要有:提供某一日期企业资产的总额及其结构,表明企业拥有或控制的资源及其分布情况;提供某一日期的负债总额及其结构,表明企业未来需要用多少资产或劳务清偿债务以及清偿时间;反映企业投资者所拥有的权益,据以判断资本保值和增值的情况以及对负债的保障程度。

二、资产负债表的结构

资产负债表由表头和正表两部分组成。其中,表头部分概括地说明报表名称、编制单位名称、编表日期、报表编号和金额计量单位等内容;正表是资产负债表的主体,列示了反映企业财务状况的各个项目,如货币资金、存货、固定资产、无形资产等。资产负债表的正表格式一般有报告式和账户式两种。

(一)报告式资产负债表

报告式资产负债表是一种上下结构的报表,它是根据"资产－负债＝所有者权益"的平衡等式,按照资产、负债、所有者权益的顺序,自上而下排列各个项目,上半部分列示各项资产,下半部分列示负债和所有者权益各项项目。三类指标分别计算其合计数,全部资产项目合计数减去全部负债项目的合计数与所有者权益的合计数相等。

报告式资产负债表便于列示不同时期的经济指标,以便对企业不同时期的财务状况进行比较和分析。

(二)账户式资产负债表

账户式资产负债表是一种左右结构的报表,根据"资产＝负债＋所有者权益"的会计恒等式,左方列示资产要素的各个项目,右方列示负债和所有者权益要素的各个项目,左、右双方分别计算合计数并保持平衡。

账户式资产负债表便于左、右双方列示的资产与权益进行相互比较,了解各个项目比例的合理性,有利于对企业的偿债能力进行分析。

我国《企业财务会计报告条例》规定,资产负债表统一采用账户式。其报表的结构和内容参见图表8-2。

盘点不同地区的资产负债表格式

> **温馨提醒**
>
> 在编制财务报表时,根据流动性强弱顺序排列的要求,资产负债表右方是根据债权人权益优先于所有者权益的关系进行排列的,因而,将负债排列在前,将所有者权益排列在后,它们之间不可颠倒换位。

三、资产负债表的编制

资产负债表采用规定的格式,资产方各项目按照流动性进行排列,流动性越大的排在越前面,其排列顺序为先流动资产后非流动资产;负债方按照偿债时间的长短进行排列,偿债时间越短的排在越前面,其排列顺序为先流动负债后非流动负债;所有者权益方各项目按照其永久性大小进行排列,永久性越大,排在越前面,其排列顺序为实收资本、资本公积、盈余公积和未分配利润。

为了使报表使用者通过比较不同时点资产负债表的数据,掌握企业财务状况的变动情况和发展趋势,资产负债表的金额栏还分别设置"期末余额"和"年初余额"两栏。

(一)"年初余额"的填列方法

资产负债表"年初余额"栏各项目金额,应根据上年年末资产负债表相关项目的"期末余额"栏所列金额填列,且与上年年末资产负债表"期末余额"栏一致。如果企业上年度资产负债表规定的各个项目名称和内容与本年度报表不一致,应当对上年年末资产负债表相关项目的名称和数字按照本年度的规定作相应调整,然后填入本年度资产负债表的"年初余额"栏。

(二)"期末余额"的填列方法

资产负债表的"期末余额"栏各项目金额数字,一般应根据资产、负债和所有者权益类账户的期末余额填列。由于资产负债表的具体项目与会计科目的设置不完全相同,部分资产负债表项目的金额数字需要根据有关总分类账户余额和明细分类账户余额计算或汇总后填列。主要填列方法如下。

1. 根据总分类账户的余额直接填列

如"短期投资""应收票据""长期股权投资""其他应收款""在建工程""工程物资""固定资产清理""短期借款""应付票据""应付职工薪酬""应交税费""应付利息""应付股利""其他应付款""实收资本""资本公积""盈余公积"等项目应根据有关总账账户的余额直接填列。

2. 根据总账和明细账余额分析计算填列

(1)"货币资金"项目:反映企业报告期末货币资金的实有数额。该项目应根据"库存现金""银行存款""其他货币资金"三个总账账户余额的合计数填列。

(2)"存货"项目:反映企业期末结存的在途、在库和正在加工中的各项存货的实际成本。该项目应根据"在途物资""原材料""周转材料""库存商品""生产成本"等账户的期末余额合计数填列。

(3)"固定资产"项目:反映企业期末固定资产的净值。该项目应根据"固定资产"账户余额减去"累计折旧"账户期末余额后的金额填列。

(4)"未分配利润"项目:反映企业尚未分配的利润数额。该项目应根据"本年利润"账户余额和"利润分配"账户余额计算填列,贷方余额用"+"号表示,借方余额用"-"号表示。如果"所得税费用"账户各月发生数在年末一并转入"本年利润"账户,则"未分配利润"项目金额还应在上述计算的基础上,减去"所得税费用"账户期末余额后的金额填列。

(5)"应收账款"和"预收账款"项目:"应收账款"项目反映企业因销售商品、提供劳务等经营活动而应向购买单位收取的各种款项;"预收账款"项目反映企业预收购买单位的账款。

"应收账款"项目应根据"应收账款"和"预收账款"账户所属各明细账户的期末借方余额合计数填列;"预收账款"项目应根据"应收账款"和"预收账款"账户所属各明细账户的期末贷方余额合计数填列。

(6)"应付账款"和"预付账款"项目:"应付账款"项目反映企业购买原材料、商品和接受劳务供应等而应支付给供应单位的款项;"预付账款"项目反映企业预付给供应单位的款项。

"应付账款"项目应根据"应付账款"和"预付账款"账户所属各明细账户的期末贷方余额合计数填列;"预付账款"项目应根据"应付账款"和"预付账款"账户所属各明细账户的期末借方余额合计数填列。

按照上述填列方法将资产负债表中各项目数字填列齐全后,应分别加计"流动资产""非流动资产""流动负债""非流动负债""所有者权益"等合计数。最后,加计资产总计、负债和所有者权益总计,双方总计数应该平衡。

(三)资产负债表填列举例

【例8-1】 2018年12月31日,东海公司有关总分类账户和明细分类账户余额如图表8-1所示。其中,"应收账款"总分类账下设有三个明细分类账;"预付账款"总分类账下设有两个明细分类账;"应付账款"总分类账下设有三个明细分类账;"预收账款"总分类账下设置两个明细分类账。

图表8-1

东海公司2018年12月31日总分类账及明细分类账余额　　单位:元

总分类账账户	明细分类账账户	借方金额	贷方金额	总分类账账户	明细分类账账户	借方金额	贷方金额
库存现金		22 834		累计折旧			144 520
银行存款		90 000		短期借款			100 000
短期投资		70 650		应付账款			8 000
应收票据		48 400			A公司		5 600
应收账款		74 000			B公司	5 000	
	甲工厂	30 000			C公司		7 400
	乙工厂	46 000		预收账款			5 000
	丙工厂		2 000		D公司		8 000
预付账款		2 000			E公司	3 000	
	子工厂	6 000		应付票据			43 000
	丑工厂		4 000	应付职工薪酬			18 710
其他应收账款		2 300		应交税费			16 460
原材料		50 300		应付利润			35 000
生产成本		98 000		长期借款			150 000
库存商品		27 756		实收资本			800 000
在建工程		47 000		盈余公积			51 990
长期股权投资		84 000		利润分配			25 760
固定资产		781 200					

根据上述总分类账户和所属明细分类账户余额,按照上述报表编制的方法,编制"资产负债表"(报表中的"年初余额"栏数字根据该公司上年度资产负债表的"期末余额"栏金额直接填列)如图表8-2所示。

图表 8-2　　　　　　　　　　　　　**资产负债表**　　　　　　　　　　　会企01表
编制单位:东海公司　　　　　　　　　　2018年12月31日　　　　　　　　　　　单位:元

资产	期末余额	年初余额	负债和所有者权益（或股东权益）	期末余额	年初余额
流动资产:			流动负债		
货币资金	112 834	32 624	短期借款	100 000	300 000
短期投资	70 650	6 200	以公允价值计量且其变动计入当期损益的金融负债		
衍生金融资产			衍生金融负债		
应收票据及应收账款	127 400	46 270	应付票据及应付账款	60 000	69 500
预付款项	11 000	36 000	预收款项	10 000	
其他应收款	2 300	1 300	应付职工薪酬	18 710	12 600
存货	176 056	117 606	应交税费	16 460	13 900
持有待售资产			其他应付款	35 000	
一年内到期的非流动资产			持有待售负债		
其他流动资产			一年内到期的非流动负债		
流动资产合计	500 240	24 000	其他流动负债		
非流动资产:			流动负债合计	240 170	12 600
可供出售金融资产			非流动负债:		
持有至到期投资			长期借款	150 000	50 000
长期应收款			应付债券		
长期股权投资	84 000		其中:优先股		
投资性房地产			永续债		
固定资产	636 680	476 000	长期应付款		
在建工程	47 000		预计负债		
生产性生物资产			递延收益		
油气资产			递延所得税负债		
无形资产			其他非流动负债		
开发支出			非流动负债合计	150 000	50 000
商誉			负债合计	390 170	176 000
长期待摊费用			所有者权益(或股东权益):		
递延所得税资产			实收资本(或股本)	800 000	500 000
其他非流动资产			其他权益工具		
非流动资产合计	767 680	476 000	其中:优先股		
			永续债		
			资本公积		
			减:库存股		
			其他综合收益		
			盈余公积	51 990	36 800
			未分配利润	25 760	3 200
			所有者权益(或股东权益)合计	877 750	540 000
资产总计	1 267 920	716 000	负债和所有者权益（或股东权益）总计	1 267 920	716 000

第3节 利 润 表

一、利润表概述

☞ 利润表是反映企业在一定会计期间经营成果的报表,属于动态报表。它是以"收入－费用＝利润"这一会计等式关系,按照一定的标准和步骤,将企业一定会计期间的收入、费用等损益项目进行计算而形成的,反映一段时间内企业盈亏情况的财务报表。

编制利润表的目的是如实反映企业实现的收入、发生的费用以及应当计入当期利润的利得和损失等金额及其结构情况,为报表使用者分析企业的盈利能力和利润构成情况,评价企业盈利质量,提供决策依据。

利润表的作用主要有:反映企业一定会计期间各项收入的实现情况;反映一定会计期间经营成本和费用耗费情况;反映经营活动成果的实现和企业所得税费用的交纳情况,并据以判断企业是否实现资本的保值和增值。

二、利润表的结构

利润表由表头和正表两部分组成。表头部分包括报表名称、编制单位名称、编表日期和金额计量单位等;正表是利润表的主体,反映净利润的计算过程。利润表的结构主要有单步式和多步式两种。

(一) 单步式利润表

单步式利润表是采用简单的步骤列示和计算企业利润实现情况的报表。这种格式的报表其计算过程比较简单,首先列示企业实现的各项收入,然后列示各项成本和费用支出,在此基础上计算出企业实现的净利润。

单步式利润表的编制比较简便,但是不便于考核企业利润的形成过程,也不能提供企业营业利润、利润总额等各项指标。

盘点不同地区的利润表格式

(二) 多步式利润表

多步式利润表是采用多个步骤列示和计算企业利润实现情况的报表。即将构成净利润的诸要素根据其重要程度,按照企业利润形成的主要环节列示中间性利润指标,分步计算当期净利润。采用这种格式,其计算过程需要分多个步骤来完成,通过填报和计算,分别提供营业利润、利润总额和净利润等指标。

我国《企业财务会计报告条例》规定,所有企业都统一采用多步式利润表。其报表的结构和内容参见图表8-4。

三、利润表的编制

利润表采用规定的格式,首先以"营业收入"为基础,扣除"营业成本""税金及附加""销售费用""管理费用"和"财务费用",加上"投资收益",求得"营业利润";其次以"营业利润"为基础,加上"营业外收入",减去"营业外支出",求得"利润总额";最后在"利润总额"基础上扣除"所得税费用",即可求得"净利润"。

为了使报表使用者全面了解企业本期和本年累计实现各项收入以及利润完成情况,利润表的金额栏还分别设置了"本月金额"和"本年累计金额"两栏。

(一)"本月金额"的填列方法

(1)"营业收入"项目,反映企业主要经营业务和其他业务所取得的收入总额。该项目应根据"主营业务收入"和"其他业务收入"账户的发生额合计数填列。

(2)"营业成本"项目,反映企业主要经营业务和其他业务发生的实际成本。该项目应根据"主营业务成本"和"其他业务成本"账户的发生额合计数填列。

(3)利润表中其他损益类账户,即"销售费用""税金及附加""管理费用""财务费用""投资收益""营业外收入""营业外支出"和"所得税费用"账户,根据各账户的本期实际发生数分析填列。

(4)"营业利润""利润总额"和"净利润"项目,根据上述各项目的金额,按照相关计算公式计算得到。

第一,"营业利润"。"营业利润"由"营业收入"减去"营业成本""税金及附加""销售费用""管理费用""财务费用",加上"投资收益"后计算填列。

第二,"利润总额"。在"营业利润"的基础上加上"营业外收入",减去"营业外支出"得到利润总额。如为亏损总额,以"一"号填列。

第三,"净利润"。"利润总额"减去"所得税费用"得到净利润。如为净亏损额,则以"一"号填列。

(二)"本年累计金额"的填列方法

利润表的"本年累计金额"栏各项目数字,反映企业各项目自年初起至报告期末止的累计实际发生额。编制报表时,在填列"本月金额"各栏目数字的基础上,加上前一个月"本年累计金额"各相应栏目数字,即为至本月份的"本年累计金额"。

在编制年度利润表时,应将"本月金额"栏改为"上年金额"栏,填列上年全年发生额,即为年度利润表。如果上年度利润表项目的名称和内容同本年度不相一致,应对上年度利润表的项目名称和数字按本年度的规定进行调整,然后填入本期利润表的"上年金额"栏内。

> **温馨提醒**
>
> 在编制资产负债表时,各项目的金额是根据资产负债表要素各相关账户的期末余额经分析计算后填列的;而在编制利润表时,各项目的金额是根据经营成果要素各相关账户的本期发生额经分析计算后填列的,两者之间不应混淆。

(三) 利润表填列举例

【例8-2】 东海公司2018年8月份各损益类账户发生额和1~7月份各账户的累计发生额情况如图表8-3所示。

微课:利润表的编制案例

图表8-3

东海公司2018年8月31日各损益类账户发生额　　　　单位:元

序号	项目	2015年8月	2015年1~7月
1	主营业务收入	183 000	970 000
2	其他业务收入	16 300	53 500
3	主营业务成本	98 000	713 000
4	其他业务成本	12 400	41 000
5	税金及附加	6 860	33 240
6	销售费用	28 100	72 700
7	管理费用	49 920	139 370
8	财务费用	7 320	16 640
9	其中:利息费用	1 800	4 360
10	投资收益	12 500	65 000
11	营业外收入	26 200	56 790
12	营业外支出	5 100	8 540
13	所得税费用	7 575	37 775

根据上述东海公司2018年8月份各损益类账户发生额和1~7月份各账户的累计发生额情况,编制8月份利润表(报表中的"本年累计金额"栏数字根据该公司8月份的"本月金额"加上1~7月份的"累计发生额"栏金额计算填列)如图表8-4所示。

图表8-4

利　润　表

会企02表

编制单位:东海公司　　　　2018年8月　　　　单位:元

项目	本期金额	上期金额
一、营业收入	1 222 800	199 300
减:营业成本	864 400	110 400
税金及附加	40 100	6 860
销售费用	100 800	28 100
管理费用	189 290	49 920
研发费用		
财务费用	23 960	7 320
其中:利息费用	6 160	1 800
利息收入		
资产减值损失		
加:其他收益		

(续表)

项　目	本期金额	上期金额
投资收益(损失以"－"填列)	77 500	12 500
其中:对联营企业和合营企业的投资收益		
公允价值变动收益(损失以"－"填列)		
资产处置收益(损失以"－"填列)		
二、营业利润(亏损以"－"号填列)	81 750	9 200
加:营业外收入	82 990	26 200
减:营业外支出	13 640	5 100
三、利润总额(亏损总额以"－"号填列)	151 100	30 300
减:所得税费用	37 775	7 575
四、净利润(净亏损以"－"号填列)	113 325	22 725
（一）持续经营净利润(净亏损以"－"号填列)		
（二）终止经营净利润(净亏损以"－"号填列)		
五、其他综合收益的税后净额		
（一）不能重分类进损益的其他综合收益		
1. 重新计量设定收益计划变动额		
2. 权益法下不能转损益的其他综合收益		
……		
（二）将重分类进损益的其他综合收益		
1. 权益法下可转损益的其他综合收益		
2. 可供出售金融资产公允价值变动损益		
3. 持有至到期投资重分类为可供出售金融资产损益		
4. 现金流量套期损益的有效部分		
5. 外币财务报表折算差额		
……		
六、综合收益总额		
七、每股收益:		
（一）基本每股收益		
（二）稀释每股收益		

第 4 节　现金流量表

一、现金流量表概述

☞　现金流量表是以收付实现制为基础编制的,反映企业一定会计期间现金流入和流出情况的财务报表。

通过现金流量表,可以掌握企业经营活动对获得现金的能力,分析企业通过投资和理财活动对企业现金流入量和流出量的影响,使财务报表使用者能够全面评价企业实现利润及其相应的现金流入情况,了解实现利润的"含金量",掌握企业真实的财务状况和财务管理水平。

现金流量表以现金为基础编制。现金流量表中的现金是指企业的库存现金以及可以随时用于支付的银行存款和其他货币资金。具体包括以下内容。

1. 库存现金

库存现金指企业持有的可以随时用于支付的现金限额,其内容与会计核算中"库存现金"账户所包括的内容基本一致。

2. 银行存款

案例:现金流量表的玄机

银行存款指企业存在金融机构随时可以用于支付的存款,其内容与会计核算中"银行存款"账户所包括的内容基本一致。其区别在于:存在金融机构的不能随时用于支付的定期存款,不作为现金流量表中的现金;提前通知金融机构便可支取的定期存款,包括在现金流量表中的现金范围内。

3. 其他货币现金

其他货币资金指企业存在金融机构的具有特定用途的资金,包括外埠存款、银行汇票存款、银行本票存款、信用证保证金存款、信用卡存款等。其内容与会计核算中"其他货币资金"账户所包括的内容一致。

二、现金流量的分类

企业现金流入有各种途径,有销售商品、提供劳务而获得的,有接受投资者投资或债权人贷款而获得等。企业现金流出有各种用途,如购买存货、固定资产、对外投资、支付工资费用等。现金流量表要为财务报表使用者提供企业一定会计期间内有关现金的流入、流出信息,首先要对企业各项经营业务产生或运用的现金流量进行合理的分类。按照现行《企业会计准则第31号——现金流量表》的规定,现金流量分为经营活动产生的现金流量、投资活动产生的现金流量和筹资活动产生的现金流量三类。

(一) 经营活动产生的现金流量

经营活动是指企业投资活动和筹资活动以外的所有交易或事项,包括销售商品或者提供劳务,经营性租赁,购买货物,接受劳务,制造产品,广告宣传,推销产品,交纳税款等。

经营活动产生的现金流入项目主要有:销售商品、提供劳务收到的现金,收到的税费返还,收到其他与经营活动有关的现金。经营活动产生的现金流出项目主要有:购买商品、接受劳务支付的现金,支付给职工以及为职工支付的现金,支付的各项税费,支付其他与经营活动有关的现金。

经营活动产生的现金流量是企业通过运作其拥有的资产所创造的现金流量。

(二) 投资活动产生的现金流量

投资活动是指企业长期资产的购建和不包括在现金等价物范围内的投资及其处置活动。其中,长期资产是指固定资产、无形资产、在建工程、其他资产等持有限期在1年或一个营业周期以上的资产。

投资活动产生的现金流入项目主要有：收回投资收到的现金，取得投资收益收到的现金，处置固定资产、无形资产和其他长期资产收回的现金净额，收到的其他与投资活动有关的现金。投资活动产生的现金流出项目主要有：购建固定资产、无形资产和其他长期资产支付的现金，投资支付的现金，支付其他与投资活动有关的现金。

（三）筹资活动产生的现金流量

筹资活动是指导致企业资本及债务规模和构成发生变化的活动，包括吸收投资、发行股票、分配利润等。其中，资本包括实收资本（股本）和资本溢价（股本溢价）；债务包括向银行借款、发行债券以及偿还债务等。应付账款、应付票据等商业已付款等属于经营活动，不属于筹资活动。

筹资活动产生的现金流入项目主要有：吸收投资收到的现金，取得借款收到的现金，收到其他与筹资活动有关的现金。筹资活动产生的现金流出项目主要有：偿还债务支付的现金，分配股利、利润或偿付利息支付的现金，支付其他与筹资活动有关的现金。

对于企业日常活动之外的、不经常发生的特殊项目，如自然灾害损失、保险赔款、捐赠等，应当在现金流量表中归并到相关类别中，并单独反映。

三、现金流量表的结构

现金流量表的结构包括基本报表和补充资料两部分。《小企业会计准则》对现金流量表的格式和内容作出了具体规定。本节仅对现金流量表的内容和格式进行介绍，对于现金流量表的编制方法，将在"小企业财务会计"课程中进行详细介绍。

基本报表内容分为三个部分：经营活动所产生的现金流量，投资活动产生的现金流量和筹资活动产生的现金流量。补充资料分为三个部分：将净利润调节为经营活动产生的现金流量，不涉及现金收支的投资和筹资活动，现金及现金等价物净增加情况。现金流量表的具体结构如图表8-5所示。

知识拓展

根据《小企业会计准则》的规定：企业除了编制资产负债表、利润表和现金流量表以外，还应该编制财务报表附注。

财务报表附注的主要内容是：遵循《小企业会计准则》的声明；资产类项目的相关说明；负债类项目的相关说明；利润分配情况的相关说明；对外担保资产的情况和原因；对财务报表中列示项目与企业所得税法规定存在差异的纳税调整情况声明；其他需要说明的事项。

图表 8-5

现 金 流 量 表

会企 03 表

编制单位： ___年___月___日 单位：元

项　目	本期金额	上期金额
一、经营活动产生的现金流量		
销售商品、提供劳务收到的现金		
收到的税费返还		
收到其他与经营活动有关的现金		
经营活动现金流入小计		
购买商品、接受劳务支付的现金		
支付给职工及为职工支付的现金		
支付的各项税费		
支付其他与经营活动有关的现金		
经营活动现金流出小计		
经营活动产生的现金流量净额		
二、投资活动产生的现金流量		
收回投资收到的现金		
取得投资收益收到的现金		
处置固定资产、无形资产和其他长期资产收回的现金净额		
处置子公司及其他营业单位收到的现金净额		
收到其他与投资活动有关的现金		
投资活动现金流入小计		
构建固定资产、无形资产和其他长期资产支付的现金		
投资支付的现金		
取得子公司及其他营业单位支付的现金净额		
支付其他与投资活动有关的现金		
投资活动现金流出小计		
投资活动产生的现金流量净额		
三、筹资活动产生的现金流量		
吸收投资收到的现金		
取得借款收到的现金		
收到其他与筹资活动有关的现金		
筹资活动现金流入小计		
偿还债务支付的现金		
分配股利、利润或偿付利息支付的现金		
支付其他与筹资活动有关的现金		
筹资活动现金流出小计		
筹资活动产生的现金流量净额		
四、汇率变动对现金及现金等价物的影响		
五、现金及现金等价物净增加额		
加：期初现金及现金等价物余额		
六、期末现金及现金等价物余额		

知识归纳

1. 财务报表是小企业根据日常会计资料进行加工、汇总而形成的,用于反映企业在某一特定日期财务状况和某一会计期间经营成果及现金流量情况的书面文件。小企业财务报表由资产负债表、利润表、现金流量表和附注构成。
2. 按照财务报表所反映经济内容的不同,分为财务状况报表和经营成果报表;按照财务报表所反映企业资金运动状态的不同,分为静态报表和动态报表;按照财务报表编制时间的不同,分为月度报表、季度报表、半年度报表和年度报表;按照财务报表编报主体的不同,分为个别财务报表和合并财务报表。
3. 编制财务报表时应当符合下列要求:真实可靠;相关可比;全面完整;编报及时;便于理解。
4. 资产负债表是反映企业在某一特定日期财务状况的报表,属于静态报表。它是以"资产=负债+所有者权益"这一会计基本等式为理论依据,按照一定的分类标准和顺序,将企业一定日期的全部资产、负债和所有者权益项目,进行分类汇总和排列而形成的财务报表。
5. 利润表是反映企业在一定会计期间经营成果的报表,属于动态报表。它是以"收入-费用=利润"这一会计等式关系,按照一定的标准和步骤,将企业一定会计期间的收入、费用等损益项目进行计算而形成的,反映一段时间内企业盈亏情况的财务报表。
6. 现金流量表是以收付实现制为基础编制的,反映企业一定会计期间有关现金和现金等价物的流入和流出情况的财务报表。

一、单项选择题

1. 反映企业一定时期经营成果的报表是( )。
   A. 利润表　　　　　　　　　　B. 资产负债表
   C. 财务状况变动表　　　　　　D. 现金流量表
2. 某企业 2018 年 3 月有关收入、费用的发生情况如下:主营业务收入 200 万元;主营业务成本 140 万元;其他业务收入 10 万元;销售费用 5 万元;管理费用 7 万元;投资损失 14 万元;利息收入 0.5 万元。则该企业的营业利润为( )万元。
   A. 60　　　　B. 44.5　　　　C. 58　　　　D. 58.5
3. 下列财务报表中,属于反映企业经营成果的报表是( )。
   A. 资产负债表　　　　　　　　B. 利润表
   C. 现金流量表　　　　　　　　D. 所有者权益变动表
4. 某企业 2017 年实现净利润 250 万元,当年提取盈余公积 50 万元,向投资者分配利润 180 万元,年初累计未分配利润 50 万元。该企业 2017 年年末累计未分配利润为( )万元。

A. 20 B. 45 C. 70 D. 250

5. 下列各项中,属于静态报表的是( )。
   A. 资产负债表 B. 利润表
   C. 制造费用表 D. 现金流量表

6. 资产负债表的项目中,需根据若干个总账账户余额相加后计算填列的是( )项目。
   A. "短期借款" B. "固定资产"
   C. "货币资金" D. "其他应收款"

7. 资产负债表中,资产项目的排列顺序的依据是( )。
   A. 相关性大小 B. 重要性大小
   C. 可比性大小 D. 流动性大小

8. 财务报表相关项目金额数字的直接来源是( )。
   A. 会计凭证 B. 账簿记录 C. 原始凭证 D. 统计数据

9. "预付账款"账户所属明细账户如有贷方余额,应在( )项目反映。
   A. "应收账款" B. "应付账款"
   C. "预收账款" D. "预付账款"

10. 下列报表项目中,可以直接填列的项目是( )。
    A. "应付职工薪酬" B. "货币资金"
    C. "存货" D. "未分配利润"

11. 利润表中,只需根据有关账户的借方发生额填列的项目是( )。
    A. "税金及附加" B. "营业收入"
    C. "营业利润" D. "营业外收入"

12. "应收账款"账户所属明细账户若有贷方余额,应将其填入资产负债表中的( )项目。
    A. "应收账款" B. "预收账款"
    C. "应付账款" D. "其他应付款"

13. 财务报表编制的依据是( )。
    A. 原始凭证 B. 记账凭证
    C. 会计账簿 D. 汇总记账凭证

14. 我国企业利润表采用的格式是( )。
    A. 账户式 B. 报告式 C. 多步式 D. 单步式

15. 利润表中的本期各栏各项目数字是根据损益类账户的( )填列的。
    A. 期初余额 B. 期末余额
    C. 本期发生额合计 D. 累计发生额合计

二、多项选择题

1. 财务报表按其反映的经济内容可分为( )。
   A. 反映财务成果的报表 B. 反映经营成果的报表
   C. 静态会计报表 D. 动态财务报表

2. 下列各项中,属于编制财务报表要求的有(   )。
   A. 真实可靠   B. 全面完整
   C. 便于理解   D. 编报及时
3. 下列各项中,构成"存货"项目填列依据的有(   )账户。
   A. "在途物资"   B. "工程物资"
   C. "生产成本"   D. "库存商品"
4. 下列资产负债表项目中,必须根据有关总分类账户余额加、减计算后填列的有(   )。
   A. "货币资金"   B. "应交税费"
   C. "存货"   D. "未分配利润"
5. 资产负债表中的"应付账款"项目是根据(   )相加填列。
   A. "应付账款"所属明细账户的借方余额
   B. "应付账款"所属明细账户的贷方余额
   C. "预付账款"所属明细账户的借方余额
   D. "预付账款"所属明细账户的贷方余额
6. 资产负债表中的"未分配利润"项目(   )。
   A. 等于"利润分配"账户期末余额
   B. 等于利润总额减应交所得税
   C. 根据"本年利润""利润分配"和"所得税费用"账户的期末余额计算填列
   D. 等于企业当年实现的税前利润
7. 下列资产负债表的项目中,直接根据总分类账户余额填列的有(   )。
   A. "货币资金"   B. "应付职工薪酬"
   C. "短期借款"   D. "实收资本"
8. 下列各项中,影响利润总额的有(   )。
   A. 营业收入   B. 销售费用
   C. 营业外收入   D. 所得税费用
9. 通过资产负债表,投资者、债权人及其他财务报表的使用者可以了解企业的(   )。
   A. 资本结构   B. 经营成果
   C. 偿债能力   D. 所得税费用
10. 正确和及时编制财务报表具有的重要意义是(   )。
    A. 为政府主管部门提供信息
    B. 为投资者和债权人提供服务
    C. 为国家提供企业职工的情况
    D. 为企业内部管理提供决策依据
11. 编制资产负债表的目的是(   )。
    A. 帮助报表使用者全面了解企业的财务状况
    B. 可以评价企业资产的质量
    C. 分析企业的偿债能力和利润分配能力
    D. 为企业未来的经济决策提供依据

12. 下列报表中,属于动态报表的有(   )。
    A. 资产负债表   B. 利润表   C. 现金流量表   D. 财务报表
13. 资产负债表的左方包括(   )等项目。
    A. "货币资金"   B. "短期借款"
    C. "存货"   D. "资本公积"
14. 利润表中的"营业收入"项目应根据(   )之和来填列。
    A. 主营业务收入   B. 其他业务收入
    C. 投资收益   D. 营业外收入
15. 财务报表按照编制主体不同可分为(   )。
    A. 单位财务报表   B. 汇总财务报表
    C. 个别财务报表   D. 合并财务报表

三、判断题

1. 财务报表是会计主体对外提供的反映某一会计期间的财务状况和某一特定日期的经营成果和现金流量等会计信息的文件。（   ）
2. 小企业年度财务报表至少应当包括资产负债表、利润表、现金流量表和附注,上述四部分具有同等重要的程度。（   ）
3. 中期财务报表必须包括资产负债表、利润表、现金流量表和附注。（   ）
4. 资产负债表由表头和主表两部分组成。表头部分应列明报表名称、编表单位名称、编制日期和金额计量单位;主表部分反映资产、负债和所有者权益的内容。（   ）
5. 资产负债表中的"应付账款"项目,应根据"应付账款"和"预付账款"两个账户所属的相关明细账户的期末借方余额合计数填列。（   ）
6. 在我国,企业应当采用多步式利润表。（   ）
7. 利润表主表部分反映形成经营成果的各个项目和计算过程。（   ）
8. 年度利润表"上期金额"栏应根据上年该期利润表"本期金额"栏内所列数字填列。（   ）
9. 资产负债表中的"应收账款"项目应根据"应收账款"账户的期末余额填列。（   ）
10. 利润表中的金额反映的是编表时的累计数额,资产负债表中的金额反映的是编表时的时点数额。（   ）
11. 利润表的作用之一是反映企业的短期偿债能力和支付能力。（   ）
12. 财务报表既要向有关部门报送,又要提供给企业内部有关人员分析使用。（   ）

业务题一

一、目的
练习资产负债表部分项目的计算。
二、资料
永安公司 2018 年 1 月 31 日有关账户余额如图表 8-6 所示。

图表 8-6

永安公司 2018 年 1 月 31 日有关账户余额表　　　　　　单位：元

账　户	余额 借方	余额 贷方	账　户	余额 借方	余额 贷方
库存现金	1 800		固定资产	500 000	
银行存款	220 000		累计折旧		100 000
原材料	213 460		本年利润		42 000
生产成本	63 750		利润分配——未分配利润	9 000	3 240
库存商品	37 260		——应付利润		
应收账款——甲厂	75 000		应付账款——丙厂	20 000	
——乙厂		30 000	——丁厂		80 000
预付账款——A公司	35 000		预收账款——D公司	7 000	
——B公司		64 000	——E公司		5 000
——C公司		23 000	——F公司		8 000

三、要求

根据所提供资料计算下列资产负债表中的有关项目金额：①"货币资金"；②"存货"；③"应收账款"；④"预收款项"；⑤"应付账款"；⑥"预付款项"；⑦"固定资产"；⑧"未分配利润"。

业 务 题 二

一、目的

练习资产负债表的编制。

二、资料

和顺公司 2018 年 6 月 30 日有关总分类账户和明细分类账户余额如图表 8-7 和图表 8-8 所示。

图表 8-7

总分类账户余额　　　　　　单位：元

总账账户	借　方	贷　方
库存现金	6 000	
银行存款	125 000	
短期投资	182 000	
应收票据	38 000	
应收账款	640 000	
预付账款	21 000	
其他应收款	5 000	
原材料	335 000	
生产成本	480 000	
库存商品	450 000	
长期股权投资	23 000	

(续表)

总账账户	借方	贷方
固定资产	3 700 000	
累计折旧		1 200 000
在建工程	320 000	
无形资产	145 000	
短期借款		350 000
应付票据		204 500
应付账款		261 000
预收账款		24 000
其他应付款		15 000
应付职工薪酬		30 000
应交税费		38 000
长期借款		110 500
实收资本		3 500 000
资本公积		450 000
盈余公积		16 000
本年利润		201 000
利润分配——未分配利润		70 000

图表 8-8

相关明细分类账户余额　　　　　　　　　　单位：元

总　账	明　细　账	借方金额	贷方金额
应收账款		640 000	
	A 公司	340 000	
	B 公司		230 000
	C 公司	530 000	
应付账款			261 000
	D 公司		290 000
	E 公司	29 000	
预付账款		21 000	
	F 公司	38 000	
	G 公司		17 000
预收账款			24 000
	H 公司		15 000
	I 公司		29 000
	J 公司	20 000	

三、要求

根据所提供资料，编制和顺公司 2018 年 10 月 31 日的资产负债表（年初余额略）。

业 务 题 三

一、目的

练习利润表的编制。

二、资料

申鑫公司 2018 年 1 月份对有关账户余额进行分析,得到如图表 8-9 所示的资料。

图表 8-9

申鑫公司 2018 年 1 月有关项目余额　　　　　　　　单位:元

项　目	余　额
主营业务收入	589 000
其他业务收入	24 800
营业外收入	13 000
投资收益	50 000
主营业务成本	353 000
其他业务成本	18 900
税金及附加	2 980
销售费用	41 200
管理费用	36 000
财务费用	3 900
营业外支出	45 000
所得税费用	43 950

三、要求

为申鑫公司编制 2018 年 1 月份利润表。

业 务 题 四

一、目的

练习财务报表的编制。

二、资料

1. 大中工厂 2018 年 4 月 29 日各账户余额如图表 8-10 所示。

图表 8-10

大中工厂各账户余额表　　　　　　　　单位:元

账户名称	借方金额	账户名称	贷方金额
库存现金	149	累计折旧	140 350
银行存款	48 590	短期借款	36 000
短期投资	25 000	应付账款——A 公司	51 200
应收账款——甲工厂	40 000	——B 公司	−770
——乙工厂	30 000	实收资本	532 000
——丙工厂	−400	本年利润	59 620
原材料	62 290	盈余公积	35 970

(续表)

账户名称	借方金额	账户名称	贷方金额
库存商品	31 600	主营业务收入	84 640
固定资产	580 000	投资收益	2 000
生产成本	83 296	营业外收入	990
制造费用	1 300		
管理费用	1 400		
销售费用	2 490		
营业外支出	1 620		
所得税费用	19 675		
利润分配	14 990		
合　计	942 000	合　计	942 000

2. 该工厂在2018年4月30日发生下列经济业务：

（1）管理部门领用办公用原材料500元。

（2）机器设备修理领用修理用配件400元。

（3）计提固定资产折旧2 800元，其中车间负担2 000元，厂部负担800元。

（4）将本月发生的制造费用转入"生产成本"账户。

（5）结转本月完工产品的实际成本48 360元。

（6）结转本月主营业务成本56 988元。

（7）本月应交税金及附加4 232元。

（8）将本月各收入、费用账户的余额结转至"本年利润"账户。

（9）按照本月实现利润的25％计算应交所得税。

三、要求

1. 根据4月30日发生的经济业务，编制会计分录。

2. 编制4月30日经济业务发生后的试算平衡表。

3. 根据有关资料，编制该工厂2018年4月份的资产负债表和利润表。

课后习题答案

第 9 章 账务处理程序

通过本章你可以学到：
- 账务处理程序的概念与意义
- 设计账务处理程序的一般要求
- 账务处理程序的种类
- 记账凭证账务处理程序
- 科目汇总表账务处理程序
- 汇总记账凭证账务处理程序

殊途同归的故事

案例导入

违反作业规程带来的损失：大学毕业生李小明被银行录用为储蓄专员，满怀喜悦。工作第一天，在办理储户张先生的一笔存款时，发现其中一张100元纸币很像假币，在离开张先生视线的情况下，拿到隔壁办公室与同事们仔细辨认后确认为假币，回到柜台后，将假币没收。事后张先生因对是否假币怀有疑问以及对没收不满，即以小李在操作过程中离开当事人视线和未开具假币收缴凭证、违反作业规程为由提出索赔，经协调，最终由李小明赔偿。

储蓄工作有作业规范，财务工作也需要规定的工作程序，本章将介绍企业财务工作中的账务处理程序。

第1节 账务处理程序概述

一、账务处理程序的含义及意义

账务处理程序又称会计核算形式，是指记账过程和产生会计信息的步骤和方法，包括账簿组织和记账程序。账簿组织是指会计凭证和会计账簿的种类、格式，会计凭证与账簿之间的联系方法；记账程序是指由填制、审核原始凭证到填制、审核记账凭证，登记日记账、明细分类账和总分类账，编制财务报表的工作程序和方法等。

科学、合理地选择账务处理程序具有重要意义：合理的账务处理程序有利于规范会计工作，保证会计信息加工过程的严密性，提高会计信息质量；有利于保证会计记录的完整性和正确性，增强会计信息的可靠性；有利于减少不必要的会计核算环节，提高会计工作效率，保证会计信息的及时性。

微课：会计报表何处来

二、合理设计账务处理程序的要求

合理设计账务处理程序，按照规定设置会计凭证、账簿和报表的种类和格式，确定凭证、账簿和报表数据之间的勾稽关系，确定凭证、账簿和报表的填制方法和登记顺序，有利于提高会计工作的质量和效率，满足会计信息使用者的实际需要。

合适的账务处理程序应符合以下基本要求：

（1）适应本单位的特点。要根据各单位经营活动的性质、企业规模的大小和经济业务的繁简来设计合适的账务处理程序，有利于会计工作的分工协作和内部控制。

（2）满足会计信息质量要求和使用者的实际需要。通过合理的账务处理程序，能够较好地输出国家宏观经济管理、企业微观经济管理和各方面信息使用者所需要的信息。正确、及时、完整地提供反映本单位经济活动情况的会计信息，满足会计信息使用者的实际需要。

（3）避免会计工作人为的复杂化。要在保证会计信息质量的前提下，尽可能简化会计核算手续，提高会计工作效率，均衡会计期间的工作量，节约核算费用。

三、账务处理程序的种类

在实际工作中，由于各个单位业务性质的不同，规模大小不一，经济业务有繁有简，因而会计人员的分工和账簿组织也不完全一致，这就需要设计不同种类的账务处理程序。

经过长期的实践和总结，目前，企业常用的账务处理程序主要有记账凭证账务处理程序、科目汇总表账务处理程序和汇总记账凭证账务处理程序。除此以外，有极少数规模较大的企业还采用多栏式日记账账务处理程序和日记总账账务处理程序，但是目前已经较少使用。

各种账务处理程序之间虽然有一定的差异，但是，它们之间的主要区别是登记总分类账的依据和方法不同。

> **知识拓展**
>
> 在采用多栏式日记账账务处理程序的情况下，企业应设置多栏式现金日记账和多栏式银行存款日记账，以收款凭证和付款凭证分别登记日记账，期末，根据日记账中加计的库存现金、银行存款收支合计数以及各对应账户本期发生额合计数登记总账，同时，根据转账凭证逐笔登记总账的一种账务处理程序。
>
> 在日记总账账务处理程序的情况下，企业应设置日记总账，并以记账凭证逐笔登记总账的一种账务处理程序。

第2节　记账凭证账务处理程序

一、记账凭证账务处理程序概述

☞ 记账凭证账务处理程序是指对发生的经济业务，先根据原始凭证或汇总原始凭证填制记账凭证，然后根据记账凭证登记总分类账的一种账务处理程序。

记账凭证账务处理程序的特点是：直接根据记账凭证逐笔登记总分类账。

二、记账凭证与账簿的设置

（1）在记账凭证账务处理程序下，记账凭证一般采用通用记账凭证，也可以采用收款凭证、付款凭证和转账凭证这三种格式的专用凭证。

（2）在这种账务处理程序下，设置的账簿一般有现金日记账、银行存款日记账、总分类账和各种明细分类账。

（3）在这种账务处理程序下采用的账簿格式如下：现金日记账和银行存款日记账一般都采用三栏式，总分类账也采用三栏式并按照每一个账户开设账页，明细分类账则根据各个账户所反映的内容分别采用三栏式、数量金额式、多栏式等。

三、记账凭证账务处理程序的一般步骤

记账凭证账务处理程序的一般步骤是：

（1）根据原始凭证填制汇总原始凭证。

（2）根据原始凭证或汇总原始凭证，填制记账凭证。

（3）根据收款凭证和付款凭证逐笔登记现金日记账和银行存款日记账。

（4）根据原始凭证、汇总原始凭证和记账凭证，登记各种明细分类账。

（5）根据记账凭证逐笔登记总分类账。

（6）期末，将现金日记账、银行存款日记账和明细分类账的余额与有关总分类账的余额核对相符。

（7）期末，根据总分类账和明细分类账的记录，编制会计报表。

记账凭证账务处理程序的一般步骤如图表9-1所示。

图表9-1

记账凭证账务处理程序

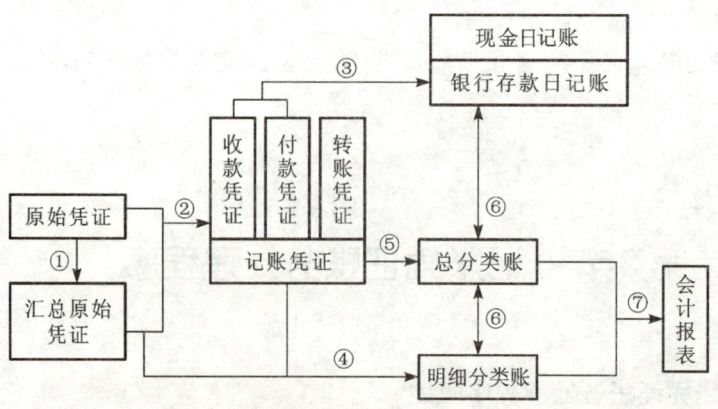

四、记账凭证账务处理程序的优缺点和适用范围

记账凭证账务处理程序的主要优点是：由于根据记账凭证直接登记总账，

所以这种账务处理程序简单明了,方法易于理解和掌握;总分类账是根据记账凭证逐笔登记,因而总分类账所提供的资料比较详细,可以具体地反映经济业务的发生情况;总分类账采用三栏式,能够克服账页过长、登记困难的不便之处。这种账务处理程序的缺点是:由于根据记账凭证逐笔登记总分类账,因而登记总分类账的工作量较大。

根据上述特点,该账务处理程序只能适用于规模较小、经济业务量较少的单位。

第3节 科目汇总表账务处理程序

一、科目汇总表账务处理程序概述

☞ 科目汇总表账务处理程序是指对发生的经济业务先根据原始凭证或原始凭证汇总表编制记账凭证,再根据记账凭证定期编制科目汇总表,并根据科目汇总表登记总分类账的一种账务处理程序。

科目汇总表账务处理程序的特点是:定期编制科目汇总表,并根据科目汇总表登记总分类账。

二、记账凭证与账簿的设置

(1) 在科目汇总表账务处理程序下,一般需要设置收款凭证、付款凭证和转账凭证三种记账凭证。

(2) 在这种账务处理程序下,必须设置科目汇总表,并作为登记总分类账的依据。

(3) 在这种账务处理程序下,也应设置现金日记账、银行存款日记账。其日记账的格式一般都采用三栏式。

(4) 采用的分类账簿格式如下:总分类账簿按照每一个账户开设账页,采用三栏式;明细分类账簿则根据实际需要分别采用三栏式、数量金额式、多栏式等。

三、科目汇总表的编制方法

科目汇总表又称记账凭证汇总表,其编制的方法是,根据一定时期内的全部记账凭证,按照会计科目进行归类,定期汇总出每一个科目的借方本期发生额和贷方本期发生额,并将各科目的发生额分别填写在科目汇总表的相关栏内,在进行全部汇总后,应加计总借方发生额和总贷方发生额,进行发生额的试算平衡。

科目汇总表的汇总时间应根据业务量的多少来确定,比较普遍的是每月汇总编制一张汇总表,或者每旬(10天)汇总编制一张汇总表。任何格式的科目汇总表,都只反映各个科目的借方本期发生额和贷方本期发生额,不反映各个科目之间的对应关系。

科目汇总表的一般格式如图表9-2所示。

图表9-2

科目汇总表

编号		附件共	张
凭证号数	现金	第 号至	号共 张
	银行存款	第 号至	号共 张
	记账	第 号至	号共 张

年 月 日至 月 日

会计科目	总页	借方 千百十万千百十元角分	贷方 千百十万千百十元角分

财务主管　　　记账　　　复核　　　制表

> **温馨提醒**
>
> 科目汇总表的汇总时间应根据单位业务量的大小进行确定,在业务量很大的情况下,汇总时间也可以缩短为1天、3天、5天或7天。但是,不允许按照每周进行汇总,以避免在时间上出现跨月,影响结账工作的正确性。

四、科目汇总表账务处理程序的一般步骤

科目汇总表账务处理程序的一般步骤是:

(1) 根据原始凭证或汇总原始凭证填制记账凭证。

（2）根据收款凭证和付款凭证逐笔登记现金日记账和银行存款日记账。

（3）根据原始凭证、汇总原始凭证和记账凭证，登记各种明细分类账。

（4）根据各种记账凭证编制科目汇总表。

（5）根据科目汇总表登记总分类账。

（6）期末，将现金日记账、银行存款日记账和各种明细分类账的余额同有关总分类账的余额核对相符。

（7）期末，根据总分类账和明细分类账的记录，编制会计报表。

科目汇总表账务处理程序的步骤如图表9-3所示。

图表9-3

科目汇总表账务处理程序

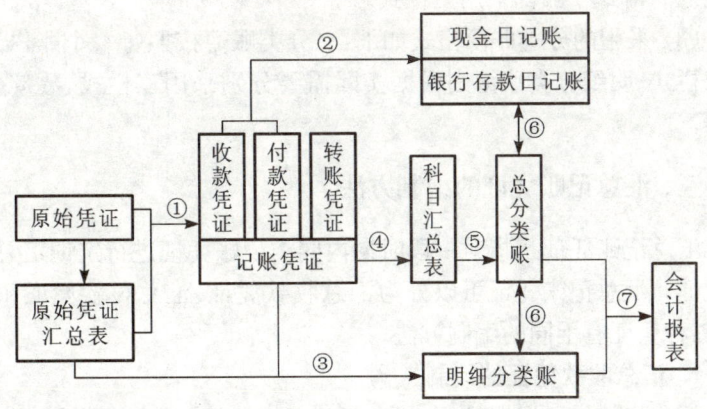

五、优缺点和适用范围

科目汇总表账务处理程序的主要优点是：由于根据科目汇总表登记总分类账，因而大大减轻了登记总分类账的工作量；通过科目汇总表的编制，可以根据各个科目本期借方发生额和贷方发生额的合计数进行试算平衡，及时发现填制凭证和汇总过程中存在的错误，从而保证记账工作的质量。这种账务处理程序的缺点是：科目汇总表按照总账科目汇总编制，只能作为登记总账和试算平衡的依据，不便于了解经济业务的来龙去脉，也不便于核对账目。

科目汇总表账务处理程序应用范围比较广泛，一般规模较大、经济业务较多的单位均可以采用。目前，采用该账务处理程序的单位比较普遍。

第4节 汇总记账凭证账务处理程序

一、汇总记账凭证账务处理程序概述

☞ 汇总记账凭证账务处理程序是指根据原始凭证或汇总原始凭证填制记

账凭证,定期根据记账凭证分类编制汇总收款凭证、汇总付款凭证和汇总转账凭证,再根据汇总记账凭证登记总分类账的一种账务处理方法。

汇总记账凭证账务处理程序的特点是:定期编制汇总记账凭证,根据汇总记账凭证登记总分类账。

二、记账凭证与账簿的设置

(1) 在汇总记账凭证账务处理程序下,记账凭证除了设置收款凭证、付款凭证和转账凭证这三种格式的专用凭证以外,还应该设置汇总收款凭证、汇总付款凭证和汇总转账凭证,作为登记总分类账的依据。

(2) 在这种账务处理程序下,也应设置现金日记账、银行存款日记账。其日记账的格式一般都采用三栏式。

(3) 采用的分类账簿格式如下:总分类账簿按照每一个账户开设账页,采用三栏式;明细分类账簿则根据实际需要分别采用三栏式、数量金额式、多栏式等。

三、汇总记账凭证的编制方法

汇总记账凭证是指对一段时期内同类记账凭证进行定期汇总而编制的记账凭证。汇总记账凭证可以分为汇总收款凭证、汇总付款凭证和汇总转账凭证,三种凭证有不同的编制方法。

1. 汇总收款凭证的编制

汇总收款凭证根据"库存现金"和"银行存款"账户的借方进行编制。汇总收款凭证是对各账户对应的贷方账户分类之后,进行汇总编制。总分类账根据各汇总收款凭证的合计数进行登记,分别记入"库存现金""银行存款"总分类账户的借方,并将汇总收款凭证上各账户贷方的合计数分别记入有关总分类账户的贷方。

2. 汇总付款凭证的编制

汇总付款凭证根据"库存现金"和"银行存款"账户的贷方进行编制。汇总付款凭证是对各账户对应的借方账户分类之后,进行汇总编制。总分类账根据各汇总付款凭证的合计数进行登记,分别记入"库存现金""银行存款"总分类账户的贷方,并将汇总付款凭证上各账户借方的合计数分别记入有关总分类账户的借方。

3. 汇总转账凭证的编制

汇总转账凭证通常根据所设置账户的贷方进行编制。汇总转账凭证是对所设置账户相对应的借方账户分类之后,进行汇总编制。总分类账根据各汇总转账凭证的合计数进行登记,分别记入对应账户的总分类账户的贷方,并将汇总转账凭证上各账户借方的合计数分别记入有关总分类账户的借方。

如果在1个月内某一贷方账户的转账凭证不多,可不编制汇总转账凭证,直接根据单个的转账凭证登记总分类账。

 **温馨提醒**

值得注意的是,如果采用汇总记账凭证账务处理程序,为便于汇总,编制转账凭证时,可以使用"一借一贷"会计分录或"一贷多借"会计分录,但不得编制"一借多贷"或"多借多贷"会计分录。若遇"一借多贷"或"多借多贷"会计分录时,必须分解为简单会计分录编制记账凭证。

四、汇总记账凭证账务处理程序的一般步骤

汇总记账凭证账务处理程序的一般步骤是:
(1) 根据原始凭证或汇总原始凭证,填制收款凭证、付款凭证和转账凭证。
(2) 根据收款凭证和付款凭证,逐笔登记现金日记账和银行存款日记账。
(3) 根据收款凭证、付款凭证和转账凭证并参考原始凭证,登记各种明细分类账。
(4) 根据记账凭证分别编制汇总收款凭证、汇总付款凭证和汇总转账凭证。
(5) 根据各种汇总记账凭证登记总分类账。
(6) 期末,将现金日记账、银行存款日记账和明细分类账的余额与有关总分类账的余额核对相符。
(7) 期末,根据总分类账和明细分类账的记录,编制会计报表。
汇总记账凭证账务处理程序如图表9-4所示。

图表9-4

汇总记账凭证账务处理程序

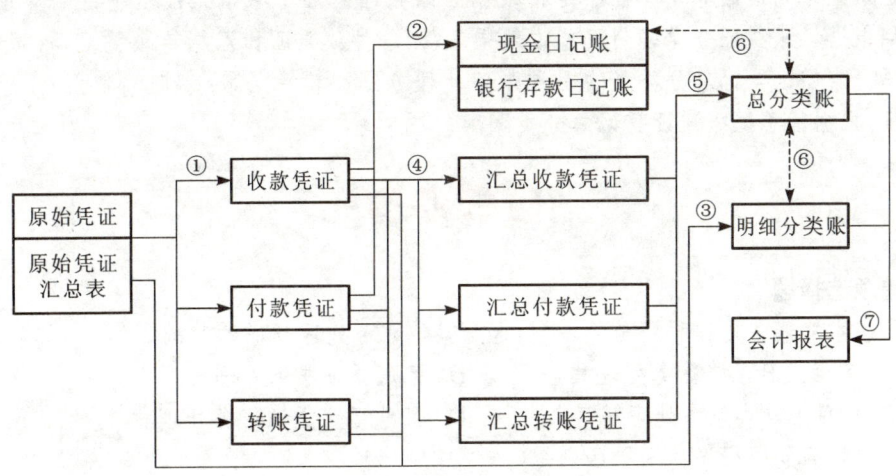

五、汇总记账凭证账务处理程序的优缺点和适用范围

汇总记账凭证账务处理程序的主要优点是:由于根据各种汇总记账凭证

登记总分类账,因而大大减轻了登记总分类账的工作量;同时,根据对应关系编制汇总收款凭证、汇总付款凭证和汇总转账凭证,因而便于了解和分析有关账户之间的对应关系。这种账务处理程序的缺点是:当转账凭证较多时,编制汇总转账凭证的工作量较大,并且按每一贷方账户编制汇总转账凭证,不利于会计核算的日常分工。

根据该账务处理程序的特点,汇总记账凭证账务处理程序适用于规模较大、经济业务较多的单位。

1. 账务处理程序又称会计核算形式,是指记账过程和产生会计信息的步骤和方法,包括账簿组织和记账程序。
2. 企业常用的账务处理程序主要有记账凭证账务处理程序、科目汇总表账务处理程序和汇总记账凭证账务处理程序。极少数规模较大的企业还采用多栏式日记账账务处理程序和日记总账账务处理程序。
3. 记账凭证账务处理程序是指对发生的经济业务,先根据原始凭证或汇总原始凭证填制记账凭证,然后根据记账凭证登记总分类账的一种账务处理程序。其特点是:直接根据记账凭证逐笔登记总分类账。
4. 科目汇总表账务处理程序是指对发生的经济业务先根据原始凭证或原始凭证汇总表编制记账凭证,再根据记账凭证定期编制科目汇总表,并根据科目汇总表登记总分类账的一种账务处理程序。其特点是:定期编制科目汇总表,并根据科目汇总表登记总分类账。
5. 汇总记账凭证账务处理程序是指根据原始凭证或汇总原始凭证填制记账凭证,定期根据记账凭证分类编制汇总收款凭证、汇总付款凭证和汇总转账凭证,再根据汇总记账凭证登记总分类账的一种账务处理方法。其特点是:定期编制汇总记账凭证,根据汇总记账凭证登记总分类账。

一、单项选择题
1. 最基本的账务处理程序是( ),也是其他账务处理程序的基础。
   A. 多栏式日记账账务处理程序　　B. 记账凭证账务处理程序
   C. 科目汇总表账务处理程序　　　D. 汇总记账凭证账务处理程序
2. 各种账务处理程序的主要区别是( )。
   A. 特点作用不同　　　　　　　　B. 登记总账的依据和方法不同
   C. 登记日记账的依据不同　　　　D. 编制报表的依据不同
3. 科目汇总表与汇总记账凭证两种账务处理程序的共同优点是( )。
   A. 保持科目之间的对应关系　　　B. 总括反映同类经济业务

C. 进行发生额试算平衡 D. 简化总分类账的登记工作
4. 科目汇总表账务处理程序适用于(   )。
   A. 规模较小、经济业务较少的单位 B. 规模较小、经济业务较多的单位
   C. 规模较大、经济业务较多的单位 D. 规模较大、经济业务较少的单位
5. 科目汇总表账务处理程序的主要缺点在于(   )。
   A. 不利于会计分工 B. 不能反映经济业务
   C. 不能保持科目之间的对应关系 D. 不能节省会计工作时间
6. 对于规模较小、经济业务不多的单位,适用的账务处理程序是(   )。
   A. 记账凭证账务处理程序 B. 汇总记账凭证账务处理程序
   C. 科目汇总表账务处理程序 D. 多栏式日记账账务处理程序
7. 记账凭证账务处理程序的特点是(   )。
   A. 根据现金、银行存款日记账登记总分类账
   B. 定期根据记账凭证编制科目汇总表,然后据以登记总分类账
   C. 定期根据记账凭证编制汇总记账凭证,然后据以登记总分类账
   D. 根据记账凭证逐笔登记分类账
8. 汇总转账凭证是根据(   )编制的。
   A. 原始凭证 B. 收款凭证
   C. 转账凭证 D. 转账凭证科目汇总表
9. 科目汇总表账务处理程序的汇总范围是(   )。
   A. 全部科目的借方余额 B. 全部科目的贷方余额
   C. 全部科目的借方、贷方发生额 D. 部分科目的借方、贷方发生额
10. 汇总记账凭证账务处理程序(   )。
    A. 能够反映各个科目之间的对应关系
    B. 不能反映各个科目之间的对应关系
    C. 能够综合反映企业所有的经济业务
    D. 能够序时反映企业所有的经济业务

二、多项选择题
1. 在汇总记账凭证账务处理程序下,总分类账根据(   )登记。
   A. 记账凭证 B. 汇总转账凭证
   C. 汇总收款凭证 D. 汇总付款凭证
2. 科目汇总表应当(   )。
   A. 按每一账户借方设置 B. 按相同账户分别借方、贷方归类汇总
   C. 根据需要定期编制 D. 按每一账户借方、贷方设置
3. 选择账务处理程序需要考虑的因素有(   )。
   A. 企业规模大小 B. 经济业务繁简
   C. 企业所有制性质 D. 节约核算费用
4. 科目汇总表账务处理程序的优点有(   )。
   A. 能够反映科目的对应关系 B. 简化总分类账的登记工作

  C. 可以进行试算平衡   D. 科目汇总表编制方便
5. 规模大、经济业务多的单位,一般可以采用( )。
  A. 记账凭证账务处理程序   B. 汇总记账凭证账务处理程序
  C. 科目汇总表账务处理程序   D. 多栏式日记账账务处理程序
6. 汇总记账凭证和科目汇总表两种账务处理程序的主要区别有( )。
  A. 汇总凭证的格式不同   B. 汇总凭证的编制方法不同
  C. 登记总分类账的依据不同   D. 日记账和明细账登记的依据不同
7. 采用汇总记账凭证账务处理程序时,月末应将( )与总分类账进行核对。
  A. 现金日记账   B. 银行存款日记账
  C. 明细分类账   D. 日记总账
8. 各种会计核算形式的相同之处有( )。
  A. 根据原始凭证编制原始凭证汇总表
  B. 根据原始凭证、原始凭证汇总表编制记账凭证
  C. 根据收款凭证、付款凭证逐笔登记现金和银行存款日记账
  D. 根据核对无误的总分类账及各明细分类账的记录编制会计报表
9. 目前,企业常用的账务处理程序有( )。
  A. 记账凭证账务处理程序   B. 汇总记账凭证账务处理程序
  C. 科目汇总表账务处理程序   D. 日记总账账务处理程序
10. 总分类账的登记依据包括( )。
  A. 记账凭证   B. 现金日记账   C. 科目汇总表   D. 汇总记账凭证

三、判断题

1. 会计核算形式、会计核算程序、账务处理程序都是同等概念。( )
2. 各种账务处理程序的主要区别是其采用的账簿格式和结构不同。( )
3. 任何账务处理程序的第一步必须将所有原始凭证都汇总编制为汇总原始凭证。
                                                            ( )
4. 在记账凭证账务处理程序下,明细分类账可以采用三栏式、多栏式或数量金额式,而总分类一般都采用三栏式。( )
5. 科目汇总表账务处理程序下,总分类账应依据汇总记账凭证进行登记。( )
6. 记账凭证和日记总账两种账务处理程序都适用于规模小、经济业务量少的企业。
                                                            ( )
7. 科目汇总表和汇总记账凭证都是在记账凭证的基础上汇总形成的,但是,它们并不都能反映账户之间的对应关系。( )
8. 在汇总记账凭证账务处理程序下,编制汇总记账凭证是登记明细分类账与编制会计报表的基础。( )

第 10 章 会计工作组织

通过本章你可以学到：

- 会计法律制度及其内容
- 会计机构与会计岗位的设置方法
- 会计人员的职责与权限
- 会计人员的职业道德
- 会计电算化及其实施方法
- 会计档案的内容与保管规定

盘点世界知名的会计组织

案例导入

顺达公司是一家具有一定规模的民营企业,因为良好的企业文化和全体员工的努力,公司发展蒸蒸日上,经济效益持续提高。在财务工作上,公司长期委托具有会计师职称的李杰老师兼任,李老师由于本职工作繁忙,平时不来公司,每月月末集中处理公司账目或带回家中完成,并代理网上申报纳税。围绕李老师代理记账问题,公司管理层发生了分歧:姚经理认为,让李老师代理记账,既能够出色完成任务,又能节约公司开支;许经理认为,让李老师代理记账是违反相关财经法规的,公司应该规范管理。

企业的财务工作应该如何进行呢?本章将系统地介绍会计工作的组织。

第1节 会计法律制度

会计法律制度是组织和从事会计工作必须遵循的制度规范。会计法律制度具体规定会计工作应遵循的规则、方法和程序。为了使会计工作有组织、有秩序地进行,为决策者提供有用的会计信息,并为政府相关部门实施有效的管理,必须具有一套完善的会计法律制度。

我国会计法律制度包括会计法律、会计行政法规、会计部门规章和地方性会计法规四个层次。

一、会计法律

会计法的渊源:立法机构

会计法律是指由国家最高权力机关——全国人民代表大会及其常务委员会经过一定立法程序制定的有关会计工作的法律,是调整我国经济生活中会计关系的总规范。我国目前有两部会计法律,分别是《中华人民共和国会计法》(简称《会计法》)和《中华人民共和国注册会计师法》(简称《注册会计师法》)。

(一)《会计法》

《会计法》是我国会计法律制度中层次最高、法律效力最强的法律规范,是制定其他会计法规的依据,也是指导会计工作的最高原则。《会计法》的适用范围遍及全国,包括我国驻外国的使领馆。我国在境外投资设立的企业,向国内报送的财务会计报表也应当按照国内法处理。但是香港特别行政区和澳门特别行政区例外。

我国第一部会计法律——《会计法》于1985年1月21日由第六届全国人民代表大会常务委员会第九次会议通过,同年5月1日起施行,1993年和1999年全国人大常务委员会两次对《会计法》作了修订。目前施行的《会计法》是1999年10月31日修订后于2000年7月1日起施行的,内容包括:总则;会计核算;公司、企业会计核算的特别规定;会计监督;会计机构和会计人员;法律责任和附则,共七章五十二条。修订后的《会计法》突出了规范会计行为、保证了会计信息质量的立法宗旨,明确了会计工作在社会主义市场经济中的地位和作用,特别强调了单位负责人对本单位会计工作和会计资料真实性、完整性的责任,加大了对违反会计行为的惩治力度。

(二)《注册会计师法》

1993年10月31日,第八届全国人民代表大会常务委员会第四次会议通过了《注册会计师法》,自1994年1月1日开始实施。这是我国中介行业的第一部法律。《注册会计师法》主要对注册会计师行业管理体制、注册会计师考试和会计师事务所组织形式和业务范围以及法律责任等进行系统规范。其目的是为了发挥注册会计师在社会经济活动中的鉴证和服务作用,加强对注册会计师的管理,维护社会公共利益和投资者的合法权益,促进我国社会主义市场经济的健康发展。

知识拓展

会计法律相对于其他会计法规而言,具有以下特点:会计法律只能由具有国家立法权的全国人民代表大会及其常务委员会制定,其他机关无权制定或修改;会计法律所规定的是会计工作中重要的、带有根本性的事项;会计法律是制定会计行政法规、国家统一的会计制度的依据。

二、会计行政法规

会计行政法规是指由国家最高行政管理机关——国务院制定并发布,或者由国务院有关部门拟定并经国务院批准发布,用于调整经济生活中某些方面会计关系的法律规范。会计行政法规制定的依据是《会计法》,会计行政法规的权威性和法律效力仅次于会计法律,是一种重要的法律形式。我国当前施行的会计行政法规主要有两部,分别是《总会计师条例》和《企业财务会计报告条例》。

(一)《总会计师条例》

《总会计师条例》由国务院于1990年12月31日以第72号令颁布,是对《会计法》中有关规定的细化和补充,共分五章二十三条,主要规定了单位总会计师职责、权限、任免、奖惩等。该条例规定了国有大中型企业及国有资产占控股地位或者主导地位的大中型企业,必须设置总会计师。

(二)《企业财务会计报告条例》

《企业财务会计报告条例》由国务院于 2000 年 6 月 21 日以第 287 号令颁布,自 2001 年 1 月 1 日起施行,共分六章四十六条,主要规定了企业财务会计报告的构成、编制和对外提供的要求、法律责任等。它是对《会计法》中有关财务会计报告规定的细化。

三、会计部门规章

会计部门规章是指国家主管会计工作的行政管理部门即财政部以及其他相关部委根据法律和国务院行政法规、决定、命令,在本部门的权限范围内制定的、调整会计工作中某些方面内容的国家统一的会计准则制度和规范性文件,包括国家统一的会计核算制度、会计监督制度、会计机构和会计人员管理制度及会计工作管理制度等。

国务院其他部门根据其职责权限制定的会计方面的规范性文件也属于会计部门规章,但必须报国务院财政部门审核或备案。会计部门规章不得与《宪法》、会计法律和会计行政法规相违背,其法律效力低于《宪法》、会计法律和会计行政法规。

会计部门规章涉及的会计工作管理领域较为广泛,因此会计部门规章的具体形式也较多。比如,2001 年 2 月 20 日以财政部第 10 号令形式发布的《财政部门实施会计监督办法》;2005 年 1 月 22 日以财政部第 26 号、第 27 号令发布,于同年 3 月 1 日起实施的《会计从业资格管理办法》和《代理记账管理办法》等。

除此之外,由国务院财政部门制定并发布的《企业会计制度》《金融企业会计制度》《小企业会计准则》《行政单位会计制度》《事业单位会计制度》《民间非营利组织会计制度》《会计基础工作规范》《会计人员继续教育管理规定》、财政部与国家档案局联合发布的《会计档案管理办法》以及国务院财政部门以文件形式印发的企业会计准则体系(2006)中的 38 项具体准则以及应用指南,也属于会计部门规章。

四、地方性会计法规

地方性会计法规是指由省、自治区、直辖市人民代表大会或常务委员会在同宪法、会计法律、行政法规和国家统一的会计准则制度不相抵触的前提下,根据本地区情况制定发布的关于会计核算、会计监督、会计机构和会计人员以及会计工作管理的规范性文件。地方性会计法规是会计法律制度的重要组成部分。

除此之外,实行计划单列市、经济特区的人民代表大会及其常务委员会,在宪法、会计法律、会计行政法规允许的范围内也可以制定会计方面的规范性文件。比如,深圳市第四届人民代表大会常务委员会第十次会议通过自 2007 年 3 月 1 日起施行的《深圳经济特区注册会计师条例》等。

第 2 节　会计机构与会计人员

会计机构是处理会计业务工作的专职机构。会计机构的主要职能是制定和执行国家的方针政策，制定和执行会计制度，处理日常会计工作。会计人员是指直接从事会计工作、处理会计业务、完成会计任务的人员。

一、会计机构

(一) 会计机构的设置

各单位是否设置会计机构，是根据各单位会计业务的需要、经营业务规模的大小、会计业务的复杂情况和办公自动化程度等因素来决定的。《会计法》规定：各单位应当根据会计业务的需要，设置会计机构，或者在有关机构中设置会计人员并指定会计主管人员；不具备设置条件的，应当委托经批准设立的从事代理记账业务的中介机构代理记账。

会计机构的设置和会计人员的配置主要有三种情况：其一，实行独立核算的大中型企业，实行企业化管理的事业单位，以及财务收支数额较大、会计业务较多的机关团体和其他组织，必须设置由本单位负责人直接领导的财务会计结构，并配备必要的会计人员。其二，财务收支数额不大、业务形式比较简单、会计核算不太复杂的单位，可以不设专门的会计机构，只要在有关机构中设置专职会计人员处理会计事务。其三，不具备配备专职会计人员条件的小型经济组织可以委托专门从事会计代理记账业务的中介代理机构代理记账。

会计机构的名称没有统一的规定，各单位根据自己的具体情况确定。

(二) 会计岗位的设置

为保证会计工作的顺利开展，会计机构内部应建立岗位责任制，明确会计人员各自的岗位及其职责范围，实行定员、定岗和定职的管理，以提高会计工作效率。会计机构的岗位设置必须遵守下列原则：

(1) 满足本单位会计业务工作的需要。各单位应根据本单位的规模、业务内容、管理要求等实际情况设置会计岗位，满足会计业务工作的需要。

(2) 符合内部会计牵制制度的要求。会计工作的岗位设置可以根据需要确定，但必须符合内部会计牵制制度的要求。出纳人员不得兼任稽核、会计档案保管和收入、支出、费用、债权债务账目的登记工作。

企业会计人员
分布图

(3) 有利于会计人员全面熟悉业务。在可能的情况下，会计人员的工作岗位应当定期或者不定期地进行轮换，一方面有利于促进会计人员的自身学习，全面熟悉业务，以适应不同岗位的需求；另一方面也有利于会计监督，防止会计人员出现违法乱纪行为。

会计人员工作岗位一般有会计主管、出纳、财产物资核算、职工薪酬核算、成本费用核算、收入成本利润核算、资金核算、往来款项核算、总账报表、稽核、会计档案管理等。会计工作的岗位分工根据需要确定,可以一人一岗、一人多岗或一岗多人。

> **温馨提醒**
>
> 代理记账是指由社会中介机构即会计咨询、服务机构代理独立核算的单位办理记账、算账和报账业务。《会计基础工作规范》第八条规定：没有设置会计机构和配备会计人员的单位,应当根据《代理记账暂行办法》委托会计师事务所或者持有代理记账许可证的其他代理记账机构进行代理记账。除会计师事务所外,其他代理记账机构必须持有县级以上财政部门核发的代理记账许可证书。

（三）会计工作的组织方式

企业会计工作的组织方式有集中核算和分散核算两种。

（1）集中核算。集中核算组织形式是指企业的会计核算工作全部集中在会计机构总部进行,其他职能部门、车间、仓库的专职或兼职会计人员,只负责部分原始凭证填制和原始记录的登记,并定期将原始凭证和原始凭证汇总表送交会计机构总部,为会计机构总部的会计核算工作提供资料。采用集中核算组织形式,可以减少核算层次,节约核算费用,但不利于各职能部门计算运用会计资料对经济活动进行分析与考核。

（2）分散核算。分散核算组织形式是指企业的会计核算工作分散在会计机构总部及各个职能部门中进行。即日常业务的凭证整理、明细核算、成本费用的汇总等工作,分散在直接从事该项业务的车间、部门进行；总分类核算、对外会计报表的编制和分析工作,现金往来、物资购销、债权债务结算等明细分类核算工作,集中在会计机构总部进行。实行分散核算有利于各部门及时掌握会计信息,并利用会计资料进行经济活动的分析和考核。有关单位的会计工作组织是采用集中核算还是分散核算,取决于经济管理的要求。

二、会计人员

会计人员是指直接从事会计工作、处理会计业务、完成会计任务的人员。设置会计机构的单位,应当配备一定数量符合会计从业资格的会计人员。不设专门会计机构的单位,应当在有关机构中配备若干办理会计事务的专职和兼职会计人员。明确会计人员的职责权限,提供会计人员的政治素质和业务水平,是保证会计工作质量的关键。

（一）会计人员的职责

会计人员的职责是指国家相关法律、法规对会计人员所提出的岗位职责要求。根据《会计法》的规定,会计人员的主要职责包括以下几个方面：

（1）进行会计核算。这主要包括：填制或取得原始凭证并进行审核；根据

微课：四大名著中的会计味道

审核无误的原始凭证编制记账凭证;设置会计科目和账簿,并按规定记账;建立财产清查制度,并定期清查财产;在账实相符的基础上编制会计报表。

(2) 实行会计监督。这主要包括:对不真实、不合法的原始凭证,不予受理;对记载不准确、不完整的原始凭证,予以退回,要求更正、补充;当发现账簿记录与实物、款项不符时,应按照有关规定进行处理,无权自行处理的应向企业、单位负责人提出书面意见,要求处理;对违法的收支,不予受理;对严重违法、损害国家和社会公众利益的收支,应向主管单位或财政、审计、税务机关报告请求处理。

(3) 拟定企业、单位处理会计事务的具体办法。企业、单位的会计主管人员应根据会计法规制度,结合企业、单位的实际情况,建立健全企业、单位内部的会计核算制度,如企业会计制度、内部牵制制度、会计人员岗位责任制度、成本计算办法、费用开支报销手续制度。

(4) 参与拟订经济计划、业务计划,考核分析预算计划的执行情况。会计人员参与计划的拟订,要深入生产实际,了解具体情况,挖掘增产节约、增收节支的潜力。考核资金使用效果,分析预算、计划的执行情况,发现问题,解决问题,及时进行信息反馈。

(5) 处理其他会计事务。处理除以上各项的会计事务,如妥善保管会计凭证、会计账簿以及会计报表等会计档案资料,实行电算化会计等。

(二) 会计人员的权限

为了保障会计人员能够顺利履行自己的职责,国家对会计人员赋予了必要的权限,会计人员的主要权限有以下几个方面:

(1) 会计人员有权要求单位有关部门和人员认真执行国家的计划、预算,遵守国家财经纪律以及各项财政、财务和会计的法规和制度;对于违反法律、法规的情况,会计人员有权拒绝付款、拒绝报销或拒绝执行,并向单位领导人报告;对于弄虚作假、徇私舞弊、欺骗上级等违法乱纪行为,会计人员必须坚决拒绝执行,并向本单位领导或上级机关执法部门报告。

(2) 会计人员有权参与本单位编制计划,制定定额,对外签订经济合同,参与有关的生产、经营管理会议和业务会议;有权提出有关财务开支和经济效益方面的问题和建议,单位领导和有关部门对这些问题和建议,要认真考虑,合理的意见要加以采纳。

(3) 会计人员有权监督、检查本单位内部有关部门的财务收支、资金使用和财产保管、收发、计量、检验等情况,有关部门要提供资料,如实反映情况。

会计人员的工作权限是国家有关法律、法规所赋予的,各级领导和有关人员要支持会计人员正确地行使工作权限。

(三) 会计人员职业道德

会计职业道德是指在会计业务活动中应当遵循的、体现会计职业特征的、调整会计职业关系的执业行为准则和规范。其主要内容包括以下几个方面:

(1) 爱岗敬业。爱岗敬业是会计职业道德的基础,是指忠于职守的职业精神，"爱岗"是"敬业"的前提，"敬业"是"爱岗"的升华。

(2) 诚实守信。诚实守信是做人的基本准则，是人们在古往今来的交往中产生的最基本的道德规范，是会计职业道德的精髓。

(3) 廉洁自律。廉洁自律是会计职业道德的前提，也是会计职业道德的内在要求。会计人员只有做到自身廉洁，严格自律，才能严格要求自己，才能有效地阻止他人侵占集体利益，也才能防止腐败和其他不良现象的发生。

(4) 客观公正。客观公正是会计职业道德所追求的理想目标，客观是公正的基础，公正是客观的反映。公正不仅仅是诚实、真实、可靠，还包括在真实、可靠中作出公正选择，这种选择尽管是建立在客观的基础之上的，还需要在主观上作出公平合理的选择。

(5) 坚持准则。坚持准则是会计职业道德的核心，会计人员在处理业务过程中，要严格按照会计法律制度办事，不为主观或他人意志所左右。

(6) 提高技能。会计工作是一门专业性和技术性很强的工作，从业人员必须"具备一定的会计专业知识技能"，才能胜任会计工作。作为一名会计工作者必须不断地提供其技术技能，这既是会计人员的义务，也是在职业活动中做到的客观公正、坚持准则的基础。

(7) 参与管理。简单来讲，参与管理就是参与单位的各项管理活动，为单位管理者当好参谋，为管理活动做好服务。

(8) 强化服务。强化服务就是要求会计人员具有文明的服务态度、强烈的服务意识和优良的服务质量。

以上八个方面是每一个会计从业人员在工作中都应具备的基本职业道德，会计从业者应在实践中自觉遵守、不断充实和发扬光大。

盘点会计
从业资格

(四) 会计人员的任职要求

我国《会计法》明确规定：从事会计工作的人员，必须取得会计从业资格证书。未取得会计从业资格证书的人员，不得从事会计工作。担任单位会计机构负责人(会计主管人员)的，除取得会计从业资格证书外，还应该具备会计师以上专业技术职务资格或从事会计工作3年以上经历。从事会计工作的人员按其所掌握专业知识和专业技能的熟练程度及在单位会计工作中所承担的责任，考试合格，经有关部门批准，获得相应的专业技术职务。国家规定的会计专业技术职务名称有高级会计师、会计师、助理会计师和会计员。

会计工作具有很强的政策性和专业性。因此，国家颁布了一系列行政规章，根据会计工作实际岗位难易程度的不同、所负责任的不同，对不同层次会计人员提出了具体的任职要求：

(1) 会计员。会计员的任职条件是：初步掌握财务会计知识和技能；熟悉并遵照执行有关会计法规和财务会计制度；能担负一个岗位的财务会计工作；大学专科或中等专业学校毕业，在财务会计工作岗位上见习1年期满，并通过会计员专业技术职务资格考试。

会计员的基本职责是：负责审核和办理财务收支；编制记账凭证；登记会

计账簿；编制会计报表和办理其他会计事务。

（2）助理会计师。助理会计师的任职条件是，掌握一般的财务会计基础理论和专业知识；熟悉并能正确执行有关方针、政策和财务会计法规、制度；能担负一个方面重要岗位的财务会计工作；取得硕士学位，或取得第二学士学位或研究生班结业证书，具备履行助理会计师职责的能力；大学本科毕业，在财务会计工作岗位上见习1年期满；大学专科毕业并担任会计员职务2年以上；或中等职业学校毕业并担任会计员职务4年以上，并通过助理会计师专业技术职务资格考试。

助理会计师的基本职责是：负责草拟一般的财务会计制度、规定、办法；解释、解答财务会计法规、制度中的一般规定；分析检查某一方面或某些项目的财务收支和预算的执行情况。

（3）会计师。会计师的任职条件是，较系统地掌握财务会计基础理论和专业知识；掌握并能正确贯彻有关的财经方针、政策和财务会计法规制度；具有一定会计工作经验，能担任一个单位或者管理一个地区、一个部门、一个系统某个方面的财务会计工作；取得博士学位，并具有履行会计师职责的能力；取得硕士学位并担任助理会计师职务2年左右；取得第二学士学位或研究生班结业证书，并担任助理会计师职务2~3年；大学本科或大学专科毕业并担任助理会计师职务4年以上；掌握一门外语，并通过会计师专业技术职务资格考试。

会计师的基本职责是：负责草拟比较重要的财务会计制度、规定、办法；解释、解答财务会计法规、制度中的重要问题；分析检查财务收支和预算的执行情况；培养初级会计人才。

（4）高级会计师。高级会计师的任职条件是，较系统地掌握经济、财务会计理论和专业知识；具有较高政策水平和丰富的财务会计工作经验，能担任一个地区、一个部门或一个系统的财务会计管理工作；取得博士学位，并担任会计师职务2~3年；取得硕士学位、第二学士学位或研究生班结业证书，或大学本科毕业并担任会计师职务5年以上；较熟练地掌握一门外语。

高级会计师的基本职责是，负责草拟和解释、解答在一个地区、一个部门、一个系统或在全国实行的财务会计法规、制度、办法；组织和指导一个地区或一个部门、一个系统的经济核算和财务会计工作；培养中级以上会计人才。

第3节 会计电算化

会计电算化是电子计算机在会计工作中应用的简称，就是指把以电子计算机为代表的现代化数据处理工具和以系统论、信息论、数据库以及计算机网络等新兴理论和技术应用于会计核算和财务管理工作中，来提高财务会计的管理水平和经济效益，从而实现会计工作的现代化。

一、会计电算化的意义

会计电算化改变了会计核算方式、数据储存形式、数据处理程序和方法,扩大了会计数据领域,提高了会计信息质量,改变了会计内部控制与审计的方法和技术,从而推动了会计理论与会计技术的进一步发展和完善,促进了会计管理制度的变革,是整个会计理论研究与会计实务的一次根本性变革。实现会计电算化具有重要意义。

(一)提高工作效率,减轻会计人员的劳动强度

用电子计算机完成原始数据的录入、建立数据文件代替手工操作的账簿、打印各自财务报表、进行日常管理所需的数据查询等,不但替代了原来靠会计人员手工进行的大部分计算、抄写等工作,而且有助于提高数据处理的精度,加快数据处理的速度,大大提高了工作效率。

(二)提高会计信息质量,保证会计信息的及时性

采用电算化会计,可以充分利用计算机运算速度快、精度高等特点,提高会计数据处理的及时性和准确性。同时,还可以根据管理需要按年、季、月提供丰富的核算信息和分析信息,按日、时、分提供实时核算信息和分析信息,大大提高了会计信息的质量。

(三)提高会计人员素质,促进会计工作的规范化

实现会计电算化之后,会计人员一方面有更多的时间学习经营管理知识,参与企业管理;另一方面通过计算机知识学习,知识结构得以更新,综合素质得以提高。较好的会计基础和业务处理规范是实现会计电算化的前提条件,会计电算化的实施,在很大程度上促进了对手工操作中不规范、易出错等问题的解决。会计电算化的过程,也是促进会计工作标准化、制度化和规范化的过程。

(四)推动企业管理现代化

现代社会中,企业不仅需要提高生产技术水平,而且还需要实现企业管理的现代化,以提高企业经济效益,使企业在国内外的竞争中立于不败之地。会计工作是企业管理工作中的重要组成部分,据统计,会计信息占企业管理信息的60%~70%,它提供的指标综合性较强。实现会计电算化可以为企业管理手段现代化奠定重要基础。

二、会计电算化的特点

为了确保存放在系统中的会计信息真实、完整、全面、公允、安全和可靠,会计电算化系统对会计信息的采集、存储、处理和加工等操作提供了相关的控制和保护措施。电算化会计系统中的数据不仅在处理时要层层复核,保证其正确性,同时,保证在任何条件下能够以任何方式进行核查核对,留有审计线索。这为防止犯罪破坏,为审计工作的开展提供了必要的条件。电算化会计系统既是企业管理信息系统中的一个子系统,同时也是一个由许多职能子系

统如账务处理子系统、工资核算子系统、材料核算子系统等组成的独立整体。各子系统之间既各自独立，又相互之间密切联系，在进行信息的收集、加工、使用，联络过程中形成一个有机的整体。电算化会计系统通过子系统的相互连接，进而实现全部会计信息处理过程的系统化。企业电算化会计系统还可以与企业其他管理子系统及企业外部系统（如银行、税收、审计、客户）进行信息交换，形成开放型系统。

三、会计数据的处理

数据处理是指把记录下来的事实数据整理成有用信息的过程。会计电算化程序就是在电子计算机中实现对会计信息的运算过程，它通常包括系统调查、系统分析、数据字典和系统维护等。

（1）系统调查。系统调查就是对现行系统进行具体的调查，为系统分析和新系统逻辑模型的建立提供详尽完整的资料，使开发工作在摸清系统现状、明确用户要求和充分占有资料的基础上进行。系统调查的主要内容包括对现行系统的目标、主要功能、组织机构、业务流程、数据流程的调查和分析。

（2）系统分析。系统分析是对系统目标进行可行性分析以确定开发工作的目标，同时建立系统的逻辑模型以确定开发系统的方法。系统分析的目标是在系统规划的范围内，明确系统开发的目标和用户的信息需求，提出系统的逻辑模型。

（3）数据字典。编制数据字典就是对每个数据流、每个数据处理、每个数据存储及外部项建立一个卡片，对数据来源、去向、组成和数据量等进行说明，对每个处理单元的名称、输入数据名称、输出数据名称及处理的内容进行说明；对每个数据存储的名称、输入数据流、输出数据流和记录个数进行说明。

（4）系统维护。由于企业的业务范围和规模、经营方式与数量、经营环境等都会发生变化，加上系统本身潜在的问题，所以系统在长期的运行过程中，企业管理信息系统中的程序和数据不是一成不变的，因此就需要对系统进行维护。维护的主要工作内容包括了对系统程序的维修和扩充、对系统设备的维护、对数据文件的维护以及对代码的维护等。

四、会计电算化的实施

在电算化会计信息系统具体实施过程中，必须制订一个详细的实施计划，对在一定时期内要完成的工作有一个具体安排。会计电算化的实施包括计算机系统的配置、会计电算化人员的培训、会计电算化制度与岗位的制定和设立、会计电算化系统运行的审查等。

（一）计算机系统的配置

计算机系统配置包括硬件和软件的配置。计算机系统配置是实现会计电算化的物质基础，是保证会计电算化的正常工作的前提条件。计算机系统配置包括硬件设备的配置和会计软件的配置。

（1）硬件设备的配置。硬件设备的配制主要是指主机、辅机、外围设备、通讯设备、网络设备、办公自动化设备和接口设备等的选择和配置。硬件设备配置的合理性意味着能否以最少的人力、物力和财力去较好地完成系统功能。

（2）会计软件的配置。配置会计软件是会计电算化的基础工作，选择会计软件的好坏对会计电算化的成败起着关键性的作用。配置会计软件主要有选择通用会计软件、定点开发、通用与定点开发相结合三种方式。

（二）会计电算化人员的培训

会计电算化工作的开展要求企业不仅要拥有会计、计算机类专门的人才，又需要拥有既掌握会计知识，又掌握计算机知识的复合型人才。我国企事业单位对会计电算化人才的培训分为初级、中级和高级三个层次。初级培训要求会计从业人员掌握计算机和会计电算化软件的基本操作技能；中级培训要求工作人员能够对计算机系统环境进行日常维护，对财务软件进行有关设置，以及对会计核算信息进行简单分析和应用；高级培训则要求工作人员能够进行财务软件的开发和研究。随着学校会计电算化教学的普及，目前，学校会计专业毕业生基本都具备了会计电算化的操作技能。

（三）会计电算化制度与岗位的制定和设立

实现会计电算化之后，不仅会计核算手段发生了重大变化，而且许多手工管理的习惯和方法也有了很大的改变。针对会计电算化工作的特点，会计管理制度也必须作相应的调整。

会计电算化工作的岗位分为基本会计岗位和电算化会计岗位。两者可在保证会计数据安全的前提下交叉设置，各岗位人员要求保持相对稳定。会计电算化岗位和工作职责一般可划分为电算主管、软件操作、电算维护、数据分析、会计电算化档案资料保管员和软件开发等。

会计电算化管理制度包括操作管理制度，硬件、软件维护制度，会计档案管理制度等。

微课：会计电算化中的内控环节

（四）会计电算化系统运行的审查

由于会计电算化实施阶段存在的实际压力等原因，一些业务需求往往还没来得及提出，或随着企业发展、管理和业务流程的变化，都需要对会计电算化系统运行进行审查。审查的内容主要包括年度审查、技术审查和应用审查。

年度审查在电算化实施后的半年到1年内进行。审查工作主要帮助用户充分用好已运行的软件；帮助用户如何应用软件系统功能以适应业务需求的变化；指出当前系统应用中的不足之处等。技术审查由软件技术专家执行审查，主要包括操作规程、系统运行指标、数据维护、技术人员的知识更新等。应用审查由软件应用专家执行审查，主要包括与关键用户的交流，了解系统运行情况，确定会计电算化系统运行或业务处理过程的不足之处，审阅报表需求以及帮助提高业务处理能力。

第4节 会计档案

会计档案是指记录和反映经济业务事项的重要历史资料和证据,一般包括会计凭证、会计账簿和各种财务报表等会计核算的专业资料。各单位必须高度重视会计档案管理,建立会计档案立卷、归档、保管、查阅和销毁等管理制度,保证会计档案妥善保管、有序存放、方便查阅,严防毁损、散失和泄密。

案例:会计档案里的故事

一、会计档案的内容

会计档案是单位经济业务活动、财务收支状况及其结果的重要史料和证据,会计档案的具体内容包括:

(1) 会计凭证类:包括原始凭证、记账凭证、汇总凭证以及其他会计凭证。

(2) 会计账簿类:包括总账、明细账、日记账、固定资产卡片、辅助账簿以及其他会计账簿。

(3) 财务报表类:包括月度、季度、年度财务报表,还包括会计报表、附表、附注及文字说明、其他财务报表。

(4) 其他类:包括银行存款余额调节表、银行对账单、其他应当保存的会计核算专业资料、会计档案移交清册、会计档案保管清册、会计档案销毁清册。

二、会计档案管理

为了加强会计档案的科学管理,统一全国会计档案工作制度,《会计法》和《会计基础工作规范》对会计档案的管理办法都有明确的规定,《会计档案管理办法》则作出了会计档案管理的具体要求。《会计档案管理办法》规定,大中型企业必须建立档案室,小型企业应有会计档案柜并指定专人负责。

1. 会计档案的管理

每年年度终了,各单位会计机构应按照归档要求,对当年的凭证、账簿、财务报表等进行整理立卷,装订成册,编制会计档案保管清册。当年形成的会计档案,在会计年度终了后,可暂由会计机构保管1年,期满之后,由会计机构编制移交清册,移交本单位档案机构统一保管;未设立档案机构的,应由会计机构内部指定专人保管。必须注意的是,出纳人员不得兼管会计档案。

移交本单位档案机构保管的会计档案,原则上应当保持原卷册的封装。个别需要拆封重新整理的,档案机构应当会同会计机构和经办人员共同拆封整理,以分清责任。

2. 会计档案的保管

新修订的《会计档案管理办法》,自2016年1月1日起施行。新《会计档案管理办法》第十四条规定,会计档案的保管期限分为永久和定期两类。定期保管期限一般分为10年和30年。会计档案的保管期限,从会计年度终了后的第一天算起。采用电子计算机进行会计核算的单位,应当保存打印出的纸质会计档案。会计档案的保管期限,如图表10-1所示。

图表 10-1

企业和其他组织会计档案保管期限表

序号	档案名称	保管期限	备注
一、会计凭证类			
1	原始凭证	30年	
2	记账凭证	30年	
3	汇总凭证	30年	
二、会计账簿类			
4	总账	30年	
5	明细账	30年	
6	日记账	30年	
7	固定资产卡片		固定资产报废清理后保管5年
8	其他辅助性账簿	30年	
三、财务报告类			
9	月、季度财务报告	10年	
10	年度财务报告	永久	
四、其他会计资料			
11	银行存款余额调节表	10年	
12	银行对账单	10年	
13	纳税申报表	10年	
14	会计档案移交清册	30年	
15	会计档案保管清册	永久	
16	会计档案销毁清册	永久	
17	会计档案鉴定意见书	永久	

3. 会计档案的查阅

单位保存的会计档案不能外借。如有特殊需要,必须经单位领导批准,办理登记手续后提供查阅和复印。查阅或者复印会计档案的人员,严禁在会计档案上涂画、拆封和抽换。对批准借阅的会计档案,要详细登记借阅的档案名称、借阅日期、借阅人的姓名和工作单位、借阅理由、归还日期等。借阅的档案应当在档案管理部门指定的地点阅读,不得带出单位。

4. 会计档案的移交

单位财务会计部门保管的会计档案在保管期满后应当移交本单位档案部门保管。移交会计档案的单位,应当编制会计档案移交清册,列明应当移交的会计档案名称、卷号、册数、起止年度和档案编号、应保管期限、已保管期限等内容。交接时,交接双方应当按照会计档案移交清册所列的内容逐项交接,并且由交接双方的负责人负责监交。交接完毕后,交接双方的负责人应当在会计档案移交清册上签名或盖章。

5. 会计档案的销毁

会计档案在保管期满后,其自身价值和利用价值已不复存在,应按如下程序进行销毁:

(1) 由单位档案管理机构会同会计机构提出销毁意见,经过认真鉴定,填写会计档案销毁清册,列明销毁会计档案的名称、卷号、册数、起止年度和档案编号、应保管期限、已保管期限、销毁时间等内容。

(2) 单位领导人在会计档案销毁清册上签署意见。

(3) 销毁会计档案时应当由档案管理机构和会计机构共同派员监督。国家机关销毁会计档案时,应当由同级财政部门、审计部门派员参加监销;财政部门销毁会计档案时,应当由同级审计部门派员参加监销。

(4) 监销人在销毁会计档案前,应当按照会计档案销毁清册所列内容清点核对所有销毁的会计档案;销毁后,应当在会计档案销毁清册上签名盖章,并将监销情况报告本单位负责人。

应当指出的是,保管期满但未结清的债权债务原始凭证及其他未了事项的原始凭证,不得销毁,应当单独抽出立卷,保管到未了事项完结时为止。单独抽出立项的会计档案,应在会计档案销毁清册和会计档案保管清册中列明。正处在项目建设期的建设单位,其保管期满的会计档案不得销毁。

1. 会计法律制度是组织和从事会计工作必须遵循的制度规范。会计法律制度具体规定会计工作应遵循的规则、方法和程序。我国会计法律制度包括会计法律、会计行政法规、会计部门规章和地方性会计法规四个层次。
2. 会计机构是处理会计业务工作的专职机构。会计机构的主要职能是制定和执行党和国家的方针政策,制定和执行会计制度,处理日常会计工作。会计人员是指直接从事会计工作、处理会计业务、完成会计任务的人员。
3. 会计职业道德是指在会计业务活动中应当遵循的、体现会计职业特征的、调整会计职业关系的执业行为准则和规范。其主要内容包括:爱岗敬业;诚实守信;廉洁自律;客观公正;坚持准则;提高技能;参与管理;强化服务。
4. 会计电算化改变了会计核算方式、数据储存形式、数据处理程序和方法,扩大了会计数据领域,提高了会计信息质量,改变了会计内部控制与审计的方法和技术,从而推动了会计理论与会计技术的进一步发展和完善。
5. 会计档案是指记录和反映经济业务事项的重要历史资料和证据，一般包括会计凭证、会计账簿和各种财务报表等会计核算的专业资料。

基本训练

一、单项选择题

1. 调整我国经济生活中会计关系的总规范，制定其他一切会计法规、制度的法律依据是（　　）。
   A.《企业会计准则》　　　　　　B.《会计法》
   C.《企业会计制度》　　　　　　D.《总会计师条例》

2. 目前，我国实行的《会计法》是（　　）年制定的。
   A. 1985　　　B. 1993　　　C. 1999　　　D. 2006

3. 2006年颁布的《企业会计准则》，由1项基本准则和（　　）项具体会计准则以及32个应用指南构成。
   A. 37　　　B. 38　　　C. 39　　　D. 40

4. 从事企业会计工作的人员，必须具备的条件是（　　）。
   A. 1年以上的会计工作经历　　　B. 具有大专以上的学历
   C. 具有会计从业资格证书　　　　D. 具有专业技术职务资格

5. 下列各项中，属于对会计工作进行规范的法规有（　　）。
   A.《会计法》　　　　　　　　　B.《企业会计准则》
   C.《总会计师条例》　　　　　　D.《会计档案管理办法》

6. 必须由公司会计部门集中办理的会计业务有（　　）。
   A. 债权债务结算等明细分类账核算　　B. 内部会计报表的编制
   C. 内部会计报表的分析　　　　　　　D. 日常业务的凭证整理

7. 根据《会计档案管理》的有关规定，年度财务报表的保管期限为（　　）。
   A. 5年　　　B. 10年　　　C. 15年　　　D. 永久

8. 根据《会计档案管理办法》的有关规定，企业单位的账簿保管期限为（　　）。
   A. 5年　　　B. 10年　　　C. 30年　　　D. 永久

二、多项选择题

1. 《会计法》阐述的内容主要包括（　　）。
   A. 会计法的立法宗旨　　　　　　B. 会计记账规则
   C. 单位负责人的法律责任　　　　D. 会计从业资格管理制度

2. 会计人员的主要职责有（　　）。
   A. 进行会计核算　　　　　　　　B. 实行会计监督
   C. 参与计划、预算的制订　　　　D. 参与预测、决策

3. 会计工作的岗位分工可以根据需要，实行（　　）。
   A. 一人一岗　　B. 一人多岗　　C. 定岗轮岗　　D. 多人一岗

4. 按照会计法规规定，出纳人员不得兼任（　　）工作。
   A. 总账登记　　　　　　　　　　B. 序时账登记
   C. 债权债务账户登记　　　　　　D. 稽核
5. 国家规定的会计专业技术职务有（　　）。
   A. 注册会计师　　　　　　　　　B. 高级会计师
   C. 会计师　　　　　　　　　　　D. 助理会计师
6. 下列各项中，属于高级会计师任职要求的有（　　）。
   A. 坚持原则、廉洁奉公　　　　　B. 担任会计师职务5年以上
   C. 具有扎实的专业技术知识　　　D. 较熟练地掌握一门外语

三、判断题

1. 《中华人民共和国会计法》明确规定，国务院直接管理全国的会计工作。（　　）
2. 在实际工作中，企业可以对某些业务采用集中核算，而对另外一些业务采用非集中核算。（　　）
3. 会计档案的保管期限分为永久和定期保管两种，其中定期保管又分为10年和30年。（　　）
4. 从事各种会计工作的人员都必须持有会计从业资格证书。（　　）
5. 企业实施会计电算化是一项复杂的系统工程。（　　）

课后习题答案

附录 小企业会计准则

第一章 总　　则

第一条 为了规范小企业会计确认、计量和报告行为,促进小企业可持续发展,发挥小企业在国民经济和社会发展中的重要作用,根据《中华人民共和国会计法》及其他有关法律和法规,制定本准则。

第二条 本准则适用于在中华人民共和国境内依法设立的、符合《中小企业划型标准规定》所规定的小型企业标准的企业。

下列三类小企业除外:

(一) 股票或债券在市场上公开交易的小企业。

(二) 金融机构或其他具有金融性质的小企业。

(三) 企业集团内的母公司和子公司。

前款所称企业集团、母公司和子公司的定义与《企业会计准则》的规定相同。

第三条 符合本准则第二条规定的小企业,可以执行本准则,也可以执行《企业会计准则》。

(一) 执行本准则的小企业,发生的交易或者事项本准则未作规范的,可以参照《企业会计准则》中的相关规定进行处理。

(二) 执行《企业会计准则》的小企业,不得在执行《企业会计准则》的同时,选择执行本准则的相关规定。

(三) 执行本准则的小企业公开发行股票或债券的,应当转为执行《企业会计准则》;因经营规模或企业性质变化导致不符合本准则第二条规定而成为大中型企业或金融企业的,应当从次年1月1日起转为执行《企业会计准则》。

(四) 已执行《企业会计准则》的上市公司、大中型企业和小企业,不得转为执行本准则。

第四条 执行本准则的小企业转为执行《企业会计准则》时,应当按照《企业会计准则第38号——首次执行企业会计准则》等相关规定进行会计处理。

第二章 资　　产

第五条 资产,是指小企业过去的交易或者事项形成的、由小企业拥有或者控制的、预期会给小企业带来经济利益的资源。

小企业的资产按照流动性,可分为流动资产和非流动资产。

第六条 小企业的资产应当按照成本计量,不计提资产减值准备。

第一节 流动资产

第七条 小企业的流动资产,是指预计在1年内(含1年,下同)或超过1年的一个正常营业周期内变现、出售或耗用的资产。

小企业的流动资产包括:货币资金、短期投资、应收及预付款项、存货等。

第八条 短期投资,是指小企业购入的能随时变现并且持有时间不准备超过1年(含1年,下同)的投资,如小企业以赚取差价为目的从二级市场购入的股票、债券、基金等。

短期投资应当按照以下规定进行会计处理:

(一)以支付现金取得的短期投资,应当按照购买价款和相关税费作为成本进行计量。

实际支付价款中包含的已宣告但尚未发放的现金股利或已到付息期但尚未领取的债券利息,应当单独确认为应收股利或应收利息,不计入短期投资的成本。

(二)在短期投资持有期间,被投资单位宣告分派的现金股利或在债务人应付利息日按照分期付息、一次还本债券投资的票面利率计算的利息收入,应当计入投资收益。

(三)出售短期投资,出售价款扣除其账面余额、相关税费后的净额,应当计入投资收益。

第九条 应收及预付款项,是指小企业在日常生产经营活动中发生的各项债权。包括:应收票据、应收账款、应收股利、应收利息、其他应收款等应收款项和预付账款。

应收及预付款项应当按照发生额入账。

第十条 小企业应收及预付款项符合下列条件之一的,减除可收回的金额后确认的无法收回的应收及预付款项,作为坏账损失:

(一)债务人依法宣告破产、关闭、解散、被撤销,或者被依法注销、吊销营业执照,其清算财产不足清偿的。

(二)债务人死亡,或者依法被宣告失踪、死亡,其财产或者遗产不足清偿的。

(三)债务人逾期3年以上未清偿,且有确凿证据证明已无力清偿债务的。

(四)与债务人达成债务重组协议或法院批准破产重整计划后,无法追偿的。

(五)因自然灾害、战争等不可抗力导致无法收回的。

(六)国务院财政、税务主管部门规定的其他条件。

应收及预付款项的坏账损失应当于实际发生时计入营业外支出,同时冲减应收及预付款项。

第十一条 存货,是指小企业在日常生产经营过程中持有以备出售的产成品或商品、处在生产过程中的在产品、将在生产过程或提供劳务过程中耗用的材料和物料等,以及小企业(农、林、牧、渔业)为出售而持有的、或在将来收获为农产品的消耗性生物资产。

小企业的存货包括：原材料、在产品、半成品、产成品、商品、周转材料、委托加工物资、消耗性生物资产等。

（一）原材料，是指小企业在生产过程中经加工改变其形态或性质并构成产品主要实体的各种原料及主要材料、辅助材料、外购半成品（外购件）、修理用备件（备品备件）、包装材料、燃料等。

（二）在产品，是指小企业正在制造尚未完工的产品。包括：正在各个生产工序加工的产品，以及已加工完毕但尚未检验或已检验但尚未办理入库手续的产品。

（三）半成品，是指小企业经过一定生产过程并已检验合格交付半成品仓库保管，但尚未制造完工成为产成品，仍需进一步加工的中间产品。

（四）产成品，是指小企业已经完成全部生产过程并已验收入库，符合标准规格和技术条件，可以按照合同规定的条件送交订货单位，或者可以作为商品对外销售的产品。

（五）商品，是指小企业（批发业、零售业）外购或委托加工完成并已验收入库用于销售的各种商品。

（六）周转材料，是指小企业能够多次使用，逐渐转移其价值但仍保持原有形态且不确认为固定资产的材料。包括：包装物、低值易耗品、小企业（建筑业）的钢模板、木模板、脚手架等。

（七）委托加工物资，是指小企业委托外单位加工的各种材料、商品等物资。

（八）消耗性生物资产，是指小企业（农、林、牧、渔业）生长中的大田作物、蔬菜、用材林以及存栏待售的牲畜等。

第十二条　小企业取得的存货，应当按照成本进行计量。

（一）外购存货的成本包括：购买价款、相关税费、运输费、装卸费、保险费以及在外购存货过程发生的其他直接费用，但不含按照税法规定可以抵扣的增值税进项税额。

（二）通过进一步加工取得存货的成本包括：直接材料、直接人工以及按照一定方法分配的制造费用。

经过1年期以上的制造才能达到预定可销售状态的存货发生的借款费用，也计入存货的成本。

前款所称借款费用，是指小企业因借款而发生的利息及其他相关成本。包括：借款利息、辅助费用以及因外币借款而发生的汇兑差额等。

（三）投资者投入存货的成本，应当按照评估价值确定。

（四）提供劳务的成本包括：与劳务提供直接相关的人工费、材料费和应分摊的间接费用。

（五）自行栽培、营造、繁殖或养殖的消耗性生物资产的成本，应当按照下列规定确定：

1. 自行栽培的大田作物和蔬菜的成本包括：在收获前耗用的种子、肥料、农药等材料费、人工费和应分摊的间接费用。

2. 自行营造的林木类消耗性生物资产的成本包括：郁闭前发生的造林费、抚育费、营林设施费、良种试验费、调查设计费和应分摊的间接费用。

3. 自行繁殖的育肥畜的成本包括：出售前发生的饲料费、人工费和应分摊的间接费用。

4. 水产养殖的动物和植物的成本包括：在出售或入库前耗用的苗种、饲料、肥料等材料费、人工费和应分摊的间接费用。

（六）盘盈存货的成本，应当按照同类或类似存货的市场价格或评估价值确定。

第十三条 小企业应当采用先进先出法、加权平均法或者个别计价法确定发出存货的实际成本。计价方法一经选用，不得随意变更。

对于性质和用途相似的存货，应当采用相同的成本计算方法确定发出存货的成本。

对于不能替代使用的存货、为特定项目专门购入或制造的存货以及提供的劳务，采用个别计价法确定发出存货的成本。

对于周转材料，采用一次转销法进行会计处理，在领用时按其成本计入生产成本或当期损益；金额较大的周转材料，也可以采用分次摊销法进行会计处理。出租或出借周转材料，不需要结转其成本，但应当进行备查登记。

对于已售存货，应当将其成本结转为营业成本。

第十四条 小企业应当根据生产特点和成本管理的要求，选择适合于本企业的成本核算对象、成本项目和成本计算方法。

小企业发生的各项生产费用，应当按照成本核算对象和成本项目分别归集。

（一）属于材料费、人工费等直接费用，直接计入基本生产成本和辅助生产成本。

（二）属于辅助生产车间为生产产品提供的动力等直接费用，可以先作为辅助生产成本进行归集，然后按照合理的方法分配计入基本生产成本；也可以直接计入所生产产品发生的生产成本。

（三）其他间接费用应当作为制造费用进行归集，月度终了，再按一定的分配标准，分配计入有关产品的成本。

第十五条 存货发生毁损，处置收入、可收回的责任人赔偿和保险赔款，扣除其成本、相关税费后的净额，应当计入营业外支出或营业外收入。

盘盈存货实现的收益应当计入营业外收入。

盘亏存货发生的损失应当计入营业外支出。

第二节　长　期　投　资

第十六条 小企业的非流动资产，是指流动资产以外的资产。

小企业的非流动资产包括：长期债券投资、长期股权投资、固定资产、生产性生物资产、无形资产、长期待摊费用等。

第十七条 长期债券投资，是指小企业准备长期（在1年以上，下同）持有的债券投资。

第十八条 长期债券投资应当按照购买价款和相关税费作为成本进行计量。

实际支付价款中包含的已到付息期但尚未领取的债券利息，应当单独确认为应收利息,不计入长期债券投资的成本。

第十九条 长期债券投资在持有期间发生的应收利息应当确认为投资收益。

(一)分期付息、一次还本的长期债券投资,在债务人应付利息日按照票面利率计算的应收未收利息收入应当确认为应收利息,不增加长期债券投资的账面余额。

(二)一次还本付息的长期债券投资,在债务人应付利息日按照票面利率计算的应收未收利息收入应当增加长期债券投资的账面余额。

(三)债券的折价或者溢价在债券存续期间内于确认相关债券利息收入时采用直线法进行摊销。

第二十条 长期债券投资到期,小企业收回长期债券投资,应当冲减其账面余额。

处置长期债券投资,处置价款扣除其账面余额、相关税费后的净额,应当计入投资收益。

第二十一条 小企业长期债券投资符合本准则第十条所列条件之一的,减除可收回的金额后确认的无法收回的长期债券投资,作为长期债券投资损失。

长期债券投资损失应当于实际发生时计入营业外支出,同时冲减长期债券投资账面余额。

第二十二条 长期股权投资,是指小企业准备长期持有的权益性投资。

第二十三条 长期股权投资应当按照成本进行计量。

(一)以支付现金取得的长期股权投资,应当按照购买价款和相关税费作为成本进行计量。

实际支付价款中包含的已宣告但尚未发放的现金股利,应当单独确认为应收股利,不计入长期股权投资的成本。

(二)通过非货币性资产交换取得的长期股权投资,应当按照换出非货币性资产的评估价值和相关税费作为成本进行计量。

第二十四条 长期股权投资应当采用成本法进行会计处理。

在长期股权投资持有期间,被投资单位宣告分派的现金股利或利润,应当按照应分得的金额确认为投资收益。

第二十五条 处置长期股权投资,处置价款扣除其成本、相关税费后的净额,应当计入投资收益。

第二十六条 小企业长期股权投资符合下列条件之一的,减除可收回的金额后确认的无法收回的长期股权投资,作为长期股权投资损失:

(一)被投资单位依法宣告破产、关闭、解散、被撤销,或者被依法注销、吊销营业执照的。

(二)被投资单位财务状况严重恶化,累计发生巨额亏损,已连续停止经营3年以上,且无重新恢复经营改组计划的。

(三)对被投资单位不具有控制权,投资期限届满或者投资期限已超过10年,且被投资单位因连续3年经营亏损导致资不抵债的。

(四)被投资单位财务状况严重恶化,累计发生巨额亏损,已完成清算或清算期超过 3 年以上的。

（五）国务院财政、税务主管部门规定的其他条件。

长期股权投资损失应当于实际发生时计入营业外支出，同时冲减长期股权投资账面余额。

第三节　固定资产和生产性生物资产

第二十七条　固定资产，是指小企业为生产产品、提供劳务、出租或经营管理而持有的，使用寿命超过 1 年的有形资产。

小企业的固定资产包括：房屋、建筑物、机器、机械、运输工具、设备、器具、工具等。

第二十八条　固定资产应当按照成本进行计量。

（一）外购固定资产的成本包括：购买价款、相关税费、运输费、装卸费、保险费、安装费等，但不含按照税法规定可以抵扣的增值税进项税额。

以一笔款项购入多项没有单独标价的固定资产，应当按照各项固定资产或类似资产的市场价格或评估价值比例对总成本进行分配，分别确定各项固定资产的成本。

（二）自行建造固定资产的成本，由建造该项资产在竣工决算前发生的支出（含相关的借款费用）构成。

小企业在建工程在试运转过程中形成的产品、副产品或试车收入冲减在建工程成本。

（三）投资者投入固定资产的成本，应当按照评估价值和相关税费确定。

（四）融资租入的固定资产的成本，应当按照租赁合同约定的付款总额和在签订租赁合同过程中发生的相关税费等确定。

（五）盘盈固定资产的成本，应当按照同类或者类似固定资产的市场价格或评估价值，扣除按照该项固定资产新旧程度估计的折旧后的余额确定。

第二十九条　小企业应当对所有固定资产计提折旧，但已提足折旧仍继续使用的固定资产和单独计价入账的土地不得计提折旧。

固定资产的折旧费应当根据固定资产的受益对象计入相关资产成本或者当期损益。

前款所称折旧，是指在固定资产使用寿命内，按照确定的方法对应计折旧额进行系统分摊。应计折旧额，是指应当计提折旧的固定资产的原价（成本）扣除其预计净残值后的金额。预计净残值，是指固定资产预计使用寿命已满，小企业从该项固定资产处置中获得的扣除预计处置费用后的净额。已提足折旧，是指已经提足该项固定资产的应计折旧额。

第三十条　小企业应当按照年限平均法（即直线法，下同）计提折旧。小企业的固定资产由于技术进步等原因，确需加速折旧的，可以采用双倍余额递减法和年数总和法。

小企业应当根据固定资产的性质和使用情况，并考虑税法的规定，合理确定固定资产的使用寿命和预计净残值。

固定资产的折旧方法、使用寿命、预计净残值一经确定,不得随意变更。

第三十一条　小企业应当按月计提折旧,当月增加的固定资产,当月不计提折旧,从下月起计提折旧;当月减少的固定资产,当月仍计提折旧,从下月起不计提折旧。

第三十二条　固定资产的日常修理费,应当在发生时根据固定资产的受益对象计入相关资产成本或者当期损益。

第三十三条　固定资产的改建支出,应当计入固定资产的成本,但已提足折旧的固定资产和经营租入的固定资产发生的改建支出应当计入长期待摊费用。

前款所称固定资产的改建支出,是指改变房屋或者建筑物结构、延长使用年限等发生的支出。

第三十四条　处置固定资产,处置收入扣除其账面价值、相关税费和清理费用后的净额,应当计入营业外收入或营业外支出。

前款所称固定资产的账面价值,是指固定资产原价(成本)扣减累计折旧后的金额。

盘亏固定资产发生的损失应当计入营业外支出。

第三十五条　生产性生物资产,是指小企业(农、林、牧、渔业)为生产农产品、提供劳务或出租等目的而持有的生物资产。包括:经济林、薪炭林、产畜和役畜等。

第三十六条　生产性生物资产应当按照成本进行计量。

(一)外购的生产性生物资产的成本,应当按照购买价款和相关税费确定。

(二)自行营造或繁殖的生产性生物资产的成本,应当按照下列规定确定:

1. 自行营造的林木类生产性生物资产的成本包括:达到预定生产经营目的前发生的造林费、抚育费、营林设施费、良种试验费、调查设计费和应分摊的间接费用等必要支出。

2. 自行繁殖的产畜和役畜的成本包括:达到预定生产经营目的前发生的饲料费、人工费和应分摊的间接费用等必要支出。

前款所称达到预定生产经营目的,是指生产性生物资产进入正常生产期,可以多年连续稳定产出农产品、提供劳务或出租。

第三十七条　生产性生物资产应当按照年限平均法计提折旧。

小企业(农、林、牧、渔业)应当根据生产性生物资产的性质和使用情况,并考虑税法的规定,合理确定生产性生物资产的使用寿命和预计净残值。

生产性生物资产的折旧方法、使用寿命、预计净残值一经确定,不得随意变更。

小企业(农、林、牧、渔业)应当自生产性生物资产投入使用月份的下月起按月计提折旧;停止使用的生产性生物资产,应当自停止使用月份的下月起停止计提折旧。

第四节　无形资产

第三十八条　无形资产,是指小企业为生产产品、提供劳务、出租或经营管理而持有的、没有实物形态的可辨认非货币性资产。

小企业的无形资产包括:土地使用权、专利权、商标权、著作权、非专利技术等。

自行开发建造厂房等建筑物,相关的土地使用权与建筑物应当分别进行处理。外购土地及建筑物支付的价款应当在建筑物与土地使用权之间按照合理的方法进行分配;难以合理分配的,应当全部作为固定资产。

第三十九条 无形资产应当按照成本进行计量。

(一)外购无形资产的成本包括:购买价款、相关税费和相关的其他支出(含相关的借款费用)。

(二)投资者投入的无形资产的成本,应当按照评估价值和相关税费确定。

(三)自行开发的无形资产的成本,由符合资本化条件后至达到预定用途前发生的支出(含相关的借款费用)构成。

第四十条 小企业自行开发无形资产发生的支出,同时满足下列条件的,才能确认为无形资产:

(一)完成该无形资产以使其能够使用或出售在技术上具有可行性;

(二)具有完成该无形资产并使用或出售的意图;

(三)能够证明运用该无形资产生产的产品存在市场或无形资产自身存在市场,无形资产将在内部使用的,应当证明其有用性;

(四)有足够的技术、财务资源和其他资源支持,以完成该无形资产的开发,并有能力使用或出售该无形资产;

(五)归属于该无形资产开发阶段的支出能够可靠地计量。

第四十一条 无形资产应当在其使用寿命内采用年限平均法进行摊销,根据其受益对象计入相关资产成本或者当期损益。

无形资产的摊销期自其可供使用时开始至停止使用或出售时止。有关法律规定或合同约定了使用年限的,可以按照规定或约定的使用年限分期摊销。

小企业不能可靠估计无形资产使用寿命的,摊销期不得低于 10 年。

第四十二条 处置无形资产,处置收入扣除其账面价值、相关税费等后的净额,应当计入营业外收入或营业外支出。

前款所称无形资产的账面价值,是指无形资产的成本扣减累计摊销后的金额。

第五节 长期待摊费用

第四十三条 小企业的长期待摊费用包括:已提足折旧的固定资产的改建支出、经营租入固定资产的改建支出、固定资产的大修理支出和其他长期待摊费用等。

前款所称固定资产的大修理支出,是指同时符合下列条件的支出:

(一)修理支出达到取得固定资产时的计税基础 50% 以上;

(二)修理后固定资产的使用寿命延长 2 年以上。

第四十四条 长期待摊费用应当在其摊销期限内采用年限平均法进行摊销,根据其受益对象计入相关资产的成本或者管理费用,并冲减长期待摊费用。

(一)已提足折旧的固定资产的改建支出,按照固定资产预计尚可使用年限分期摊销。

(二)经营租入固定资产的改建支出,按照合同约定的剩余租赁期限分期摊销。

(三)固定资产的大修理支出,按照固定资产尚可使用年限分期摊销。

(四)其他长期待摊费用,自支出发生月份的下月起分期摊销,摊销期不得低于 3 年。

第三章 负　　债

第四十五条　负债,是指小企业过去的交易或者事项形成的,预期会导致经济利益流出小企业的现时义务。

小企业的负债按照其流动性,可分为流动负债和非流动负债。

第一节　流动负债

第四十六条　小企业的流动负债,是指预计在1年内或者超过1年的一个正常营业周期内清偿的债务。

小企业的流动负债包括:短期借款、应付及预收款项、应付职工薪酬、应交税费、应付利息等。

第四十七条　各项流动负债应当按照其实际发生额入账。

小企业确实无法偿付的应付款项,应当计入营业外收入。

第四十八条　短期借款应当按照借款本金和借款合同利率在应付利息日计提利息费用,计入财务费用。

第四十九条　应付职工薪酬,是指小企业为获得职工提供的服务而应付给职工的各种形式的报酬以及其他相关支出。

小企业的职工薪酬包括:

(一)职工工资、奖金、津贴和补贴。

(二)职工福利费。

(三)医疗保险费、养老保险费、失业保险费、工伤保险费和生育保险费等社会保险费。

(四)住房公积金。

(五)工会经费和职工教育经费。

(六)非货币性福利。

(七)因解除与职工的劳动关系给予的补偿。

(八)其他与获得职工提供的服务相关的支出等。

第五十条　小企业应当在职工为其提供服务的会计期间,将应付的职工薪酬确认为负债,并根据职工提供服务的受益对象,分别下列情况进行会计处理:

(一)应由生产产品、提供劳务负担的职工薪酬,计入产品成本或劳务成本。

(二)应由在建工程、无形资产开发项目负担的职工薪酬,计入固定资产成本或无形资产成本。

(三)其他职工薪酬(含因解除与职工的劳动关系给予的补偿),计入当期损益。

第二节　非流动负债

第五十一条　小企业的非流动负债,是指流动负债以外的负债。

小企业的非流动负债包括：长期借款、长期应付款等。

第五十二条 非流动负债应当按照其实际发生额入账。

长期借款应当按照借款本金和借款合同利率在应付利息日计提利息费用，计入相关资产成本或财务费用。

第四章 所有者权益

第五十三条 所有者权益，是指小企业资产扣除负债后由所有者享有的剩余权益。

小企业的所有者权益包括：实收资本（或股本，下同）、资本公积、盈余公积和未分配利润。

第五十四条 实收资本，是指投资者按照合同协议约定或相关规定投入到小企业、构成小企业注册资本的部分。

（一）小企业收到投资者以现金或非货币性资产投入的资本，应当按照其在本企业注册资本中所占的份额计入实收资本，超出的部分，应当计入资本公积。

（二）投资者根据有关规定对小企业进行增资或减资，小企业应当增加或减少实收资本。

第五十五条 资本公积，是指小企业收到的投资者出资额超过其在注册资本或股本中所占份额的部分。

小企业用资本公积转增资本，应当冲减资本公积。小企业的资本公积不得用于弥补亏损。

第五十六条 盈余公积，是指小企业按照法律规定在税后利润中提取的法定公积金和任意公积金。

小企业用盈余公积弥补亏损或者转增资本，应当冲减盈余公积。小企业的盈余公积还可以用于扩大生产经营。

第五十七条 未分配利润，是指小企业实现的净利润，经过弥补亏损、提取法定公积金和任意公积金、向投资者分配利润后，留存在本企业的、历年结存的利润。

第五章 收 入

第五十八条 收入，是指小企业在日常生产经营活动中形成的、会导致所有者权益增加、与所有者投入资本无关的经济利益的总流入。包括：销售商品收入和提供劳务收入。

第五十九条 销售商品收入，是指小企业销售商品（或产成品、材料，下同）取得的收入。

通常，小企业应当在发出商品且收到货款或取得收款权利时，确认销售商品收入。

（一）销售商品采用托收承付方式的，在办妥托收手续时确认收入。

（二）销售商品采取预收款方式的，在发出商品时确认收入。

（三）销售商品采用分期收款方式的，在合同约定的收款日期确认收入。

（四）销售商品需要安装和检验的，在购买方接受商品以及安装和检验完毕时确认收入。安装程序比较简单的，可在发出商品时确认收入。

（五）销售商品采用支付手续费方式委托代销的，在收到代销清单时确认收入。

（六）销售商品以旧换新的，销售的商品作为商品销售处理，回收的商品作为购进商品处理。

（七）采取产品分成方式取得的收入，在分得产品之日按照产品的市场价格或评估价值确定销售商品收入金额。

第六十条　小企业应当按照从购买方已收或应收的合同或协议价款，确定销售商品收入金额。

销售商品涉及现金折扣的，应当按照扣除现金折扣前的金额确定销售商品收入金额。现金折扣应当在实际发生时，计入当期损益。

销售商品涉及商业折扣的，应当按照扣除商业折扣后的金额确定销售商品收入金额。

前款所称现金折扣，是指债权人为鼓励债务人在规定的期限内付款而向债务人提供的债务扣除。商业折扣，是指小企业为促进商品销售而在商品标价上给予的价格扣除。

第六十一条　小企业已经确认销售商品收入的售出商品发生的销售退回（不论属于本年度还是属于以前年度的销售），应当在发生时冲减当期销售商品收入。

小企业已经确认销售商品收入的售出商品发生的销售折让，应当在发生时冲减当期销售商品收入。

前款所称销售退回，是指小企业售出的商品由于质量、品种不符合要求等原因发生的退货。销售折让，是指小企业因售出商品的质量不合格等原因而在售价上给予的减让。

第六十二条　小企业提供劳务的收入，是指小企业从事建筑安装、修理修配、交通运输、仓储租赁、邮电通信、咨询经纪、文化体育、科学研究、技术服务、教育培训、餐饮住宿、中介代理、卫生保健、社区服务、旅游、娱乐、加工以及其他劳务服务活动取得的收入。

第六十三条　同一会计年度内开始并完成的劳务，应当在提供劳务交易完成且收到款项或取得收款权利时，确认提供劳务收入。提供劳务收入的金额为从接受劳务方已收或应收的合同或协议价款。

劳务的开始和完成分属不同会计年度的，应当按照完工进度确认提供劳务收入。年度资产负债表日，按照提供劳务收入总额乘以完工进度扣除以前会计年度累计已确认提供劳务收入后的金额，确认本年度的提供劳务收入；同时，按照估计的提供劳务成本总额乘以完工进度扣除以前会计年度累计已确认营业成本后的金额，结转本年度营业成本。

第六十四条　小企业与其他企业签订的合同或协议包含销售商品和提供劳务时，

销售商品部分和提供劳务部分能够区分且能够单独计量的,应当将销售商品的部分作为销售商品处理,将提供劳务的部分作为提供劳务处理。

销售商品部分和提供劳务部分不能够区分,或虽能区分但不能够单独计量的,应当作为销售商品处理。

第六章 费 用

第六十五条 费用,是指小企业在日常生产经营活动中发生的、会导致所有者权益减少、与向所有者分配利润无关的经济利益的总流出。

小企业的费用包括:营业成本、营业税金及附加、销售费用、管理费用、财务费用等。

(一)营业成本,是指小企业所销售商品的成本和所提供劳务的成本。

(二)营业税金及附加,是指小企业开展日常生产经营活动应负担的消费税、营业税、城市维护建设税、资源税、土地增值税、城镇土地使用税、房产税、车船税、印花税和教育费附加、矿产资源补偿费、排污费等。

(三)销售费用,是指小企业在销售商品或提供劳务过程中发生的各种费用。包括:销售人员的职工薪酬、商品维修费、运输费、装卸费、包装费、保险费、广告费、业务宣传费、展览费等费用。

小企业(批发业、零售业)在购买商品过程中发生的费用(包括:运输费、装卸费、包装费、保险费、运输途中的合理损耗和入库前的挑选整理费等)也构成销售费用。

(四)管理费用,是指小企业为组织和管理生产经营发生的其他费用。包括:小企业在筹建期间内发生的开办费、行政管理部门发生的费用(包括:固定资产折旧费、修理费、办公费、水电费、差旅费、管理人员的职工薪酬等)、业务招待费、研究费用、技术转让费、相关长期待摊费用摊销、财产保险费、聘请中介机构费、咨询费(含顾问费)、诉讼费等费用。

(五)财务费用,是指小企业为筹集生产经营所需资金发生的筹资费用。包括:利息费用(减利息收入)、汇兑损失、银行相关手续费、小企业给予的现金折扣(减享受的现金折扣)等费用。

第六十六条 通常,小企业的费用应当在发生时按照其发生额计入当期损益。

小企业销售商品收入和提供劳务收入已予确认的,应当将已销售商品和已提供劳务的成本作为营业成本结转至当期损益。

第七章 利润及利润分配

第六十七条 利润,是指小企业在一定会计期间的经营成果。包括:营业利润、利润总额和净利润。

(一)营业利润,是指营业收入减去营业成本、营业税金及附加、销售费用、管理费用、财务费用,加上投资收益(或减去投资损失)后的金额。

前款所称营业收入,是指小企业销售商品和提供劳务实现的收入总额。投资收益,由小企业股权投资取得的现金股利(或利润)、债券投资取得的利息收入和处置股权投资和债券投资取得的处置价款扣除成本或账面余额、相关税费后的净额三部分构成。

(二)利润总额,是指营业利润加上营业外收入,减去营业外支出后的金额。

(三)净利润,是指利润总额减去所得税费用后的净额。

第六十八条 营业外收入,是指小企业非日常生产经营活动形成的、应当计入当期损益、会导致所有者权益增加、与所有者投入资本无关的经济利益的净流入。

小企业的营业外收入包括:非流动资产处置净收益、政府补助、捐赠收益、盘盈收益、汇兑收益、出租包装物和商品的租金收入、逾期未退包装物押金收益、确实无法偿付的应付款项、已作坏账损失处理后又收回的应收款项、违约金收益等。

通常,小企业的营业外收入应当在实现时按照其实现金额计入当期损益。

第六十九条 政府补助,是指小企业从政府无偿取得货币性资产或非货币性资产,但不含政府作为小企业所有者投入的资本。

(一)小企业收到与资产相关的政府补助,应当确认为递延收益,并在相关资产的使用寿命内平均分配,计入营业外收入。

收到的其他政府补助,用于补偿本企业以后期间的相关费用或亏损的,确认为递延收益,并在确认相关费用或发生亏损的期间,计入营业外收入;用于补偿本企业已发生的相关费用或亏损的,直接计入营业外收入。

(二)政府补助为货币性资产的,应当按照收到的金额计量。

政府补助为非货币性资产的,政府提供了有关凭据的,应当按照凭据上标明的金额计量;政府没有提供有关凭据的,应当按照同类或类似资产的市场价格或评估价值计量。

(三)小企业按照规定实行企业所得税、增值税、消费税、营业税等先征后返的,应当在实际收到返还的企业所得税、增值税(不含出口退税)、消费税、营业税时,计入营业外收入。

第七十条 营业外支出,是指小企业非日常生产经营活动发生的、应当计入当期损益、会导致所有者权益减少、与向所有者分配利润无关的经济利益的净流出。

小企业的营业外支出包括:存货的盘亏、毁损、报废损失,非流动资产处置净损失,坏账损失,无法收回的长期债券投资损失,无法收回的长期股权投资损失,自然灾害等不可抗力因素造成的损失,税收滞纳金,罚金,罚款,被没收财物的损失,捐赠支出,赞助支出等。

通常,小企业的营业外支出应当在发生时按照其发生额计入当期损益。

第七十一条 小企业应当按照企业所得税法规定计算的当期应纳税额,确认所得税费用。

小企业应当在利润总额的基础上,按照企业所得税法规定进行纳税调整,计算出当期应纳税所得额,按照应纳税所得额与适用所得税税率为基础计算确定当期应纳税额。

第七十二条 小企业以当年净利润弥补以前年度亏损等剩余的税后利润,可用于向投资者进行分配。

小企业(公司制)在分配当年税后利润时,应当按照公司法的规定提取法定公积金和任意公积金。

第八章 外币业务

第七十三条 小企业的外币业务由外币交易和外币财务报表折算构成。

第七十四条 外币交易,是指小企业以外币计价或者结算的交易。

小企业的外币交易包括:买入或者卖出以外币计价的商品或者劳务、借入或者借出外币资金和其他以外币计价或者结算的交易。

前款所称外币,是指小企业记账本位币以外的货币。记账本位币,是指小企业经营所处的主要经济环境中的货币。

第七十五条 小企业应当选择人民币作为记账本位币。业务收支以人民币以外的货币为主的小企业,可以选定其中一种货币作为记账本位币,但编报的财务报表应当折算为人民币财务报表。

小企业记账本位币一经确定,不得随意变更,但小企业经营所处的主要经济环境发生重大变化除外。

小企业因经营所处的主要经济环境发生重大变化,确需变更记账本位币的,应当采用变更当日的即期汇率将所有项目折算为变更后的记账本位币。

前款所称即期汇率,是指中国人民银行公布的当日人民币外汇牌价的中间价。

第七十六条 小企业对于发生的外币交易,应当将外币金额折算为记账本位币金额。

外币交易在初始确认时,采用交易发生日的即期汇率将外币金额折算为记账本位币金额;也可以采用交易当期平均汇率折算。

小企业收到投资者以外币投入的资本,应当采用交易发生日即期汇率折算,不得采用合同约定汇率和交易当期平均汇率折算。

第七十七条 小企业在资产负债表日,应当按照下列规定对外币货币性项目和外币非货币性项目进行会计处理:

(一)外币货币性项目,采用资产负债表日的即期汇率折算。因资产负债表日即期汇率与初始确认时或者前一资产负债表日即期汇率不同而产生的汇兑差额,计入当期损益。

(二)以历史成本计量的外币非货币性项目,仍采用交易发生日的即期汇率折算,不改变其记账本位币金额。

前款所称货币性项目,是指小企业持有的货币资金和将以固定或可确定的金额收取的资产或者偿付的负债。货币性项目分为货币性资产和货币性负债。货币性资产包括:库存现金、银行存款、应收账款、其他应收款等;货币性负债包括:短期借款、应付账款、其他应付款、长期借款、长期应付款等。非货币性项目,是指货币性项目以外的项目。包括：存货、长期股权投资、固定资产、无形资产等。

第七十八条　小企业对外币财务报表进行折算时，应当采用资产负债表日的即期汇率对外币资产负债表、利润表和现金流量表的所有项目进行折算。

第九章　财务报表

第七十九条　财务报表，是指对小企业财务状况、经营成果和现金流量的结构性表述。小企业的财务报表至少应当包括下列组成部分：

（一）资产负债表；

（二）利润表；

（三）现金流量表；

（四）附注。

第八十条　资产负债表，是指反映小企业在某一特定日期的财务状况的报表。

（一）资产负债表中的资产类至少应当单独列示反映下列信息的项目：

1. 货币资金；
2. 应收及预付款项；
3. 存货；
4. 长期债券投资；
5. 长期股权投资；
6. 固定资产；
7. 生产性生物资产；
8. 无形资产；
9. 长期待摊费用。

（二）资产负债表中的负债类至少应当单独列示反映下列信息的项目：

1. 短期借款；
2. 应付及预收款项；
3. 应付职工薪酬；
4. 应交税费；
5. 应付利息；
6. 长期借款；
7. 长期应付款。

（三）资产负债表中的所有者权益类至少应当单独列示反映下列信息的项目：

1. 实收资本；
2. 资本公积；
3. 盈余公积；
4. 未分配利润。

（四）资产负债表中的资产类应当包括流动资产和非流动资产的合计项目；负债类

应当包括流动负债、非流动负债和负债的合计项目；所有者权益类应当包括所有者权益的合计项目。

资产负债表应当列示资产总计项目，负债和所有者权益总计项目。

第八十一条 利润表，是指反映小企业在一定会计期间的经营成果的报表。

费用应当按照功能分类，分为营业成本、营业税金及附加、销售费用、管理费用和财务费用等。

利润表至少应当单独列示反映下列信息的项目：

（一）营业收入；

（二）营业成本；

（三）营业税金及附加；

（四）销售费用；

（五）管理费用；

（六）财务费用；

（七）所得税费用；

（八）净利润。

第八十二条 现金流量表，是指反映小企业在一定会计期间现金流入和流出情况的报表。

现金流量表应当分别经营活动、投资活动和筹资活动列报现金流量。现金流量应当分别按照现金流入和现金流出总额列报。

前款所称现金，是指小企业的库存现金以及可以随时用于支付的存款和其他货币资金。

第八十三条 经营活动，是指小企业投资活动和筹资活动以外的所有交易和事项。

小企业经营活动产生的现金流量应当单独列示反映下列信息的项目：

（一）销售产成品、商品、提供劳务收到的现金；

（二）购买原材料、商品、接受劳务支付的现金；

（三）支付的职工薪酬；

（四）支付的税费。

第八十四条 投资活动，是指小企业固定资产、无形资产、其他非流动资产的购建和短期投资、长期债券投资、长期股权投资及其处置活动。

小企业投资活动产生的现金流量应当单独列示反映下列信息的项目：

（一）收回短期投资、长期债券投资和长期股权投资收到的现金；

（二）取得投资收益收到的现金；

（三）处置固定资产、无形资产和其他非流动资产收回的现金净额；

（四）短期投资、长期债券投资和长期股权投资支付的现金；

（五）购建固定资产、无形资产和其他非流动资产支付的现金。

第八十五条 筹资活动，是指导致小企业资本及债务规模和构成发生变化的活动。

小企业筹资活动产生的现金流量应当单独列示反映下列信息的项目：

（一）取得借款收到的现金；

（二）吸收投资者投资收到的现金；

（三）偿还借款本金支付的现金；

（四）偿还借款利息支付的现金；

（五）分配利润支付的现金。

第八十六条 附注，是指对在资产负债表、利润表和现金流量表等报表中列示项目的文字描述或明细资料，以及对未能在这些报表中列示项目的说明等。

附注应当按照下列顺序披露：

（一）遵循小企业会计准则的声明。

（二）短期投资、应收账款、存货、固定资产项目的说明。

（三）应付职工薪酬、应交税费项目的说明。

（四）利润分配的说明。

（五）用于对外担保的资产名称、账面余额及形成的原因；未决诉讼、未决仲裁以及对外提供担保所涉及的金额。

（六）发生严重亏损的，应当披露持续经营的计划、未来经营的方案。

（七）对已在资产负债表和利润表中列示项目与企业所得税法规定存在差异的纳税调整过程。

（八）其他需要在附注中说明的事项。

第八十七条 小企业应当根据实际发生的交易和事项，按照本准则的规定进行确认和计量，在此基础上按月或者按季编制财务报表。

第八十八条 小企业对会计政策变更、会计估计变更和会计差错更正应当采用未来适用法进行会计处理。

前款所称会计政策，是指小企业在会计确认、计量和报告中所采用的原则、基础和会计处理方法。会计估计变更，是指由于资产和负债的当前状况及预期经济利益和义务发生了变化，从而对资产或负债的账面价值或者资产的定期消耗金额进行调整。前期差错包括：计算错误、应用会计政策错误、应用会计估计错误等。未来适用法，是指将变更后的会计政策和会计估计应用于变更日及以后发生的交易或者事项，或者在会计差错发生或发现的当期更正差错的方法。

第十章　附　　则

第八十九条 符合《中小企业划型标准规定》所规定的微型企业标准的企业参照执行本准则。

第九十条 本准则自 2013 年 1 月 1 日起施行。财政部 2004 年发布的《小企业会计制度》（财会［2004］2 号）同时废止。